法|学|研|究|文|丛
——环境资源法学——

全球森林治理研究

荆　珍●著

知识产权出版社
全国百佳图书出版单位
—北京—

图书在版编目（CIP）数据

全球森林治理研究／荆珍著. -- 北京：知识产权出版社，2024.12. -- ISBN 978-7-5130-9633-1

Ⅰ.F316.2

中国国家版本馆 CIP 数据核字第 2024X8220A 号

责任编辑：彭小华　　　　　　　责任校对：王　岩
封面设计：智兴设计室　　　　　责任印制：孙婷婷

全球森林治理研究

荆　珍　著

出版发行	知识产权出版社 有限责任公司	网　址	http://www.ipph.cn
社　址	北京市海淀区气象路50号院	邮　编	100081
责编电话	010-82000860 转 8115	责编邮箱	huapxh@sina.com
发行电话	010-82000860 转 8101/8102	发行传真	010-82000893/82005070/82000270
印　刷	北京九州迅驰传媒文化有限公司	经　销	新华书店、各大网上书店及相关专业书店
开　本	880mm×1230mm　1/32	印　张	10
版　次	2024年12月第1版	印　次	2024年12月第1次印刷
字　数	240千字	定　价	88.00元
ISBN 978-7-5130-9633-1			

出版权专有　侵权必究
如有印装质量问题，本社负责调换。

本书系黑龙江省法学会2024年度一般课题"'双碳'目标下我国林业碳票的法律规制"，东北林业大学研究生教育教学改革项目"碳达峰碳中和背景下法学研究生人才培养模式创新研究"（DGYYJ 2023-27），东北林业大学党纪学习教育专项研究项目"廉洁文化融入高校法学课程思政实践创新研究"（DGYZY 2024-16）的研究成果。本成果同时得到中国国家留学基金资助（No. 201706605004）。

前　言

随着国际环境问题与发展问题交替升温，森林治理已成为应对气候变化、保护生物多样性、涵养水源、减轻贫困等环境与发展问题的交会点与重要解决途径。但是，因国际森林问题的复杂性，国际森林谈判迟滞、长期无果，一直未颁布具有法律约束力的国际森林公约。在这种情况下，将森林问题纳入《联合国气候变化框架公约》《联合国防治荒漠化公约》《生物多样性公约》及《关于特别是作为水禽栖息地的国际重要湿地公约》（以下简称《湿地公约》）等国际法框架，使原本就很复杂的国际森林问题变得更加复杂和碎片化。另外，对森林的各种需求之间的冲突，使森林承受着巨大的压力，管理部门的协调难度日益加大。林业规制中至关重要的法律机制的缺失，森林规制机构的庞杂重复，都加剧了森林治理的难度，迫切需要进行与时代要求相适应的全球森林治理改革。国际社会强烈呼吁重启国际森林谈判，探讨构建未来的全球森林治理体系，而要构建完善高效的全球森林治理体系，就需要我们的智慧和创新性思维。

本书以全球治理理论、现代林业理论和可持续发展理论为指导，综合运用多种研究方法，从全球森林治理的机制、机构、理念、前景及中国与全球森林治理五个维度，以六章的结构，对问题进行了比较系统的梳理和深入的剖析。本书首先全面阐释了全球治理理论，为解决全球森林问题开辟了新的路径。将该理论应用于全球森林治理，对国际森林谈判的重启以及全球森林战略的规划都起着举足轻重的作用。本书特别指出法治是全球森林治理的坚实基础，但当前的国际森林规制框架并不符合法治的要求，现有的国际法律规范都是软法，不具有法律约束力。本书还探讨了未来全球森林治理的机制如何改革创建，国际森林机构如何分工、整合，如何应对全球森林治理的新趋向，并对中国参与全球森林治理体系的构建指明了路径。作者深信这样的研究对提升我国在全球森林治理中的国际话语权以及改善我国的森林治理状况是有积极意义的。

本书站在发展中国家的立场对一些国内外观点进行客观的理论分析，在写作的过程中注意利用最新的资料，大量阅读和引用了联合国粮食及农业组织、世界银行、世界贸易组织、联合国政府间气候变化专门委员会、联合国环境规划署等国际组织的报告、统计、出版物等，同时大量使用网络公开资料，以便用开阔的国际视野思考、分析和解决问题。

本书是在作者的博士学位论文修改、完善的基础上完成的，在此感谢导师吉林大学法学院那力教授在选题、写作和修改过程中的精心指导和大力帮助，同时感谢英国伦敦玛丽女王大学商法研究中心的拉斐尔·莱尔-阿尔卡斯（Rafael Leal-Arcas）教授对作者出国访学的鼎力支持和中肯的建议，此外还要感谢该中心提供的良好的科研环境和条件。作者在异国他乡访学期间以及回国工作后持续不断地补充资料，征求多方意见，加强论证和修改，但本书主题非常宏大，加之作者的学术水平有限，书中不尽如人意之处在所难免，祈望读者不吝赐教，使得作者在学术的道路上不断成长、进步。

荆　珍

于东北林业大学文法学院

2023 年 11 月 10 日

目录
CONTENTS

第一章　全球森林治理的理论　‖ 001
第一节　全球化理论与全球森林治理 / 001
第二节　环境正义理论与全球森林治理 / 007
一、全球森林责任 / 007
二、生态正义、环境正义和环境种族主义 / 008
三、分配正义 / 010
四、承认正义 / 014
五、参与正义和程序正义 / 016
六、正义转型 / 016
第三节　国家主权、产权与全球森林治理 / 020
一、国家主权与全球森林治理 / 020
二、产权对全球森林治理的影响 / 023

第二章　全球森林治理的机制　‖ 043
第一节　森林市场机制 / 043
一、森林的经济规制 / 043

二、森林市场的设计和治理 / 052

　　三、新南威尔士州的生物多样性银行案例研究 / 061

第二节　森林认证机制 / 063

　　一、森林认证机制的产生背景 / 063

　　二、森林认证机制的形成和发展 / 065

　　三、森林认证机构 / 070

　　四、森林认证文件 / 075

　　五、森林认证机制的实施 / 078

第三节　国际气候变化制度中的森林机制 / 083

　　一、气候变化国际制度及其机构 / 083

　　二、国际气候变化制度下的国际森林文件 / 087

　　三、国际气候变化制度下的森林倡议及其实施 / 111

第三章　全球森林治理的机构 ‖ 115

第一节　联合国森林问题论坛 / 115

　　一、联合国森林问题论坛的机构框架 / 116

　　二、联合国森林问题论坛的国际法律文件 / 119

　　三、联合国森林问题论坛项目的实施 / 127

　　四、澳大利亚对国际森林原则的实施及案例 / 134

第二节　世界银行对森林资源的规制 / 140

　　一、世界银行在森林问题上的角色与作用 / 140

　　二、世界银行的机构与职责 / 144

　　三、对全球森林机构的参与 / 149

　　四、世界银行制定的国际森林文件 / 155

　　五、世界银行森林项目的实施 / 161

第三节　世界贸易组织与全球森林治理 / 164
　　一、WTO 与森林 / 164
　　二、WTO 法与热带森林资源的保护 / 167
　　三、WTO 中的林业贸易问题 / 169
　　四、WTO 与森林认证 / 171
　　五、能源和林业贸易 / 190

第四章　全球森林治理的理念 ‖ 195
第一节　可持续森林管理 / 195
　　一、可持续森林管理概念的产生与内涵 / 195
　　二、实施可持续森林管理的体制性缺陷 / 198
　　三、可持续森林管理的法律要求 / 201
第二节　多元森林管理 / 205
　　一、多元森林管理的定义与内涵 / 205
　　二、多元森林管理的主要限制 / 207
　　三、多元森林管理的实施 / 209

第五章　全球森林治理的前景 ‖ 212
第一节　全球森林治理的新趋向 / 212
　　一、气候变化对森林政策的影响 / 212
　　二、禁止非法木材贸易 / 214
　　三、非国家治理 / 216
第二节　全球森林治理的挑战 / 217
　　一、全球森林谈判 / 217
　　二、国际森林文件的目标、执行和遵守 / 218
　　三、全球森林治理的善治 / 220

四、全球森林治理应该采取的改革举措 / 223

第六章　中国与全球森林治理 ‖ 252

　第一节　中国的森林治理概况 / 252

　第二节　中国实施《国际森林文书》的状况 / 254

　　一、中国实施《国际森林文书》的政策和措施 / 255

　　二、中国实施《国际森林文书》取得的成就 / 263

　　三、中国实施《国际森林文书》的案例 / 268

　　四、中国实施《国际森林文书》的经验总结 / 270

　第三节　中国参与全球森林治理 / 272

　　一、中国参与全球森林治理的必要性 / 272

　　二、全球森林治理的中国立场 / 274

　　三、中国在全球森林治理中的政策选择和解决路径 / 275

结　论 ‖ 282

参考文献 ‖ 285

后　记 ‖ 304

第一章
全球森林治理的理论

第一节 全球化理论与全球森林治理

随着环境、生态、资源、气候等全球环境问题日益严峻,其解决远非一国政府力所能及,因此对这些问题的全球治理受到人们越来越多的重视。全球治理(Global Governance)是指在没有主权权威的情况下,治理超越国界的各种关系。[1] 它是应对全球化出现的一种新兴理论,目前该理论已被广泛应用于处理环境恶化、生态破坏、能源危机、国际恐怖主义活动等全球性问题。

当前,随着全球化的发展以及不断增长的经济和人口对森林造成的压力越来越大,人们对森林消失和森林破坏问题越来越关注,森林治理已成为国际环境问题的重要方面。森林作为地球上可再生自然资源及陆地生态系统的主体,在人类生存和发展

---

[1] Lawrence S. Finkelstein, "*What is Global Governance?*" Global Governance 1, 1995, p. 369.

的历程中有着不可替代的作用。联合国环境规划署前副执行主任、环境政策执行部前负责人蒂姆·卡斯滕曾表示,森林是经济收入、创造就业及供给生命必需营养的源泉,森林在推进全球绿色经济转型的过程中将发挥重要的纽带作用,如果人类想寻求可持续发展,全世界就应认识到森林及其生态系统所具有的价值。[1]

现在关于森林治理的规则、制度、机构还未形成具有法律约束力的全球性规范。有关森林问题的国际谈判都以政治色彩为主基调。各国在森林生态、经济和社会价值方面的分歧与竞争,在一定程度上妨碍各方达成森林使用和管理的国际标准和协议。迄今为止,还没有出台对森林活动加以规制的国际法律体制,因此,用国际法规制全球森林保护问题是不现实的。联合国森林问题论坛(UNFF)是负责森林使用和管理的关键的国际公共机构,它已经不能有效地处理有关森林国际规制的一系列问题。由于联合国森林问题论坛缺乏进展,国际上逐渐形成了一些进行国际森林规制的替代性办法,即进行全球森林治理。

谈到全球治理以及全球森林治理,应当先明确全球治理本身的特点以及其与国际法、国际法治的区别。

全球治理的一大特点是治理主体多元化,不仅有国家、政府间的国际组织,还有非政府组织、私人部门和区域性组织等。全球治理的另一大特点是治理手段多样化,目的是维护国际社会的正常秩序、实现人类的生存意义,其全球规范有原则、规范、标准、政策、协议、程序等多种形式。

目前,国际组织与机构正通过全球森林治理来体现森林的价值,规制森林的使用与管理。例如,联合国政府间气候变化专门

---

[1] 王雅楠:联合国环境规划署呼吁全球加大森林保护投资,2011. http://news.xinhuanet.com/world/2011-06/06/c_121498482.htm,访问日期:2023年8月13日。

委员会出台的国际气候变化制度，体现了森林的碳汇价值；联合国生物多样性公约秘书处制定的文件，体现了森林的生态价值；国际热带木材组织制定的文件，体现了森林的生产、经济价值等。

在国际学界，"全球森林治理"这个名词最早出现在2002年召开的"贸易和可持续治理全球体制建构"国际会议上的论文《全球森林治理：森林管理委员会正在发生的影响》[1] 中。Hans Hoogeveen（汉斯·霍赫芬）和Patrick Verkooijen（帕特里克·沃焦化）在其2010年出版的著作《可持续发展外交变革——全球森林治理的经验》中，明确提出了"全球森林治理"的概念，将世界林业政策、技术和机制等组织、条约、进程及各相关机构视作一个全球林业管理体系，系统整合形成全球森林治理体制，以此来协调林业问题。[2] 2013年，在联合国森林问题论坛第十届会议上，有国家建议构建未来的全球森林治理体系。由此，全球森林治理受到国际社会的普遍关注，也进入了国际学界的研究视野。

许多全球性问题，仅靠各国之力是难以有效解决的，全球森林问题也不例外。国际社会作为一个整体，需要建构普遍的规则和标准，并通过它们的实施与应用来规范各国的行为。在理想情况下，法律应该是规范行为最有力的手段，即使对于国际社会来说也是如此。全球森林保护方面的国际法对确保可持续森林管理的实施和对全球森林的治理是非常必要的。

为了实施全球森林治理，国际社会需要制定出适当的法律规则，作出相关的制度安排，而且最好有相当的法律程序和法律组

---

[1] Stephen D. *Are Forests Different as a Policy Challenge.* In David Lindenmayer and Jerry Franklin（eds）, *Towards Forest Sustainability.* Canberra：CSIRO Publishing, 2002：15.

[2] Hoogeveen H., Verkooijen. *Transforming Sustainable Development Diplomacy：Lessons Learned from Global Forest Governance.*［M/OL］.［2023-08-13］. Wageningen：Wageningen University, NL, 129. http://edepot.wur.nl/16407.

织（如法院、仲裁机构等）。法治，要求在法律规则的创建和实施方式上满足一定的条件。国际发展法律组织（IDLO）列举了一些对法治的要求，包括一系列事先已知的具有法律约束力的规则；这些规则能够在实践中得到执行；确保规则通过适当运作的机构得到正确运用；在规则的运用中，通过独立的司法机关或仲裁机构作出具有法律约束力的决定，从而解决冲突；规则不能达到其目的时，可用已有的程序修改这些规则。

当前，关于包括森林资源在内的全球资源与环境，应该如何使用和管理，国际社会对此还未达成共识。目前，还没有一部统一的国际森林法，但是，存在着全球森林治理的有关文献（包括为数不多的法律文献和准法律文献），它们实际上直接或者间接地影响着各国国内的森林政策与法律。它们在一定程度上有国际法的成分与意味，但是大部分仍然不具备法的形式与效力，而只是停留于政策、自愿的行为准则层面。已有的国际森林法律规则基本都是"软法"，并不具有法律约束力。例如，联合国森林问题论坛遵循非约束性原则，它们在性质上是自愿的，即各国可以自愿选择是否遵守。此外，对相当一部分主体（包括国家、私人团体、个人等）来说，能否遵循自愿的国际规则，取决于履行这种义务能否得到好处，以及能够得到多大的好处。上述这种状态与情况，并不符合一般公认的"法治"标准，而且与"法治"相去甚远。

不具有法律约束力、自愿执行的国际森林规则确实存在，但是很少在实践中得到执行，因为主权国家认为履行这些义务并不能获得真正的好处。从成本效益的角度分析，其实施成本远远超过了采取此类举措的经济和政治利益。因此，联合国森林问题论坛的国际森林工作安排得不到良好的运作，联合国负责森林规制的机构缺乏权威和政治支持。没有权威的国际司法机构解决因履行国际森林义务产生的冲突,也是阻碍实行森林国际法治的一个重要问题。

一般而言,人们将法治问题分为发达国家的法治问题和发展中国家的法治问题。即使是发达国家,在森林规制方面也同样面临一些法治的挑战。例如,在澳大利亚,对生产性森林实践的规制是依具有法律约束力的规则以及咨询政策进行的,其中咨询政策起着重要作用。澳大利亚作为森林管理方面发达国家的代表之一,其森林规制实践尚且如此,❶ 而在发展中国家的一般森林管理实践中,缺少具有法律约束力的规则。

发展中国家还面临着其他类型的森林规制问题。一般来说,发展中国家森林法的规定和实践之间存在着很大的差距。❷ 这与许多问题有关,如发展中国家存在治理能力薄弱、政府机构和官员腐败以及缺乏公正的司法等。同时,森林居民或社区也缺乏理解和执行林权的能力。因此,增加森林规制的透明度和可行性,吸引更多的公众参与,都是发展中国家需要付出努力的方向。

现在,森林的可持续管理还未形成具有法律约束力的全球性的、系统性的规范,有关森林问题的国际谈判主要是政治性的,各国在森林生态、经济和社会价值方面的竞争、博弈,在一定程度上阻碍了各方达成森林使用和管理的国际标准和协议,因此用法律规制全球森林的进展是相当迟缓的,并且现在还不可预期。

由于对全球森林实行国际法管理与控制,尚不具备实行国际

---

❶ S. Dovers, "*Scaling Governance and Institutions for Sustainability*". Paper for the Academic Forum, Network of Regional Governments for Sustainable Development, Fremantle, Western Australia, 2003: 17–19.

❷ Blomley, T., & Ramadhani, H. *Going to Scale with Participatory Forest Management: Early Lessons from Tanzania. International Forestry Review*, 2006 (8): 93–100.

法治的条件，因此国际上逐渐形成了一些国际森林规制的替代性办法，即进行全球森林治理，由此将全球治理的理念引入全球森林保护中来。目前在缺少国际森林法的前提下，全球森林治理对保护森林资源具有重要意义。

国际法治与全球治理究竟有何不同，这是一个一般性的问题，但是其与本书的研究主旨有关，有必要在本书的开篇做一个简短的界定。经查阅与研读有关文献，本书采取以下论说，❶ 即法治与治理（包括国际法治与全球治理）的根本区别有两点，一是治理的主体不同，二是治理的手段不同。只有国际法主体才有资格成为国际法治的治理主体，显而易见，即只能包括国家和政府间国际组织；而全球治理的主体则广泛得多，为多元主体，特别是非政府组织与国际民间社会团体也在其内。国际法治的治理手段单一，以法律形式和司法机构为主，而全球治理的手段是多元化的，包括法律、经济、社会、道德、文化等。

在森林及其管理问题上的国际法治与全球治理之区分，除了符合上述一般性区别以外，森林管理无论从立法（达成条约）、执法，还是司法环节来看，都是缺乏国际法规制的，现在比较成形的、能够发挥作用的，主要还是森林认证机制、森林市场机制等，这些都不能称为有拘束力、强制力的法律，而比较适合界定为自愿性质的行为规范。森林治理、管理的主体，也是多元的，非政府间国际组织在其中也起着重要作用。全球森林治理，而非国际森林法治，此之谓也。

---

❶ 黄文艺. 全球化时代的国际法治——以形式法治概念为基准的考察 [J]. 吉林大学社会科学学报, 2009 (4)：21 - 27.

第二节　环境正义理论与全球森林治理

一、全球森林责任

在全球森林治理中，因是多元主体参与森林治理，所以涉及主体的权利、义务、责任等问题，其中全球森林责任的问题至关重要，这其中又存在多个与"正义"相关的问题，[1]需要我们特别关注。

全球森林治理的当务之急是减少全球毁林和森林退化，对此国际社会已达成普遍共识。然而，如何削减，确定谁来承担最终责任，还没有达成全球性的共识。由于森林、森林经济在一些经济体中所占比重和发挥的作用都很大，所有国际机构都未能给国家分配应对全球毁林和森林退化的责任。

要给国家分配应对全球毁林和森林退化责任，首先，必须考虑道德和伦理因素。其次，还要考虑森林规模与保护的意义是否重大等问题。这些国家最终是否负责保护大片原始森林，以及森林资产的地理位置如何，都影响着可持续森林管理的实施。

国际法中的国家主权原则表明，国家有权在自己的领土内对森林资源进行管理和控制，因此毁林和森林退化的国际责任应归于国家，这意味着森林资产持有人对可持续森林管理的实施需要承担责任。但是，我们已经看到，很多发展中国家缺乏实施可持

---

[1] Richardson AD, Hollinger DY, Dail DB, Lee JT, Munger JW, et al. *Influence of Spring Phenology on Seasonal and Annual Carbon Balance in Two Contrasting New England Forests. Tree Physiology*, 2009, pp. 321–331.

续森林管理的能力,因而,这种做法在伦理或道德理由方面是否合情、合理、有效,是值得商榷的。

1992年联合国在里约热内卢召开了地球峰会(Earth Summit),当时有学者提出发达国家或工业化国家应该率先养护、保护和改善全球森林资源,而发展中国家则被描述成不愿继续实施它们的森林管理,除非有适当的赔偿和经济援助。其实,客观地说,我们不应该谴责任何一个国家,应该倡导每个国家或地区要勇于尽自己所能地去承担全球森林责任。还有学者提出了如下观点:一方面,环境保护规划必须优先于经济发展计划,因为如果忽视环境的话,将会进一步威胁所有人的生活;另一方面,在第三世界国家,人们的生存已经受到严重的威胁,所以迅速发展经济必须优先于环境保护。❶

对发展中国家而言,面临着如人口增长、粮食短缺和贫困等问题,希望利用自己的森林资源来改善人们的生活质量。为此,国际社会制定出了不具有法律约束力的森林文件,在实践中可持续森林管理,既不让发达国家也不让发展中国家承担责任,导致许多发展中国家不对森林资源的利用和管理作出任何国际承诺。

二、生态正义、环境正义和环境种族主义

全球环境正义运动涉及四个方面的正义,包括分配正义、承认正义、参与正义、程序正义,❷ 而生态正义、环境正义和环境种族主义是森林治理领域中三个密切相关的重要概念。

---

❶ Hunt G., *Is There a Conflict Between Environmental Protection and The Development of The Third World?* in Robin Attfield, Barry Wilkins (eds), International Justice and the Third World. London: Routledge, 1992, p. 117.

❷ David Schlosberg, *Defining Environmental Justice, Theories, Movements, and Nature*, Oxford university, 2007: 238.

生态正义涉及两个部分：第一个是人们在环境分配基础上的正义，即人们获得环境服务及产品的质量和数量；第二个是人类与自然界的其他部分之间的关系。[1] 从本质上看，这是一个以分配为重点的概念，同时也是一种分析方法。

环境正义要求公平利用资源、程序公正和安全健康的环境。环境正义运动起源于美国，它是为了解决富人和穷人之间的不平等以及当地恶劣的环境条件而发起的。该运动关注外来的污染问题，反对不可持续的和有潜在危险的环境活动，如核电站排放大量污染物，工业处理中心进入穷人社区等。

环境种族主义主张在环境政策、法律的制定和实施中增加种族歧视的法规，故意在有色人种社区布置有毒废物设施，在有色人种社区里存在威胁生命的毒药和污染物，甚至将有色人种排除在环境运动的领导之外。[2]

美国政府在某种程度上非常重视环境正义运动，其在1996年即规定"所有美国人应该得到清洁的空气、纯净的水，土地能安全地居住，食物可以安全地食用"。在此种意义上，环境正义等同于公平待遇。然而，美国过去存在的许多不公正现象，以及现在存在的一些不平等、财富不平衡等问题，被人们忽略或忽视了。

美国国内的环境正义运动，其关注的种种不平等，在国际上也有体现。当下世界，环境正义依然面临着严峻的挑战。从积极

---

[1] Bosselmann K., Benjamin J R. *Introduction: New Challenges for Environmental Law and Policy*. In Klaus Bosselmann, Benjamin J Richardson (eds), Environmental Justice and Market Mechanisms: Key Challenges for Environmental Law and Policy. Oxford: Oxford University Press, 1999: 8.

[2] Ali A. *A Conceptual Framework for Environmental Justice Based on Shared but Differentiated Responsibilities*, in Tony Shallcross, John Robinson. Global Citizenship and Environmental Justice. New York: Amsterdam, 2006, pp. 41 – 50.

的一面看，在许多国家，自由市场经济正在成为常态，传真、电话、微信和微博等互联网使沟通变得更直接、更便捷，人工智能也发展迅速，所有这些因素都促进了全球化的发展。同时，气候变化、森林砍伐、污染和其他环境问题以及人口增长、工业化、城市化和消费增长，都给地球及其自然资源带来了巨大的压力。

三、分配正义

人们所关注的多是分配正义，分配正义概念的基础理论是罗尔斯（John Rawls）的正义理论。❶

在某种意义上，正义与社会中财产的分配有关。我们可以从多个角度来分析分配正义。著名国际法学家韦斯（Edith Brown Weiss）提出了各国的环境权益、国家环境权益、国际环境公平体系和效率等概念与观点。她特别提出，应考虑现在和未来世世代代人之间的分配正义问题。韦斯还讨论了国家间资源分配的环境公平、环境责任和污染责任，以及为确保国家管辖或控制下的活动，不对国家管辖或控制以外的环境造成损害的国际环境责任等问题。❷

无论在森林问题上，还是在对森林活动进行规制的领域内，要想实现国家之间的环境公平，就需要实施可持续的森林管理。这种环境公平要求一国的森林活动不得对其他国家造成损害，但这可能会加重对一个国家森林活动的限制。

韦斯还将国际环境法律制度的效率问题作为衡量环境公平的一个因素。她认为，低效率的谈判进程和报告制度，对发展中国

---

❶ ［美］罗尔斯.何怀宏，何包钢，廖申白译.正义论.中国社会科学出版社，2009：3-14.

❷ Weiss E B. *Environmental Equity: The Imperative for the Twenty - First Century in Winfried Lang (ed). Sustainable Development and International Law*, 1995 (17): 19-24.

家参加这种活动的能力产生了许多负面影响,"条约拥堵(treaty congestion)"就被用来描述这种状况。许多国家,特别是那些资源有限的国家,抱怨这些谈判要求它们必须增加人员编制以及经费支出。❶

韦斯对代际公平原则进行了深入研究,并作出了深刻的论述。根据这一原则,人类是地球及其资源的"管家"(stewards),代际公平给我们附加了关心地球的义务,也赋予我们某些权利来使用它。代际的公平问题产生于对不可再生资源的消耗的担忧,如空气、水、土壤等环境资源恶化的趋势,自然资源提供环境服务功能的丧失,文化资源的流失等,都是代际不公平的表现。

在宗教和哲学的相关文献中,有很多涉及"管家"道德与责任的论述。从法律的角度看,"管家"的职责为个人、政府和有关机构确立了责任。综观现有的文献,可以得出的结论是:人类有责任保护环境;人类必须留给他们子孙后代自然的环境,这是他们应努力尽到的责任;"管家"身份意味着要从狭隘的个人利益迈向更广泛的人类共同利益,而更广泛的人类共同利益应是健康的环境。

传统上,环境规制采用的是人类中心主义的理念,即它将人类作为宇宙的中心,并以人类的经验和价值观来解释一切。这意味着,一切以人类的欲望和兴趣为依归。以森林为例,以前人们看重的只是森林的经济价值,以此作为评估森林价值的标准。现在人们逐渐认识到,他们必须依赖于地球上的自然资源才能生存,因此人们开始重视保护环境,并保持人的自然性。知识使得人们越来越认识到自然界的全部价值,特别是自然界的内在价值,以

---

❶ Weiss E B. *Environmental Equity: The Imperative for the Twenty-First Century in Winfried Lang (ed). Sustainable Development and International Law*, 1995, pp. 19-24.

及作为人类生存环境的价值。对自然界内在价值的正确认识，使人们朝着正确的方向迈进。我们需要为保护自然界的全部价值、内在价值而创建法律制度中的责任和义务，以更好地保护地球和自然资源。

从伦理学视角来看，人类作为地球的临时主人和地球的用户，有责任照顾自己的后代。目前当代人承担监管人的职责，但同时必须为后代人考虑并采取行动。即使此种伦理在当前的环境规制领域还不盛行，但对社会的影响是极大的。"每一代人为其后代将自己作为地球的受托人或管家的观念，使所有文化、宗教和民族对此引起深刻的共鸣。几乎所有人类传统都认识到我们只是寄居在地球上，或者我们只是自然资源的临时管家。"❶

经济学家库兹涅茨（Simon Smith Kuznets）的研究表明，环境和发展之间呈倒"U"形的曲线关系。当一国经济发展到一定水平，环境污染到某个临界点或"拐点"时，环境污染的程度会逐渐减缓，环境质量将逐步得到改善，这一理论被称为"环境库兹涅茨曲线"（environment kuznets curves）理论。❷ 然而该理论假说提出之后，学术界的质疑声不断。

经济增长本身并不能导致可持续发展，富裕国家的消费者表面上能够远离与他们消费相关联的环境退化，但是实际上他们最终还是环境的污染者以及自然资源的消费者。如木材资源不仅是家具制作的原材料，也是报纸杂志的原材料，富裕国家对木材资源的大量消费是有目共睹的。

---

❶ Weiss E B. *Environmental Equity: The Imperative for the Twenty – First Century in Winfried Lang (ed). Sustainable Development and International Law*, 1995, pp. 19 – 24.
❷ Stern D. *The Rise and Fall of the Environmental Kuznets Curve. World Development*, 2004, 32 (8): 1419 – 1439.

罗尔斯的"差别原则",要求法律要考虑到不同的情况,在社会中创建和实施法律时要有差异。"差别原则"承认对不同个人或团体的不同对待,这其实比公平对待每个人的原则更公平。全球环境领域的分配正义关涉到各国之间环境资源的利益和负担,然而,不同情况又需要不同对待。

分配正义原则将责任置于可持续森林管理的实践中,其应用将导致不同制度的产生,而不是一个基于资源主权基础上的责任制度。分配正义原则要求国际森林法应创建不同的标准和与之相对应的赔偿责任。在国际气候变化制度领域已经建立了这样的原则,即分配正义原则和共同但有区别的责任的国际法律原则。这些原则使工业化国家减少了温室气体排放,也即增加了工业化国家的责任,并要求工业化国家帮助发展中国家实施节能减排和发展清洁能源项目。

在国际森林法中,应对发达国家和发展中国家确立不同的标准,这是对"共同但有区别的责任"的国际环境法律原则的应用。同时,国际社会可商定可持续森林管理的标准和实践。发展中国家可就可持续森林管理实施中的一系列指标和目标进行谈判。国际森林体系在发展过程中创建的标准,实践证明能够促进国际森林体系向前发展。

除此之外,我们还需认识到,在这种新的责任制度中,发达国家在促进可持续森林管理实践中扮演着积极的角色。这种做法是与"污染者付费"的国际环境法原则相一致的。实践中,国际木材市场明显是全球毁林的驱动力,而木材产品的主要消费者是发达国家。所以,发达国家应该承担可持续森林管理的主要责任。

我们还应该注意到实施可持续森林管理的一系列责任规则与

体系，及其给各国带来的利弊。森林覆盖率较高的国家应该在实践中承担更多的责任，虽然可能因此要承担与其权利不相匹配的过高的义务，但总的来说，我们要在地球上保持较高的森林覆盖率。

另外，国家可以享受到可持续森林管理带来的许多有利之处，如通过保护森林改善了土壤和水的质量。但在国际社会中，受益者是其他国家和国际社会乃至作为一个整体的人类，如生物多样性的保护和空气质量的改善。

然而，目前的可持续森林管理制度，并未考虑这些与分配正义相关的问题，这就需要在国际上建立一种责任制度，使得所有国家都对可持续森林管理的实施承担责任。

综上所述，国际可持续森林管理制度如果采取分配正义的理念与方法，就可以得到明显的改进，至少可以在以下几个方面收到显著成效：一是建立反映发达国家和发展中国家不同能力的两套可持续森林管理标准；二是建立责任制度，承认发达国家的木材消费不利于发展中国家的森林保护；三是创建为全球社会实现可持续森林管理分担责任的制度。由此，国际社会将获得可持续森林管理实践所带来的实实在在的利益。

四、承认正义

某些学者认为，正义的概念涉及的不仅仅是分配正义，尽管分配正义理论提供了模型和程序理论，通过它进行分配可以改善环境。他们认为，"今天正义既需要再分配，也需要承认[1]"。这就需要深入研究在比较不正义的分配情况下的社会、文化和体制条件。

---

[1] Fraser, N. *Justice Interruptus: Critical Reflections on the Postsocialist Condition*. London: Routledge, 2006, p. 29.

森林处于人类活动的威胁下，其中伐木对森林造成了巨大的威胁，受威胁森林约占70%，能源、矿业和基础设施建设的新发展影响了世界大约40%的森林。❶ 在全球受危害的森林中，有五分之一是因为建设农田和牧场被伐除。而过度清除植被、过度捕猎和转换为人工林，也显著影响着森林的健康成长。大多数森林破坏性活动是为了发达国家或富裕国家的利益，因为只有它们才能消费得起产生于这类活动的产品。

与正义理论相结合，着眼于公正的认可，落实可持续森林管理的责任，首先应承认在现有模式的基础上，谁最终对不可持续的森林利用负责。那些高水平的林产品消费、清除林地转作农业用途的富裕国家应负最终的责任。

森林法律规制中存在正义问题，其中之一是承认生活在茂密森林地区的群体，其贫困及边缘化与生活区域之间存在高度相关性。根据世界银行的研究，生活在林区的人们通常是社会的边缘群体，最贫困的人群是被迫依赖森林资源生存的。因此，在这里生活的人们不应该承担实施可持续森林管理带来的责任与后果。此外，还需要认识到并且承认土著或传统的森林所有者的权利和利益。现在，许多国际机构正努力完善这些群体的林权制度。因此，可以将正义原则作为国际森林问题的基础。林产品的消费模式决定了承担与可持续森林管理实践相关的责任分配；应采取一定的措施协助森林居民实施可持续森林管理。为了保护这类群体的土地使用权及其他土地权利，人们需要运用承认正义理论，通过法律强调保护林区土著或传统森林居民的合法权利。

---

❶ Bryant et al. Forests and Climate Change – Lessons from Insects. iForest, 2008（1）: 1 – 5.

五、参与正义和程序正义

在国际法律制度中制定切实可行的司法程序，提高人们的参与能力，并提高参与的机会，也属于正义问题。[1] 这种正义是治理过程中的公正。承认这种正义形式，在国际森林制度中是非常重要的。例如，利益相关者的参与和协商机制，已经成为所有国际森林规制的重要组成部分。

当前，人们将对毁林和森林退化承担责任作为全球性责任来对待，可持续森林管理在实践中已经逐渐失去以主权为基础的责任性质。人们日益认识到各国在环境问题上是相互依赖、相互联系的，环境问题已经不再仅仅作为一个国家的问题来对待。当前，国际环境法的迅速发展也是最强有力的证明。

六、正义转型

迄今为止，在文献中"正义转型"是引起人们特别关注的一个重要概念。一般而言，所谓转型，是指事物的结构形态、运转模型和人们观念的根本性转变过程。在气候、能源和环境学界，转型是主动求新求变的过程，是一个创新的过程。正义通常指人们按一定道德标准所应当做的事，也指一种道德评价，即公平、公正。正义观念最早开始于原始人的平等观，形成于私有财产出现后的社会。不同的人会以不同的方式对"正义"进行概念界定，如古希腊哲学家柏拉图认为，人们按自己的等级做应当做的事就是正义。整体来看，现在大多数的观点认为公平即是正义。

因此，在当前确保低碳经济的"正义转型"前提下，社会如

---

[1] Weiss E B. *Environmental Equity*: *The Imperative for the Twenty – First Century in Winfried Lang（ed）. Sustainable Development and International Law*，1995，pp. 19 – 24.

何支持这样一个过程，对于它的含义有着怎样不同的看法？从不同的视角对"正义"进行阐释，即形成三个研究领域：气候正义、能源正义和环境正义。这三种"正义"形式可以定义为：①气候正义关注气候变化带来的利益，并从人权的视角分析承担气候变化的后果；②能源正义是指每个人都拥有获得充足、可靠、经济、清洁和可持续的能源服务的机会；③环境正义旨在平等对待所有公民，并使他们参与形成、实施和执行环境法律、法规和政策。迄今为止，这些视角下的研究非常具有局限性，我们需要对"正义转型"概念化，涵括这三个视角。简言之，"正义转型"是指向低碳和气候适应性经济过渡，这种经济最大限度地发挥了气候、能源和环境行动的效益，实现了气候正义、能源正义和环境正义。全球森林治理也必须在"正义转型"的情况下进行研究。

为什么需要一个统一的"正义转型"概念？首先，在气候、能源和环境、资源等研究领域，需要有一个现实基础，即研究需要一个全球性的视角。即使在地方一级采取行动，也会产生国内和国际影响。其次，环境正义学者需要进行深入研究，还应该将他们的研究范围集中在全球化和人权领域，而不只是集中在公民权利和地方层面，这与能源正义学者的观点相似。❶ 福赛斯（Forsyth）也以类似的方式呼吁气候正义学者应该从一个更全球化的视角开展研究。❷

当社会走向碳中和经济时，正义转型的过程就涉及正义问题。正义是转型的重要因素，因为当前政府、公司、机构和研究人员经常讨论关于"向低碳经济转型"的各种问题，但是就没有提到

---

❶ Heffron R J., McCauley D. *The Concept of Energy Justice Across the Disciplines. Energy Policy*, 2017, pp. 658–667.
❷ Forsyth, T. *Climate Justice is not Just Ice. Geoforum*, 2014, pp. 230–232.

"正义"。这些领域的研究人员广泛接受每一种形式的正义概念,但迄今为止还没有将这三种形式联系起来进行研究。"正义转型"方式涉及所有类型的利益相关者以及转型过程。"正义转型"的概念应提供一种更具包容性的方法。此外,"正义转型"是所有利益相关者都可以参与的概念,而不是必须理解前述三种形式。在当今形势下,非常有必要对"正义转型"问题进行讨论、研究和应用。许多国家政府正在世界范围内使用"转向低碳经济"这个用语,这是因为"低碳经济转型"是有大众意愿的,而且允许有一个非常缓慢的转型过程。

"正义转型"的有利之处是其目的可以减少现代社会的一些不平等现象,它通过在公民社会领域的正义来实现气候、能源、资源和环境的和谐。社会上的不平等现象正在世界范围内日益扩大,而且对当今跨学科学术研究领域也是一个巨大挑战。随着不平等现象的持续增加,纠正这些不平等现象的政策改革困难重重。有学者研究证明二氧化碳排放量增加与不平等社会之间有一定联系,克服不平等问题应该有更多的规范和整体的社会观,以及要考虑为"正义转型"作出贡献。

鉴于目前社会所面临的问题,可以说三种形式的正义迄今为止只取得了非常有限的成功。无论是发达国家,还是发展中国家,都持续发生一些具有全球性影响的不平等事件。现在学术界关注的重点在于导致不平等和不公正的事件的起源。气候和环境正义的重点是已经发生了不好的"事件",那么就要讨论如何减少损害的解决方案。对于一些学者来说,能源正义的目的应该是解决不平等问题,即"事件"发生之前的正义。

总体而言,所有正义形式都需要更多地关注"事件",这个问题正在研究过程中。在这项研究中,需要注重分析是一个"事件",还是一系列的事件,此外,还要更注重时间和地点的需要。例如,随着时间的推移,需要研究的问题就是变革的步伐和转型的"时间表"。就地方而言,还要研究这些事件在哪里发生,如果是在不平等或不公平的地方发生就是很重要的。

在研究正义转型问题上,主要有两个学术问题与之相关,即法律和地理,所以"正义转型"越来越成为一个跨学科的研究领域。法以"正义"为价值追求,在何时何地造成不公正的影响是"正义转型"研究的主要贡献。它对进行跨学科研究非常重要,各学科之间相互交叉,法律与地理学科之间通过新兴的领域"法律地理学"而联系起来。"法律地理学"为"正义转型"的研究提供了一个有效的途径。"法律地理学"关注的是法律之于空间,空间之于法律,以及二者间的相互影响。❶ "法律地理学"抓住人、空间、时间等要素,并且和法律研究相结合,自 20 世纪 80 年代开始应用于"正义转型"问题的研究。

通过"法律地理学"的思维思考和理解"正义转型"问题有着重要的意义。首先需要搞清楚两个问题:一是需要和预期什么样的正义;二是如何执行和应用正义。法律是一个系统工程,如果没有恢复性司法的应用,那么本可以促成更大正义分配的正义的实施就不会产生预期的效果。英国最近与正义转型相关的实例是 2025 年逐步淘汰煤电厂和 2040 年逐步淘汰柴油厂,这些都是英国正义转型的正面结果。国内外已有学者提出全球治理从法律地理学开始,那么,全球森林治理作为全球治理的一个分支,也可以从法律地理学的全新视角开展深入研究,这对打造人类命运共同体、促进全球森林治理体系的构建具有重要价值。

---

❶ 张绍欣. 全球治理:从"法律地理学"开始. [EB/OL]. [2023 - 08 - 13]. http://m.aisixiang.com/data/105596.html.

思考未来"正义转型"的发展趋向,它将是社会发展的一个目标,为了推动社会走向公平正义,需要公众接受和理解"正义转型"并确保人们的行为朝着这个方向转变。这就需要研究者们认真解读和宣传这个理念,尤其在全球森林治理的研究中思考"正义转型"问题,应用法律地理学进行研究,这对于减少社会不平等现象和不公正行为都有着极其重要的意义。

第三节　国家主权、产权与全球森林治理

在全球森林治理中,有两个比较重要的法律概念:国家主权和产权,这两个概念都涉及权利,而国际环境规制中的义务将会限制这些权利。国家主权赋予一国进行国内外谈判和内部自我管理的权利。产权也赋予了社会主体一定的权利,即对财产所享有的所有权、使用权、经营权或者一定权益的组合。法律将不同的权利归因于不同的财产利益。这就产生了以下问题:从国家主权中将会衍生出哪些权利以及对全球森林治理会产生什么影响?产权对全球森林治理有什么影响?国家主权和产权对全球森林治理的限制主要体现在哪些方面?

一、国家主权与全球森林治理

（一）国家主权和全球森林治理

1992年《关于森林问题的原则声明》（以下简称《里约森林原则》）中明确体现了国际林业谈判中国家主权的重要性,其中前两个原则概述了有关森林利用和管理的国家权利和责任。2007年《关于森林问题的原则声明》重申了1992年《里约森林原则》第

1 条（b）款中有关国家主权的规定。此外，1994 年《国际热带木材协定》原则 1 中也重申了《里约森林原则》中的有关国家主权的规定。

1992 年《里约森林原则》原则 1（a）规定："依照联合国宪章和国际法原则，各国享有按照其环境政策开发其资源的主权权利，同时也负有责任，确保在其管辖和控制范围内的活动，不致对其他国家的环境或本国管辖范围以外地区的环境造成损害。"

在分析国家主权的定义前，我们需要特别指出的是，2007 年《关于森林问题的原则声明》删除了 1992 年《里约森林原则》中关于国家主权的内容。1992 年《里约森林原则》的原则 2（a）中规定："各国享有根据其发展需要和水平、与可持续发展和法律相一致的国家政策，使用、管理和开发其森林的主权和不可剥夺的权利，包括在总的社会经济发展范围内，根据合理的土地使用政策，把这些区域改作其他用途。"这条关于国家主权原则的规定实际上是允许砍伐森林的。它赋予了国家使用、管理和开发其森林区域的不可剥夺的权利。这表明，国家不能通过下放或移交权力来规范森林的使用和管理。所以，国际机构规定的有关森林利用和管理的标准和制度与这一规定不符，而我们更应多关注进一步发展林区的声明，该声明很明确地支持要有利于国家林区发展的观点。当然，这一声明在国际林业领域并没有太大的影响，而且1992 年的《里约森林原则》对各国国内法的影响微乎其微。

（二）国家主权原则的含义

国际环境法中的国家主权原则可以被分为两个独立的部分：一是资源开发的主权原则；二是不损害国家管辖范围外的环境原则。下面将先对这两部分分别讨论，然后进一步探讨两者之间的关系。

Litfin（利特芬）在其论文中讨论了"主权"概念的"拆分"，

它涉及拆解和研究与其定义相关联的各种术语。[1] 该"拆分"实践确定一系列术语与"主权"的定义联系在一起。这些术语经常与"主权"相关的"领土""自主""权威""控制"和"人口"等术语相联系。除此之外，我们还需要讨论与"主权"相联系的术语，这样才能较全面地掌握"主权"的内涵。

"境内"指的是一个国家的物理边界。物理边界是参考现有边界来定义的。在这些边界内，各国都能够规范和控制所发生的活动。"自治"意味着独立和自治的权利。这赋予各国自由选择自己的政府和体制的权利。这里尤为重要的是，国家政府必须经由国家程序任命，而不受外部势力的影响。"权威"赋予国家权力行事，在一般情况下，有权通过负责任的、有代表性的政府采取行动来实现。"权威"还意味着国家政府是由于其有能力指导内部活动。在这个意义上，"控制"涉及有效地规制法律的能力。"控制"是治理的一项基本要素，如果不对国家边界内的活动进行控制，国家政府就会失去权威，国家指导的能力也会被削弱。"人口"是指所有人都在一个国家的边界内。目前最理想的状态是各国政府都能够代表和落实有利于国家公民的政治和法律政策。"人口"是受法律规制的群体，他们必须遵循政府的指示。

（三）与国家主权相关的权利

我们分析与"国家主权"相关的术语可以加深对其含义的理解。国家主权必须在明确定义的区域内行使，而且必须是独立、有行动的权威和能力，还必须具备必要的控制权力以贯彻国家的必要管理，而这些行为必须由一定的人口来进行。因此，国家主

---

[1] Liftin K. *The Greening of Sovereignty: An Introduction. In Liftin K. (ed.). The Greening of Sovereignty in World Politics.* Cambridge: The MIT Press, 1998, pp. 1 – 2.

权意味着国家公民在边界范围内组织和控制活动。然后，权利还需在以下三个不同的领域内行使：在国家的管辖范围内、在其他省市的司法管辖范围内，以及在一个共同的管辖范围内。

在国家的管辖范围内行使国家主权需要符合上述对国家主权的解释。除此之外，这可以通过协议的方式实现，即作为国际协议的一部分，A 国可以在 A 国内接受 B 国的主权，或者发生在 A 国的活动可以积极或消极地影响 B 国的主权。最后，与国际法律和国际义务直接相关的是在管辖范围内国家主权的运作。国家主权行使的方式是在国际程序的推动下行使的，与国家边界内行使的国家主权不同。在共同管辖的范围内，每个国家都极力推动它自己在此问题上所持的国家立场。在国际林业领域，每个国家都努力保护自己的森林主权，同时接受一些在所有缔约国之间产生的关于森林的共同标准。

二、产权对全球森林治理的影响

（一）森林和产权之间的关系

与物权法相关的权利和义务加强了非习惯法体系内的所有环境规制。这是因为物权法中规定了与环境有关的权利的享有和使用。产权的法律概念，可以作为一种承认和允许控制一定财产的工具。费舍尔（Fisher）曾提出了产权的法律定义："……物的所有者或该资产与物或资产本身之间的关系。所有者——与所有权有关的权利人，被公认为提供给他们一些权利：使用、不使用或允许他人使用等。"❶

---

❶ Fisher D E. *Rights of Property in Water: Confusion or Clarity. Environmental and Planning Law Journal*, 2004, 21 (3): 200-226.

因此，物权法对林区的使用和管理有很大的影响。有关环境权益的产权是森林使用者可以得到的最终权利。这是因为，一般产权在形式上被认为是安全的。此外，产权赋予这种权利的持有人享有不像其他形式（如依据法律或契约）那样限制的广泛权利。美国宪法中保护与产权相关的一些利益，以抵御私有财产的干扰，并防止其非法侵入，在普通法下改变滋扰的能力，抵押有问题的物体，在现在和未来的利益中自由地传递或分割它，接受联邦或州税法的特殊治理，并避免贸易限制等。❶

黑格尔认为，所有权对个人而言非常重要，因为只有通过拥有和控制财产，一个人才可以在外部物体上"体现"出他的意愿，并且由此开始超越个人存在的主观过程。个人通过控制、使用外部物体形成自己的个性。根据康德的观点，个人有必要控制外部物体，因为这样才能尊重个人的需要。罗尔斯曾经提出，个人财产的存在可以为个人提供独立和自尊的、足够的物质基础，这两者对道德权利的形成和行使至关重要。麦格雷戈也曾提出，承认产权机构的存在有着令人信服的理由。她认为，私有制有必要保护和增强个人自决和自治，包括有能力完成未来的项目，从事自由职业。这不仅可以促进独立的民主国家的发展，而且有利于增加人类的福祉。

现在，人们越来越认识到产权不安全是森林退化的重要原因。❷ 当前，林区的产权总是争议不断，或者重叠，或者被强制执行，而全球林业比例显著失调并受到许多不安全因素的困扰。这

---

❶ Sandra Zellmer and Jessica Harder, *'Unbundling Property in Water'* (2007 – 2008), 59 Alabama Law Review 679, 682.

❷ Joan McGregor, *Property Rights and Environmental Protection: Is this land made for you and me. Arizona State Law Journal*, 1999, pp. 391 – 392.

种不安全的行为严重破坏了可持续森林管理。因为,如果不享有安全的权利,森林所有人将缺乏激励措施,甚至还缺少投资管理、保护他们的森林资源的合法地位。而可靠的产权是确保资产的可持续保护和投资的必要条件。此外,通过碳交易和生态系统支付服务进行以市场为基础的规制,也需要产权的明确界定。

自然资源产权的存在参考了哈丁的"公地悲剧"理论,这是有道理的。该理论认为,当公地开放给公众,它们将会因过度使用或使用不足而遭到浪费。没有人愿意投资可能明天会从他那里取走的东西,也没有人知道谁能进场做交易。所有人抢了今天可以得到的东西,因此留下了一片荒地。因此,人们认为私有产权能够更好地为管理自然资源提供激励措施。该激励措施采取了林权的长期安全性和可以转让的形式。在环境权是安全的、可转让的地方,他们将提供给权利所有人确定的权利,这样的权利在未来就是有价值的。这样的确定还为权利人管理权利提供了一种激励,以增加其经济价值。

现在人们已逐步使用安全的产权来改善森林条件,那我们就有必要分析财产权持有的不同形式。在林业方面,一般我们讨论两种持有形式,即公共持有的林区和私人持有的林区。公共持有包括由中央或地方政府持有林地,进一步又可分为两个子类:由政府机构管理的土地;划出或保留给当地社区的土地。私人土地持有者持有的土地在一些特殊区域,如果没有某种形式的正当程序和补偿,政府不能单方面终止权利。私人持有土地还可以细分为两类:由土著所有的土地和其他地方社区团体所拥有的林地;由个人和公司所拥有的林地。

世界上大部分的森林是公有的,而且大多数是为国家或政府所拥有。据2002年的统计,全球森林资产的77%归政府所有,

4%预留给社区和土著群体，7%归私人社区安排土著持有，12%归个人或私人持有。现在在全球范围内，有森林私有制增加的趋势。2009年，有数据显示，全球林权的65%由政府管理，4%预留给社区和土著群体，18%由私人社区安排土著持有，13%由个人或私人持有。[1] 一直以来，人们期待这种转变的发生，主要是基于以下两个原因：第一，对有些国家的林权制度歧视土著居民和当地社区应当提高认识；第二，越来越多的证据表明，政府一直没当好林区的"公益管家"。

（二）财产的法律概念

现在无论是国际机构，还是国际森林文书，都提到产权在实现可持续森林管理方面发挥着越来越重要的作用。"财产"和"使用权"的术语在国际机构中交替使用。"财产"和"使用权"的定义与其他学科的以财产或使用权为基础的权利不同，因为它是在林区创制的权利的法律定义。下面将分析"财产"的法律定义及其林权持有人的分歧。

人们通常误解"财产"的法律定义。[2] 该术语常被用于非法律学科中，其与"所有权"的概念相对应，因此，这种分析针对的是人们所拥有的物品。举例来说，与森林相关的"物品"可以是森林生长的陆地，也可以是单独的树木。根据"财产"的这一解释，"所有权"被视为最终决定权。但是，对"财产"的法律界定，承认了许多权利都是财产法律关系的结果，正因为如此，法律上的定义往往关注附加到产权上的权利性质。从本质上说，"财

---

[1] Andy White and Alejandra Martin, *Who Owns the World's Forests? Forest Tenure and Public Forests in Transition*, Forest Trends. 2002, pp. 35 – 45.

[2] Fisher D E. *Rights of Property in Water: Confusion or Clarity. 21 Environmental and Planning Law Journal*, 2004, pp. 200 – 226.

产"术语通常被用来描述"事情或项目",但在法律意义上,它则被用来描述产生于特殊的财产法律关系的"权利的本质"。

这意味着,不同的权利产生于不同的财产法律关系。例如,电机的所有权不需要和森林的所有权一样享有同样的权利。与自然资源相关的权利不同于个人财产权,因为自然资源中的个人财产权对其他个人的财产权利有着潜在的影响。从更广泛的意义上说,它是公共利益之上的权利。因此,与自然资源利益相关的权利往往比个人财产物品的附带权利要受到更多的限制。

用来描述财产的法律定义的传统方法是"权利束"的方法。"权利束"的分析方法被用来分析与财产持有相关的个人权利。阿诺德曾经用一种新的比喻来形容财产,即"利益网"的典范。该方法将财产置于网络的中心,并考虑其与事件和私有制之间的关系。❶ 在林业规制方面,"权利束"的办法只关注权利的性质,如收获权、入境权及其他相关的权利。这显然不是必要的分析方法,因为还有许多林区竞争的权利,"权利束"不承认林区竞争或兼容利益的存在。利益范式的网络在林区更为有用,因为它首先将森林置于网络的中心,其次才考虑林区所有权利人的利益及权利。

Zellmer(泽尔默)和 Harder(哈德)对此问题作了更进一步的研究,他们建议研究的出发点应首先考虑财产是否居第一位。既然承认自然资源是财产,就有必要考虑自然资源是否能够被归类为财产。这种类型的分析要求我们重新思考社会与财产利益交往的价值。作者比较赞同 Zellmer(泽尔默)和 Harder(哈德)提出的这种方法。

麦格雷戈认为,土地所有权和自然资源的所有权都应当包括

---

❶ Craig Anthony Arnold, *The Reconstitution of Property: Property as a Web of Interests*, *Harvard Environmental Law Review*, 2002, pp. 291–295.

管理责任。这种管理职责，需要持有人为子孙后代着想，精心照顾、保护土地，并时刻注意避免浪费和破坏。为支持这项工作，麦格雷戈引用了利奥波德的话："我们滥用土地，因为我们把它当成一种属于我们的商品。当我们认为土地属于我们的时候，我们就应当用爱和尊重来使用它。"❶

这个"管家"的职责现在应发展成为一系列土地所有者的职责或责任，因为财产权益持有人都很清楚，他们所拥有的权利是他们持有财产的一部分。然而，社会发展到这一步，大家都认为这些权利形成了一系列相互关联的环境责任。在某种程度上，现代环境规制和管理计划的出现与财产持有人权利和责任的概念是相一致的。然而，财产权利和责任之间的关系也应该厘清，将责任附加于产权将会促使人们改善环境成果。我们面临的挑战是要寻找到一种机制，并使得这一机制对社会更有利。

(三) 财产的法律特征

有关财产权益的法律分析的起点看似是简单的问题：有争议的物体能被认定为财产吗？如果能够被认定为财产，那么在法律上承认合法权益将属于财产权益的持有人。如果不能够被认定为财产，那么就需要寻求替代的法律保护方法，例如，在合同法律或法规下进行保护。然而，现在还没有一种简单的方法或理论存在，以便确定一个产品是否能够被认定为财产。这就导致了一些森林状况的混乱，因为法律制度只对特别的森林项目感兴趣，例如，存储在树木中的碳或森林的生物多样性保护等。在很多情况下，法律制度还避免了通过简单地创建森林产品权利来进行这样

---

❶ Joan McGregor, *Property Rights and Environmental Protection: Is This Land Made for You and Me. Arizona State Law Journal*, 1999, pp. 391–392.

的分析。

财产的许多属性与以财产为基础的权利相关。这里应当强调的是，这些特征并未明确解决财产利益是否存在的问题。然而，这些特征对辨别与有争议事物相联系的利益的法律性质有实际用处。在英国 National Provincial Bank Ltd 诉 Ainsworth（国家省级银行股份有限公司诉安斯沃思）案中，明确了在权利或利益被获准进入财产类别之前，或影响财产的权利之前，它必须是第三方可定义的和可识别的，且能够由第三方假设其性质，并有一定的持久性和稳定性。

费舍尔明确指出，产权大致可以通过以下内容来确定[1]：

- 该权利是否适合在法律体系内适用；
- 该权利的物质基础是否可以被明确定义和标识；
- 该权利是否属于独一无二的拥有者；
- 该权利是否足够长期和稳定以致引起了足够的安全注意；
- 该权利是否可以被转让。

除了这些，斯科特还确定了其另外三个特点[2]：

- 该权利的持续性；
- 该权利的灵活性；
- 该权利的整除。

1. 执法

为了确定权利能否正确地通过法律制度来执行，有必要弄清楚法律制度是否承认这样的权利存在。托马斯·杰斐逊认为，财产是一个严格的社会创造，而且由于社会创造财产权利，就应该

---

[1] Fisher D. E., *Rights of property in water: confusion or clarity*. 21 Environmental and Planning Law Journal, 2004, pp. 200–226.
[2] Anthony Scott, *The Evolution of Resource Property Rights*. 2008, p. 4.

继续控制它们。从这个角度来看，财产在社会和政治环境中存在，且只有依赖于这样的背景，其才能形成和存在。这似乎有点抽象，但在林业实践方面有实例证明其重要性。在国内法律框架内，人们越来越普遍承认森林碳权利的存在。然而，这种认识仅仅是比较新颖的，许多法律制度确定了正确的机制来承认森林的利益。这表明，当新的利益出现时，法律制度可能会比较缓慢地给他们以法律上的认可。如果法律制度认可私人合同协议，这时除了财产利益也可能再产生新的利益，那么与利益相关的权利就都能够得到遵守。因此，合法权利的承认和执行是法律权利的两个关键特征。然而在许多发展中国家，很少承认林区内土著或当地居民的利益，并防止这些团体能够行使他们的权利。

2. 明确的定义

对于法律制度承认的财产，必须明确定义该项目，以及确定一个正式的程序来确定财产利益。在某些情况下，与森林相关的利益的定义和标识可以相对简化，但在另一些情况下，则可能要复杂得多。在一个地方存在大量的森林利益，这是很普遍的。首先，存在与在其土地上的森林相关的利益。在大多数发达国家，某种形式的陆地边界和远程映射技术已经采取正式的土地鉴定和问责程序。然而在许多发展中国家，土地界线往往不太清晰，所以远程映射技术就会受到限制。其次，需要能够明确森林生态系统的价值。这个过程涉及土著居民和其他利益相关者的协助，以确保遗传和其他森林价值能够得到实现。明确森林生态系统的价值应当包括一个灵活、动态的过程，并演变为新的知识，获取有关森林价值。最后，也需要能够明确在森林中的其他利益。这些其他的利益包括采伐权、获取权、碳权利、生物多样性和生态系统权或者某些其他形式的权利。

3. 排他性

斯科特认为，排他性涉及两个不同的理论。首先，它是指减少或避免与权利人使用资源的物理干扰。[1] 在此意义上，干扰是指与其他所有者的资源共享。其次，排他性是指，从权利人的一定程度的独立性和自由度操作来限制使用资源，并促进政府规范公共利益以实现政府的目标。有学者指出，排除权是私人最具特色的财产权。[2] 关于林业范围内排他性的第一个定义是，它具有一块林地内兼容的利益。例如，一方可能有权收获树上的果子，而另一方有权从树上采蜜。在其他情况下，森林的独占权将决定林权的经济、环境和社会价值。通常情况下，在林业方面，森林中的个人利益是互不兼容的。例如，很难确定在一块林地上同时享有采伐权和森林生物多样性权利。关于排他性的第二个理论，提出了现代环境规制已经冲击自然资源的使用和管理的绝对权利，这从政府干预的绝对排他性中很难找到示例。

据称，这种排除权是专属的私人财产最显著的特征，有学者建议，这种权利使得："……私有财产卓有成效地通过使所有者承认他们个人全部投资的价值，从而鼓励大家把时间和精力都放到使用资源上……因此被认为能够促进社区的幸福，给予其成员使用资源，并保护他们的最大利益。"[3]

在林业方面，有令人信服的证据表明，私有产权，包括排除权，不足以单独确保可持续的森林管理，反之，它经常认为独占

---

[1] Anthony Scott, *The Evolution of Resource Property Rights*. 2008, p. 4.
[2] Carol Rose, *The Comedy of the Commons: Custom, Commerce and Inherently Public Property*, The University of Chicago Law Review, 1986, pp. 711–712.
[3] 同上。

性和安全性有助于提高可持续森林管理的实施。笔者建议,必须有一套强有力的法律和政策框架,以支持私人所有权,同时确保可持续森林管理在实践中得以实施。

4. 永久性和安全性

费舍尔认为,承认某些权利为财产,这些权利必须在很长时间内基本不变,以便确保一定程度的安全。❶ 林区的永久性和安全性是投资土地的前提。尤其是在林业投资的情况下,因为树木一般需要很长的生长时间。投资土地属于金融活动,或者是贯彻于可持续森林管理的实践中。这些投资土地的类型在实践中很难发生除非有某种形式的激励机制。这种激励措施可以是财务收益、改善生计或环境条件等。目前普遍认为安全的产权对实现社会、经济和环境目标是非常重要的。

5. 可转让性

转让所有权或权利中的一部分是财产存在的一个有效指标。财产转移利益的能力对于现代市场经济的运行是一项基本要求。这些财产权益的转让通常需要换取金钱赔偿。这个过程使个人、团体、企业、政府购买和出售财产以满足他们的利益。因此,市场规制的支持者主张,创建的产权制度应包含大范围的利益。对于要转移的权益,其他财产的标准如承认、执行、辨别和定义都必须得到满足。在林业方面,林权流转利益的能力增加了投资的吸引力,这是因为投资者普遍感到在投资的过程中更有信心,但是当它不再适合他们的需要时,他们就可以转让他们的利益,大多数的林权一经确认,将会符合转让的要求。

---

❶ Fisher D E., *Rights of Property in Water: Confusion or Clarity*. 21 Environmental and Planning Law Journal, 2004, pp. 200–226.

6. 持续性和灵活性

持续性本质上是指为其利益存在的时间表。林权利益的持续时间将根据利益变化来调整。获得林权的利益可以进行利益的传播和后续的收获。人们需要产生于森林碳或生物多样性的权利，而其他权利只能在临时阶段享有，如在处理非木材林产品等情况下。因此，持有人可以灵活地在职业持续期间内对协议条款或条件重新进行谈判。这是一个独特的特征，因为它允许财产利益随着社会的变化而发展。在林业方面，还应该承认森林内产生的新利益。

7. 可分性

斯科特确定了三种类型的可分性：水平、垂直和多元。[1] 水平可分性允许持有人细分，并相应地转让所有权。垂直可分性是指房地产利益具有财产属性。其中一些可能同时发生，而另一些则取决于从其他房地产利益所有者那里转移。多元可分性允许权利人将林权转让给第三方；垂直可分性则承认大量的森林权益。

总之，财产的法律特征可以被描述为执法、定义、辨别、排他性、永久性、安全性、可转让性、持续性、灵活性和可分性等，这些是财产所有常见的功能。为确定森林中新的利益是否能够被认定为财产，我们应该考虑这些类型的标准。如果在森林中的利益是以财产为基础的，而且提到了这种利益是"权利"，那么多数立法就可以直接作出判断。然而，这并不能最终确定权利的性质是不是以财产为基础。在英美法系国家，司法机构通常被要求决定森林资源利益的确切性质。这些决定可以将上述特征应用到特定的森林中。

---

[1] Anthony Scott, *The Evolution of Resource Property Rights*, 2008, p. 4.

（四）主权权利的限制

1. 对国家主权的限制

当国家签署国际协议时，比如1992年和2007年的《里约森林原则》，它们已同意，至少在原则上同意批准，并试图通过机构产生一定的责任。通过该协议需要修改国内政策和行动，这是限制国家主权的国际义务和责任的一个实例。它取消了一些制定国家政策的自主权。在理论上，即使在国际环境义务对一个国家的经济利益产生负面影响时，这也并不意味着国家实施政策与国际义务不符。有时候国际义务的履行会影响最常见的与行使国家主权有关的权利。

"……国家主权原则将国家本身置于尊重其他国家的环境中，这是国家主权原则本身的要求，正如水资源与国际社会中的共享资源一样，都不可避免地会对国家主权行使的权力形成限制。"[1] 该声明由费舍尔提出，这表明存在与国家主权相关权利的矛盾。与事实相关联的矛盾是，行使主权在本质上要受到国际环境法规制的限制或约束。

我们再具体地分析一下《里约森林原则》第1条（a）款的规定，国家主权原则中的第二个组成部分，它要求各国承担超越国家边界范围内的后果，并考虑自己行为产生的所有可能的后果。该原则明确要求各国"不对其他国家的环境或国家管辖区域外的其他地区造成损害"，[2] 这表明，国际责任不仅存在于两个国家之

---

[1] Douglas Fisher, *The Law and Governance of Water Resources：The Challenge of Sustainability*. 2009, p. 67.

[2] United Nations Conference on Environment and Development. *Non - legally Binding Authoritative Statement of Principles for a Global Consensus on the Management, Conservation and Sustainable Development of all Types of Forests*, UN Doca/conf 151/26, principle 1 (a), 1992. http://www.un.org/documents/ga/conf151/aconf15126 - 1.htm, 访问日期：2023年8月13日。

间,也存在于整个国际社会之中。我们可以给"环境损害"作一个广义的或狭义的解释,其广义解释包括其他国家引起的直接损失和间接损失。而狭义解释只包括直接损失。直接损失涉及消极影响所有国家的活动。例如,在 A 国砍伐森林可能会直接影响到 B 国,也就是说,缺乏森林提供的生态服务,如水净化、土壤保持和当地气候温和,就可能会影响到 B 国。间接损失的例子比如在采伐区域生物多样性的减少,造成所有国家遭受的损失比特定的国家还要大。目前,"环境损害"的确切含义在国际森林法规范中尚未明确。

《对环境造成损害的民事责任公约》(以下简称《民事责任公约》)中界定了"环境损害",但这并不是联合国的协议,而是由欧洲委员会达成的一个协议。其目标是为危害环境提供足够的损害赔偿,并且还提供预防和重建的方法。根据该公约,"环境损害"意味着对环境不公平的损失或损害。其第 7 条定义"损害"为:

- 人身伤亡损害:7(a)
- 财产损失或损害:7(b)
- 对环境不公平的损失或损害,这种形式的损害限于重建费用的补偿:7(c)
- 预防性措施的费用及由预防性措施造成的任何损失或损害:7(d)

《民事责任公约》第 7 条(a)款,可以广义地理解为包括对人类、动物和植物生命的损害。这种广泛的界定需受到原则第 7 条(c)款的限制,因为在这个条款中特别提到了环境。

术语"环境"在原则 10 中被定义为包括自然资源,财产构成文化遗产的一部分,这意味着"生命损失"只涵盖了人类生命的损失。在自然环境中,原则第 7 条(c)款是最相关的。不过,值得我们注意的是，这种类型的损害仅限于重建费用的补救。

"共同但有区别的责任"的国际环境法律原则要求各国承认"人类共同遗产"，而且这是国际法中平等原则的体现。该原则实际认识到一个事实，即各国应承担不同的责任，并尽自己的最大能力来应对环境挑战。

该原则包括两部分：

一是所有国家都有保护环境的共同责任。

二是国家必须考虑到不同情况，特别是每一个国家对某一特定问题的演变及其有能力预防、减少和控制这种威胁。

全球各个国家均负有保护环境的共同责任，因此，"共同但有区别的责任"原则要求限制使用有关环境的主权。这种共同的环境责任和利益，在理想情况下优先于环境中的个别国家的利益，并要求各国考虑他们行为的外部影响，如国际影响以及国家层面的影响。

2. 两个部分之间的关系：国家主权对森林管理的影响

关于规制环境的所有国际文书都有一个目的，即保护自然环境，以此影响个别国家处理他们自然资源的权利。可持续森林管理的概念，像所有其他公认的环保规范或标准一样，对国家的主权权利构成了一定的冲击。这意味着国家主权的概念和国际环境义务的性质是不同的，而且两者之间的界限是模糊的。如果一个国家签署了国际森林协定，提出必须通过可持续森林管理原则实施，那么就不能由于涉及运用国家主权实施这项协议，人们可能首先会质疑签订国际协议的目的。

有一位著名的作家对国际森林规制的建议是："主权历来在国际环境中对其政策有影响，同时受到跨国经济和社会力量的损害。"[1]

---

[1] David Humphreys, *Forest Politics: The Evolution of International Cooperation*, 1996, pp. 32-35.

米克尔森（Mickelson）深入探索了主权对发展中国家的重要性[1]。继第二次世界大战之后，主权成为许多国家关心的重点问题。这些国家控制资源的决策权伴随着要求主权独立。自然资源主权与人权以及自决权联系在一起。在联合国发布的《建立国际经济新秩序宣言》中，关于主权对自决权的重要性，吸纳了智利的建议："人民自决权应该包括对其自然资源的永久主权，在任何情况下都不能剥夺其他国家要求的任何权利基础上他们自己的生存方式。"

米克尔森指出，主权从来就不是完全不受限制，因为现在已达成一个普遍的共识，即主权在国际法下要受制于义务的约束。[2]国际法本身并没有清楚、准确地指明是什么，如果有的话，国际义务会侵蚀与主权相关的权利。如果达成一项森林公约，积极改变世界森林的使用和管理，那么国家主权肯定会受到影响。

"困难出现在森林公约形成的情况下，为了避免这样的协议侵犯国家主权。事实上，如果关于森林的文本从本质上讲与以前的环境领域文本不同，那恰恰是因为它对国家资源主权的影响似乎更直接。"[3]

1992年，国家主权对达成国际森林方面有约束力的协议设置了主要障碍。国际可持续森林管理义务的演变一直被用于避免影响林区的主权。国际森林法尚未形成有法律约束力的文本规范，因此与主权相关的问题还有待解决。法律文本需要采取一种方式，明确主权权利和义务之间清晰的关系。例如，基于多种原因，国

---

[1] K Mickelson, *Seeing the Forest, the Trees and the People: Coming to Terms with Developing Perspectives on the Proposed Global Forest Regime*, in S Johnson (ed) *Global Forests and International Environmental Law*, 1996, pp. 56 – 59.
[2] 同上。
[3] 同上。

家主权被公认为对国家非常重要,同时林区对各国而言也是至关重要的。国家可以同时享有一些与国家主权相关的权利。这将需要一种范式的转变,即森林作为一种天然资源,它提供资源、资金和就业的机会,还有一种观点认为在国际层面对森林进行管理具有多重价值。

一方面,国家主权涉及的概念,如控制、自主性和权威性,用以处理所有发生在一个国家边界的问题;另一方面,国际环境协定规定国家对自然环境享有权利和义务。可持续发展的概念是指既满足当代人的需要,又不对后代人满足其需要的能力构成危害的发展。从理论上讲,可持续森林管理的概念意味着国家要平衡与林业同等相关的、竞争性的生态、社会和经济价值,因此,国家需以可持续的方式管理自己的资源。在现实中,这种做法有点不同,因为经济利益仍作为主导的利益占上风,森林法的任何发展对经济利益的不利影响都会造成政治的紧张局势。

有人建议,作为制定具有法律约束力的法律文书的一个替代方法来规范森林的利用和管理,可以实施其他程序来解决国家主权问题。这些措施包括❶:

● 通过发展议程来修复森林损害,这一过程涉及重建或将森林恢复到原来的生物状态;

● 为发展中国家制订债务削减计划,以防止进一步毁林的发生,这可能涉及豁免债务;

● 国际环保资金;

● 自然债务互换,也就是说,建立热带雨林国家保护生物多

---

❶ R Eshbach, *A Global Approach to the Protection of the Environment: Balancing State Sovereignty and Global Interests*, Temple International and Comparative Law Journal, 1990, pp. 271–282.

样性的财政激励措施。这些政策选择对森林覆盖率和森林健康都会产生积极影响。这就需要获得充足资金来应对这些政策的挑战。联合国粮食及农业组织（FAO）在2007年的《世界森林状况》中强调，当前迫切需要增加国际林业项目资金，FAO的《森林资助计划》中也强调了这一点。每年FAO会资助10个新森林计划，以加强国家森林机构管理，但是这些项目的需求已远远超出了FAO的能力范围。

（五）对产权的限制

产权在许多方面受到限制。可通过立法干预的环境资源不计其数，而立法依据可持续发展的理念规定了对环境资源的使用和管理。同样，立法机关也可以对私人土地上的某些环境价值进行法定保留，这样产权就会受到环境市场运作的限制。立法干预也相类似，市场运作需要遵守一定的标准和惯例。成文法和市场运作规定限制财产被使用的方式。出于这个原因，一些评论家认为，环境规制的运作破坏了私有财产的利益。这种说法是在环境规制的基础上提出来的，该规制消除了一些附着在土地上的权利，否则可能还仍然存在。然而，国家主权学说和财产的法律定义指出，土地所有权从来没有绝对的，总是会有某种形式的限制。

目前，可持续森林管理的理念尚未获得具有法律约束力的地位，正因为如此，可持续发展的更广泛的理念是限制环境产权持有人的权利。可持续发展的理念概括了许多各国设计制度时必须考虑的问题[1]：

- 必须顾及当代人和后代人的需要（代际公平）；

---

[1] D Magraw and D Hawke, *'Sustainable Development' in Daniel Bodansky et al (eds)*, *Oxford Handbook of International Environmental Law*, 2007, pp. 613–619.

●世界上穷人的需要必须优先得到解决以及必须消除贫困（代内公平）；

●需要注重保护环境；

●必须整合经济、社会和环境政策。

可持续发展的理念还提出了政府责任。它要求政府在行动发生之前，要进行环境、经济和社会方面的综合考虑。这就要求政府收集与环境相关的数据，并征询批准计划的以及与土地相关领域的利益群体的意见。因此，可持续发展的理念将新责任强加于政府，并对财产持有人的权利加以限制。

法律制度通过特定的土地权益来限制财产持有人的权利，包含如何对土地使用进行限制。"土地使用权"这个词描述了政府、土地使用者，以及其他土地持有者之间的关系，关于土地使用权的法律规定了通过不同类别的使用权承认一些土地上不同的利益。在某些情况下，也可适当承认一块土地上可以兼容多种利益。

法律承认存在于现有土地上的利益包括：

●土地永久权的利益。这是人们最感兴趣的问题，而且与所有权的概念同等重要。在占有领地原则的制度中，如澳大利亚，没有土地所有者的所有权，源于官方批准的"拥有"任何绝对意义上的土地。永久权权益的持有人仅持有该利益。国家一般提供给持有者最大的自由，即决定他们土地的使用和管理。这种使用和管理通过法律规定或政策规定受到官方的干预。

●陆地原来居民的土地权益。这种权利被普遍认为是公共权利而区别于个人权利。每个司法管辖区域的法律都有其程序确定土地的所有权权益。如在澳大利亚，土著的土地所有权被视为权利束，每个人的权利必须建立在法庭上承认这种权利存在的基础上。在森林领域，相关的权利包括开展农场造林实践的权利、收获和利用森林产品的权利以及将他人排除出某些林区的权利。

- 土地租赁权益。这种权利赋予土地一般占有的权利，而在无限期土地的永久权利益中，租赁权利益仅存在一段规定的时间内。由于时间有限，租赁权利益被视为高于永久权利益。土地可以从国家或永久权物业的私人业主那里租用。租赁一般包括有关土地使用和管理的若干契约。这个定义的持续性特别限制了承租人对土地的使用。

- 土地的地役权利益。这为土地所有者创造了权利和责任。持有人可获得地役权，为了特定目的使用其他人的土地，土地所有者则必须予以承认。这种类型的利益经常是通行别人土地的权利，有权享受他人的土地区域作为花园，或在其他土地上停放一辆汽车等。

- 契约。限制性契约是一方同意限制使用土地的各方当事人之间作出的承诺。契约已被用于约束土地的现持有人和所有未来的持有人来执行特定的环境管理行动。在这种情况下，该土地的契约持有人通常是国家。

- 利润。进入别人的土地并获取利益，形成了土地利益的一部分。这些土地上的利益允许持有人搬移木材和其他的天然资源。最近，这些土地权益已被用于承认林地的"碳权利"。但是，如果严格地解释，"碳权利"的持有并不是从土地中搬移的权利，他们有为环境执行服务（即碳汇）付费的权利。

- 林权。使用现有的土地权益作为承认自然资源的权利，或与它们的程序相关。澳大利亚的一些州已经通过形成土地上包括在登记册上的"新利益"来处理这个问题。维多利亚州和南澳大利亚州允许制定林权协议，其中包括植物权利、维护和收获森林财产、森林碳汇等。这些协议可以在土地上登记注册，允许林权所有者享有强制执行相关合同义务的权利。这种土地利益的注册也允许林权所有者反对未来业主的权利，如在新西兰，1983年林权登记法赋予土地所有者将林权转让给第三方的权利。林权持有者有权建立、维护和收获土地上的树木等作物。林权被记录在土地所有权的登记簿上，并归类为资源性权利。这种分类可确保持有人仍继续享有权利，尽管土地所有权有所改变。澳大利亚和新西兰的森林碳汇法律规制在世界上处于领先地位。

（六）结论

国家主权和财产二者的法律概念，严重影响了国际和国家层面的森林规制。这些重要的概念与相关的权利条款是相矛盾的。一方面，它们提供给国家或个人某些固有的权利，这些都对如何行使这些权利进行了一定的限制；另一方面，对主权权利和财产权利的限制会造成与环境相关的公共价值的结果。在这种环境下，更广泛的公共利益优先于环境中的个人利益。法律制度通过承认与限制相关的权利，提供了更广泛的公共利益。因此，那些负责规制林区的管理者，必须设法给予个人一定的权利，同时确保森林中更广泛的公众利益。

CHAPTER 02 >> 第二章

全球森林治理的机制

第一节 森林市场机制

林业是一国经济的重要物质生产部门,要受到该国经济管理部门的管理与监督。现在经济工具的使用在管理与规制中发挥着越来越重要的作用。对森林管理机构而言,森林市场机制是一个非常好的机制。当前,大部分森林市场机制在项目的早期阶段实施。环境金融政策带来的融资机制,对实现森林的可持续管理也很重要。排放权贸易机制的引入,会生成一个森林生态系统服务市场,还有其他的市场机制等驱动因素,一起助推森林可持续管理的实践。

一、森林的经济规制

(一) 森林市场机制的理论基础:正、负外部性

1987 年通过的报告《我们共同的未来》和 1992 年地球峰会文件,从整体上协调了人类与森林之间

的关系,就用综合的管理方式保护热带雨林方面达成了全球共识。❶

该报告确认了经济和环境管理之间的相互依赖关系,将环境政策与经济、贸易、能源和农业政策联系起来,敦促各国预见并防止环境破坏。它将环境因素纳入政府决策的考虑中去,鼓励政府更有效地利用经济手段以促进清洁生产。

国际发展机构曾经就消除贫困和环境恶化之间的关系问题展开了激烈的辩论。当时形成的共识是,消除贫困对热带林区的保护至关重要,这个观点就是建立在可持续森林管理的基础上的。所以应该采用综合保护和项目开发等两种基本方法来实行可持续森林管理。然而,这些方法并没有为人们提供巨大的利益,因而需要探索新的管理方法。后来又出现了环境服务支付(payments for environmental services)的概念,其核心思想是生态系统服务的用户、受益者直接或者有合同且有条件地支付给森林土地所有者,作为他们接受生态服务对生态服务提供者的报酬。

森林市场机制既是一种经济工具,也是一种操作方式,其不仅是合理的,而且有相当的灵活性。通过市场提供更广泛的森林产品和服务,比如碳汇、生物多样性的保护、流域保护、景观价值等,这样能使环境得到改善。森林市场机制通过建立经济激励,还可以吸引私营部门参与到环境生态管理中。

气候变化的发生被称为世界上最大的市场失灵。❷ 温室气体排放在历史上被认为是一个市场外部性问题,全球温室气体排放的增加,以及相关的社会、环境和经济的影响并没有进入经济决策

---

❶ A Angelson and S Wunder, *Explaining the Forest Poverty Link: Key Concepts, Issues and Research Implications*, 2003, pp. 3 – 6.

❷ Stern N. *The Economics of Climate Change. American Economic Review: Papers & Proceedings*, 2008, pp. 1 – 37.

的过程中。以市场为基础进行规制的支持者，在控制碳排放方面取得了一定的成功，部分国家承诺进行减排，但是森林退化仍在持续中。市场机制支持者分析认为，有两个原因在这里起作用：一是许多森林产品和服务被认为是正外部性的；二是森林服务被认为是公共产品。

"正外部性"是经济学上的一个术语，指行为人实施的行为对他人或公共环境产生正面影响，又称作溢出效应，但其他经济人不必为此向带来福利的人支付任何费用，而是无偿地享受福利，属于不支付报酬而获得利益的情况。森林保护与正外部性相关，森林提供的生态服务，保持水土，减少了下游发生洪水的风险，有助于保持水质，最终带给整个环境以及下游的人们巨大的福利。但是，对森林居民来说，这种做法往往是得不偿失的。因为，森林服务的受益者往往是白白享受这种服务而不付费，即使付费，支付给森林服务的价格并不代表森林服务的所有成本。森林土地常常因农业和农村发展而被占用，给森林服务带来的损失通常没有给予解释，更没有给予补偿。市场通常也无法补偿由于缺乏产权而产生的正外部性及其损失，政府、社会也没有采用其他法律手段来要求对服务进行支付。

森林环境服务也被定性为"公共产品"。公共利益是一种特殊的外部性，由于具有非排他性和非竞争性特征而区别于其他外部性。"竞争"的意思是，如果我使用它，那么你就不能使用；"排他性"的意思是，我可以排除你使用它。这里的"它"，往往是一种利益。因为森林服务主要是公共产品，政府通过创建公共所有权，直接控制了对其的使用和管理。

如果市场产品是非排他性的和非竞争性的，那么市场的形成将是困难的，因为没有真正的激励存在，也就无法向提供服务的供应商付费。在市场竞争的地方,消费者知道,在那里由别人支付,消费者只是从中受益,即"免费搭便车"。在"搭便车"的地方,公共产品的供应会很困难,甚至供应为零。

然而,在提供环境服务的场合,情况并非完全如此。森林只要继续存在,就将持续提供环境服务,无论享受服务者是不是森林的所有人,都需要对服务的提供者进行经济补偿——付费。如果支付的款项被用以完善管理,并为了确保长期提供这样的服务,那么环境服务用户的支付将被直接用于维持该服务。

为了克服非排他性和非竞争性的问题,环境市场需要建立对自然资源的明晰的产权,权利持有人才有动力更有效地管理资源。这一推理可以联系哈丁(Garrett Hardin)的"公地悲剧"理论进行分析。❶ 当草地、森林等公共物品向公众开放时,过度使用、浪费就是不可避免的,这样的公共场所也不会吸引到投资或投入。没有与产权相关的安全性,利益将随时会丧失。不明的产权规则也会阻碍市场交易,同时会导致使用者的短期行为,而留下一片荒原。总之,哈丁的理论指明了自然资源的产权必须明晰化。

(二)森林市场机制的激励工具

1. 使用经济激励工具

经济激励有多种形式,然而,所有类型的经济工具都使用经济奖励或惩罚措施。"经济手段"可以促进符合成本效益原则的决策,并使跨国经济活动更公平、更活跃。

经济激励工具可以分为以下几种:一是以财产权为基础的体系,包括建立清晰的产权环境服务;二是建立市场,这就首先需要建立产权,承认信用的形式或资格,可以在市场参与者之间进

---

❶ Hardin G. *The Tragedy of the Commons*, *Science*, 1968, pp. 1243 – 1248.

行交易；三是财政费用工具体系，通过消费或生产的全部或部分成本定价，鼓励负责任的行为；四是金融工具，使用绿色基金、优惠的利率和贷款，旨在保证财政收入和环境保护；五是责任工具，通过经济处罚来惩罚那些不符合监管标准的行为；六是履约保证和存退款体系，这需要先有存款证明和押金等，而且只有当当事人履行环境义务时才能予以退还。[1]

通过使用以市场为基础的经济工具提供经济激励措施，可以实现具体环境保护的总成本最小化。在以市场为基础的措施中，广义上有两种形式。第一种是根据"污染者付费原则"，设置一种费用，以反映污染者对环境损害的成本价值，把负面的环境成本和结果转嫁给消耗或破坏环境资源的人。第二种是建立一个市场，允许信用贸易或许可证贸易。这种活动只能在一个特定的部门内进行，分配给参与者一定数量的信用，要求他们只能从事指定的活动，比如可以将配额出售给另一个参与者。随着碳排放额度交易的不断增多，这种交易已经逐渐为人们所熟悉并广泛采用。

2. 承认森林生态系统服务

森林能够提供许多有利于人类生存与发展的服务。森林不仅能调节当地及全球气候，改善天气状况，调节水文循环，保护水域、植被、水流和土壤，还是一个巨大的遗传资源信息库。

林区的森林价值可以分为：生态和环境价值、经济和贸易价值、社会和文化价值。具体来讲，森林产品和服务包括木材、燃料木材、非木材林产品、遗传资源信息、娱乐、旅游、流域、气候、生物多样性、美化市容以及其他非使用性价值。

---

[1] T Panayotou, *Economic Instruments for Environmental Management and Sustainable Development*, 1994, pp. 63 – 69.

为了建立经济奖励或惩罚措施，我们首先必须清晰地定义森林产品。然而，森林价值和服务难以用清晰、确定的方法来表达，森林价值往往通过间接的方式得到体现，同时也因其内在的经济价值而受到重视。例如，已经建立和实施了一定的经济工具来体现森林的各种功能或价值：经济激励措施承认森林具有促进生物多样性的功能；承认森林的碳储存功能；承认森林提供流域保护的功能；承认森林的景观价值等。

3. 森林生物多样性保护的经济工具

森林，尤其是热带雨林是森林生物多样性和提供环境服务的主要源泉。当前，地球的森林生物多样性受到严重破坏，《生物多样性公约》及其相关的实施机构已多次提出和强调这一严峻的问题。2002年《生物多样性公约》缔约方会议通过了到2010年的战略实施计划，提出"显著减少当前生物多样性丧失的速度"的任务。❶ 然而，评估得出的结论是，目前国际社会保护生物多样性的实践并不成功。为了应对持续的对生物多样性的威胁，改善合规守法状况，落实现有的法规，加强环境规制是非常必要的，其旨在保护生物多样性完善的经济工具，尽管经济工具已经采取了许多不同的形式，但其还可以被用来获得更好的环境结果。

以下经济工具被应用于保护生物多样性，具体分析如下：

一是保护生物多样性的股份公司，社会上有为生物多样性保护支付的意愿，其组建公司的主要目标就是保护生物多样性。这些公司出售股份，股份的价格决定了生物多样性保护的价值，以及市场对此类产品的需求。

---

❶ CBD. 2006. *Summary of the Second Global Biodiversity Outlook UNEP/CBD/COP/8/12 (2006)* [3]. [EB/OL]. [2023-08-13]. http://www.doc88.com/p-4681548624489.html.

二是生物多样性信用或补偿，为生物多样性的管理提供了一种模式。只要有需求，就会有市场价值。

三是生物多样性友好产品，产品要以符合生物多样性保护的方式来生产。

四是生物勘探权，即出售允许收集和测试指定林区的基因材料的权利。

五是保护地役权（easement），政府吸引土地所有者管理土地，维持和促进生物多样性。

六是自然债务交换，政府购买或冲销发展中国家的债务，用于获得资金投资生物多样性保护。

七是保护租赁许可，政府提供优惠租赁条件，要求林区可持续地利用生物资源。

虽然广泛使用保护生物多样性的经济工具，但还存在着许多障碍，如产权不明、缺乏监测和执法、复杂的利益相关者的参与、对生态服务的交付能力低下和文化抵抗等。❶

4. 森林碳储存的经济工具

《联合国气候变化框架公约》和《京都议定书》以及缔约方会议的决定，建立了一个国际碳市场，其重点在于减少全球温室气体排放。碳市场体系只关心与碳相关的价值，不关心森林提供的环境服务及其价值。该体系允许参与者进行以下林业实践：植树造林、绿化以及进行某些土地利用变化的活动等。然而，实践中审批流程烦琐，同时授予碳信用额的科学可信度也不确定，导致

---

❶ Natasha Landell‐Mills, Ina Porras, *Silver Bullet or Fools' Gold? A Global Review of Markets for Forest Environmental Services and Their Impacts on the Poor*, International Institute for Environment and Development, 2002, pp. 36–46.

很少有国家具体实施这些规则。❶

在国际上，人们特别关注发展中国家的毁林及森林砍伐问题，减少毁林及森林退化所致碳排放及增加森林碳储存（REDD+）机制引起了人们广泛的讨论。这一机制不同于现有的林业碳规则，它设立了经济工具，奖励那些没有参与森林砍伐活动的人。这种激励机制能够起到避免森林砍伐的作用。为了加快这一进程并克服障碍，有人建议创建一种新的工具，即"碳保护机制（carbon conservation mechanism）"。碳保护机制是一种支付生态系统服务的自愿计划，该机制不仅考虑森林碳存储问题，而且还考虑其他森林服务，如生物多样性、土壤和水质保护等。碳保护机制的实施将通过建立一个可认证的信用市场来进行。

碳保护机制不同于其他减少毁林和森林退化的碳排放机制，因为其信用从并没有受到砍伐直接威胁的森林中产生，而只需该森林生态系统提供重要的生态系统服务即可。相对于当前与森林有关的碳规则只关注碳，碳保护机制对所有的森林价值更具有涵盖性和包容性。这种机制将通过自愿参加来运作，因此需要考虑为这些类型的信用建立市场。自愿购买这样的信用可以通过两种途径：一是使用现有的自愿的碳市场，航空公司、旅行社、零售连锁店、银行和汽车行业都有必要参与现有的自愿碳市场；二是使用在欧盟碳排放交易机制下的市场或《京都议定书》下的市场。

5. 提高流域价值的工具

森林在流域服务方面非常重要，因为森林不仅有助于通过维持旱季的水流动来防旱，还有防洪、维护水质、控制沉积物、控

---

❶ Charlotte Streck, *Forest, Carbon Markets and Avoided Deforestation: Legal Implications*, *Carbon and Climate Law Review*, 2008, pp. 239-240.

制营养量、控制化学负荷和控制盐度、控制侵蚀和沉积、减少土地盐化、调节水位、保护水生生物栖息地、保持水温、涵养水源等多种作用。

森林作为提高流域价值的经济工具，主要有以下多种形式与功能❶。

一是最佳管理合同。它可以成为森林土地所有者和下游受益者之间的最佳实践管理合同。

二是应将森林盐分控制功能附加于现有商品的销售中。

三是在抵销监管框架内实施信用评价，要求污染者采取与其排放水平相关联的信用量。

四是鲑鱼栖息地恢复合同，并提供安全的渔产品。林区土地所有者受到管理鲑鱼栖息地的激励，并且因为保护鲑鱼栖息地而得到了报酬，受益者为此付款给林区土地所有者。

五是将森林蒸发和调节水位的作用商业化。

六是水权，建立一个水权使用和管理的机构。

七是流域租赁，下游流域保护活动的受益者租赁流域的土地。

流域市场开发的最大驱动力是对这些服务的需求。人们对流域净化和森林覆盖之间的联系评价很高，包括直接的净化利益，如改善饮用水，此外还有一些间接利益，如改善农业和渔业生产等。此外，社区还可以就此提高环保意识和教育，并在土地利用管理实践中提供现场培训等。

在流域市场开发中还存在一些问题与障碍，如大量的参与流域使用的利益相关者需要协调；缺乏符合成本效益原则的执行机

---

❶ Natasha Landell‑Mills, Ina Porras, *Silver Bullet or Fools' Gold? A Global Review of Markets for Forest Environmental Services and Their Impacts on the Poor*, *International Institute for Environment and Development*, 2002, pp. 56–59.

构；不安全的、没有切实保障的产权；缺乏清晰的、全面的监管框架；缺乏科学的森林水域联系信息；等等。在建立森林流域市场之前，我们应该研究特定区域内森林对流域的价值、影响及目标等问题。

6. 森林景观美化的经济工具

风景美化市场不像体现其他森林价值的市场那样发达，这可以从社会态度视角来解释。人们愿意欣赏森林景观的美，但是不一定愿意付出维护和保护它的成本，在未来适当地支付森林景观美的成本也不太可能。然而，在某些情况下，社会已经表明愿意支付森林景观美的成本，生态旅游市场的增长和发展可以证明这一点。生态旅游的全球增长创造了对森林景观支付费用的市场激励，游客愿意支付参观林区的费用。

旅游运营商和服务提供商（如提供住宿和饮食）从生态旅游服务中获利良多且受益良多。林区的土地所有者也可以分享生态旅游的业务收入，这些收入通常被用于与管理相关的维护成本。此外，还存在一个根本的问题，即我们是否应当收取参观公共自然区域的费用，因为这些区域属于社会的公共财产。

二、森林市场的设计和治理

（一）市场机制对环境活动的适用性

任何类型市场的运作成功，都必须有市场需求，可以说这是市场经济的先决条件。在林业背景下，创建对森林服务的需求非常具有挑战性。森林提供的服务缺乏经济价值，人们普遍认为森林服务属于公共性质。因此，如果没有成本，森林服务的用户就不用对森林服务付费。

人们在以下两种情况下才愿意支付森林服务：一是在私人自

愿投资下；二是在政府干预下。私人自愿投资的前提通常是商品或服务具有经济价值，如植树造林和绿化等。

例如，哥斯达黎加通过提供融资来增强或保护森林生态系统服务。政府从化石燃料销售额（每年约 1 000 万美元）的 3.5% 的税收中，转移支付用来资助森林服务，并与国际机构发起捐款来启动 PAS（环境服务）（pago por servicios ambientales）计划。[1] 其 1996 年颁布的森林法明确承认，森林生态系统提供四种服务：减缓温室气体排放；水文服务，包括为人类食用、灌溉和能源生产提供水；生物多样性保护；为娱乐和生态旅游提供美丽的风景等。林地所有人根据管理标准管理他们的土地，维持、提高这四项服务的水平，将有资格收取土地管理的付费。PAS（环境服务）计划设想，所有环境服务的受益者将对他们接受的服务付费，最终由财政支付给提供森林服务的土地所有者。这是一种政府干预的方法，可以用来创建需求和支付森林生态系统服务。

澳大利亚昆士兰州政府试图促进森林生态系统服务市场，创建了强制性的补偿机制（mandatory offsetting regime），为土地所有者提供了获得收入的机会，即他们管理土地只有达到某些生态标准，才能得到经济回报。

这两种政府干预方法，建立了支付保护，以及增强森林生态系统服务的需求和意愿。政府支持创建环境市场，为森林生态系统服务创建需求和支付意愿。如果可持续森林管理是社会的公认目标，那么综合政策（市场机制、监管干预和制度改革）对实现这一目标是必需的。实现环境和社会目标离不开市场，要理解社区

---

[1] Stefano Pagiola, Joshua Bishop and Natasha Landell－Mills, *Selling Forest Environmental Services：Market－Based Mechanism for Conservation and Development*, 2004, pp. 35－56.

利益和市场参与者的私人利益之间是有区别的。为确保更广泛的公共利益，政府通常是最适当的监管机构。这些计划也可能不会有充分的资金，需要政府启动融资，甚至需要捐赠援助。这就要求政府有能力实施和监督这种计划，同时社区的参与对实施可持续森林管理也是非常重要的。

无论是政府还是市场，都可能会引起这些改变，但在大多数情况下，只能起到帮助、促进的作用。政府也可能会考虑使用不同的经济工具，如环境税来达到所需的环境目标。

一般认为，使用环境税比使用市场工具取得的环境结果要好。在理论上，"胡萝卜"（指可交易的权利）和"棍棒"（指税收）之间的选择主要是伦理和分配的判断问题，而不是效率和污染控制问题。❶ 开征税收时，政府对污染或其他活动的每一个单位（如二氧化碳排放量）征收费用，希望降低其经济负担的人会有动力去改变他们的行为。政府通过控制交易，可以控制排放的水平，而且只能允许参与者在一定水平上排放和交易，排放权持有人还可以将他们的权利卖给其他参与者。

（二）森林市场机制的设计

森林市场机制的设计要有明确的环境目标，其法律文件必须建立明确的、可衡量的目标，并应从总体上考虑计划是否能实现其目标。如果过分关注微观问题，将导致在"大局"问题上的损失，所以焦点应该放在确保森林状况的改善上。

要想使方案有效，必须明确目标，而一个明确的总体目标必须确定其范围。改善森林生态系统的健康状况是可实现的目标，

---

❶ Alan Moran, *Tools of Environmental Policy: Market Instruments versus Command – and Control*, in Robyn Eckersley (ed) *Markets, the State and the Environment: Towards Integration*, 1995, pp. 73 – 76.

这意味着有关森林服务的质量、数量及功能的提升。功能提升是更好的指标。相比之下，如果目标只是确保增加森林生态系统服务的生产，那么它就是不可实现的。

环境保护与经济发展之间的关系问题非常重要。环境保护要求森林市场提供更多、更好的环境服务，市场是建立在提供具体的森林服务的基础上的，其必须证明森林产品与服务对环境保护的有效性。对促使市场运作成功而言，通过市场提供森林服务，首先必须体现出森林服务的经济价值，这包括改善森林服务的成本，使之与森林生态系统服务的市场成本相当，这样可以避免环境、生态重置，否则成本会很高。如果林区被用于其他用途，如伐木取得木材收入，还必须考虑其他可行的替代收入。在理想情况下，森林市场能创造货币激励，相当于利用以前的活动所产生的收入。如果以前的活动仍然有利可图，那么参与森林市场计划将更有可能。

（三）森林市场机制的善治

建设森林资源有效运作的市场，必须考虑一些与公司治理相关的问题。"治理"是一个广义上的术语，环境治理不仅指政府监管和执法，还涉及政治、组织和文化框架，善治需要透明度、问责制以及利益相关方的参与等。[1]

与森林相关的交易制度应该透明。特别是在发展中国家，需要使有关过程、信息公开。应该提供的信息包括：监管机构使用的信息和数据方案以及如何形成；个人的商品信息；整个计划中信息的实际操作；森林市场化制度的一般信息。信息的公开与透

---

[1] Peter Cronkleton, et al, *Environmental Governance and the Emergence of Forest – Based Social Movements*, Center for International Forestry Research Occasional Paper No 49, 2008, p.1.

明，要使参与者和公众感受到交易是合法的，政府是负责任的。

问责制要求机构和个人能够回应其应该进行的活动。回应的责任也涉及报告给上级机构，问责的概念还涉及结果和数据的报告及出版。森林领域的问责制要求作出关于林产品贸易的报告。

森林市场机制必须有适当的利益相关方参与。涉及森林贸易的利益相关者包括：当地社区或土地所有者，因其个人利益会受到森林交易方案实施的影响；购买森林服务的私营企业；对促进特定的森林价值关注的当地政府；有义务参与森林交易的成员；负责管理指定的林区，以满足要求的成员；制定森林使用和管理政策的成员；独立的认证和监督机构；负责注册的政府机构。

以森林市场为基础的方案，其成功还取决于利益相关方的参与。改变林区的管理和使用，将影响当地社区和其他利益相关者，应尽力确保他们的利益不被忽视，并将对他们利益的影响纳入监管中。

如果没有对当地利益集团进行充分的咨询，林业交易方案就无法实现其既定目标，利益集团也不会理解市场规制提供的潜在利益和激励，除非方案为利益相关者提供了明确的激励机制。新古典经济学的帕累托最优标准，要求一个人的状况不能比他被干预之前更糟糕。[1]

支持当地社区和利益相关者，对一项计划的成功至关重要。私营部门可能基于多种动机参与市场化森林贸易制度，从长远来看，我们相信这样的投资能带来经济收益，也有助于当地社区的经济发展。不管动机如何，市场化方案的成功依赖于私营部门积

---

[1] Anantha Kumar Duraiappah, *Markets for Ecosystem Services: A Potential Tool for Multilateral Environmental Agreements*, International Institute for Sustainable Development, 2006, p. 9.

极参与森林资源的贸易活动。

政府的作用也是非常重要的。除了政策制定与执行外,政府可以作为代理人行事,如作为森林产品的买方、卖方或者中介等。[1] 政府参与的水平和作用会有所不同,尽管政府参与有差别,但森林交易方案应确保其目标和需求符合现有的政府政策。

在发展中国家,治理改革很少提供既定目标,但这并不能改变国际援助机构或其他发展援助机构的议程。[2] 发展中国家较少的合作伙伴、不恰当的沟通、语言障碍、资源约束、文化差异以及能力的局限性等,使针对地方治理进行的改革相当困难,而且也低估了改变治理所需的时间。因此,任何指向发展中国家改善治理和能力的改革,都应该承认其固有的挑战,这需要时间和资源,因此需要制订长期的计划。

(四) 森林市场的法律问题

第一,土地使用权问题。安全、稳定的土地所有制是森林市场机制的最基本要求。在安全、稳定的土地所有制下,土地持有人只有享有合法的所有权,才有能力参与森林市场监管。而在发展中国家,土地等权利往往没有保障,这就等于几乎没有任何激励措施,土地所有人缺乏投资与管理热情,也无法保护自己的森林资源的法律地位。发达国家土地持有者的安全感高于发展中国家。[3]

---

[1] Stefano Paigola, Natasha Landell – Mills and Joshua Bishop, 'Market – based Mechanisms for Forest Conservation and Development', in Stefano Pagiola, Natasha Landell – Mills and Joshua Bishop (eds) Selling Forest Environmental Services: Market – based Mechanisms for Conservation and Development, 2002, p. 57.

[2] Marcus Colchester, et al, Bridging the Gap: Communities, Forests and International Networks: CIFOR Occasional Paper No 41, Center for International Forestry Research, 2003, pp. 24 – 27.

[3] White, Andy, and Alejandra Martin, Who Owns the World's Forests? Forest Tenure and Public Forests in Transition, Forest Trends, 2002, pp. 45 – 47.

因此，发展中国家和发达国家在使用权安全方面面临不同的挑战。

第二，发展中国家问题。发展中国家森林市场机制要得到有效实施，其主要障碍是缺乏安全的土地所有权。为了基础设施建设和农业的发展而清除林区，导致快速毁林和森林退化，这样的情况在发展中国家是常常发生的。森林居民不太可能参与改善森林生态系统的计划，除非他们持有股份，否则森林服务的购买者会认为投资既不安全也不环保，对森林生态系统服务的市场需求也更加难以满足。

收入和森林砍伐之间关系的呈倒 U 形的"环境库兹涅茨曲线"表明，经济增长最终将纠正早期开发阶段对环境的负面影响，这样的经济增长能促使环境的进一步改善。[1] "环境库兹涅茨曲线"理论被应用于在拉丁美洲、非洲和亚洲的 66 个国家进行的研究。[2] 研究表明，产权与减少森林砍伐相关，因此需要强调产权在解决森林砍伐中的意义。

第三，发达国家问题。发达国家的产权制度比发展中国家的更成熟，土地所有者享有法律认可的、可强制执行的权利，因此产权虽不是实现森林市场机制的主要障碍，但是也存在衍生问题。

以市场为基础的环境管理需要环境资源产权的发展，环境恶化被视为市场失灵。保护产权本身并不会改善环境状况，[3] 产权只是向权利持有人提供了一种安全感。为了拥有安全的产权，必须

---

[1] David Stern, *Progress on the Environmental Kuznets Curve*, Environmental and Development Economics, 1998, p. 173.
[2] Madhusudan Bhattari and Micheal Hammig, *Institutions and the Environmental Kuznets Curve for Deforestation: A Cross-country Analysis for Latin America, Africa and Asia*, World Development, 2001, p. 995.
[3] Klaus Bosselmann, *The Principle of Sustainability: Transforming Law and Governance*, 2008, p. 8.

有对土地上利益的法律承认和登记制度。

在环境市场框架内，有两种通用的方法承认基于森林财产利益的登记。一是使用现有的法律机制来执行相关的法律权利和义务，合同被用来创建参与交易各方的权利和义务。二是创建中心注册模型。例如，澳大利亚新威尔士州的生物多样性银行计划，这个方案为参与者提供了合法权利，参与者还可以在生物多样性银行进行注册。[1]

第四，契约问题。契约是一种限制或要求在土地上进行某些活动的协议。创建这样一个契约，需满足以下要求：必须涉及标的物，如土地、建筑或计划建造的建筑；必须直接旨在保护原生动物或植物，或文化及科学意义上的自然或物理特性；必须确保契约持续性与可转让性。[2] 森林财产利益作为标的物，可以满足上述要求。

环境利益作为契约标的物，在概念上与普通法的契约有所不同。如果法令规定某些环境利益适用于现有法律文书，将超越通常的法律概念。因此，出于干预的需要，以及为了克服概念上的困难，创造出了新的环境利益如生物多样性和碳存储等。

在澳大利亚的一些州，还创建了能被登记的土地上的新利益。[3] 维多利亚和南澳大利亚允许创建森林财产协议，包括维护和获得林权（包括森林碳汇）的权利。这些协议可以在土地登记上

---

[1] *Threatened Species Conservation Act.* 1995（NSW） s127ZZB. https://www. legislation. nsw. gov. au/inforce/b7b85c46－520e－40b3－9439－b9d3108df6f5/1995－101. pdf，访问日期：2023 年 8 月 13 日。

[2] *Land Title Act.* 1994.（Qld） s97A（3）. https://www. legislation. qld. gov. au/view/pdf/2010－07－01/act－1994－011，访问日期：2023 年 8 月 13 日。

[3] Sandra Eckert, Richard McKellar, *Securing Rights to Carbon Sequestration: The Western Australian Experience, Sustainable Development Law and Policy*, 2008, p. 30.

注册，使林地的所有者有权履行有关林业合同的义务。针对未来土地的所有者，土地上这种利益的登记还允许所有者继续履行。澳大利亚在发展林业碳汇基础上的权利规定方面处于领先地位。

1983年新西兰通过了《新西兰林业权利登记法》，该法授予这片土地上对森林享有所有权的人第三种林权。林业权利人有能力建立、维护和收获土地上的树木等作物。不管土地所有权有什么变化，都可以确保权利人的权利。❶

第五，法律上的市场概念。在森林市场机制中有四个法律上的市场概念必须明确：额外性、永久性、泄漏和重复计算。

"额外性（Additionality）"指CDM项目活动所带来的减排量，相对于基准线是额外的。森林服务的增强或保护，必须成为标准实践的例外，成员不因完成最低限度的减排而得到奖励，奖励或激励应该留给那些超越当前义务的成员。

"永久性（Permanence）"指延续性。不同时期提供环境服务的数量和质量会有所不同，永久性要求自然环境要保持相同的状态或条件，森林利益要有保障及安全性。林业部门特别容易遭遇到不确定的风险，如不明确的土地所有权、森林砍伐、火灾、虫害和疾病等自然灾害，这些可能会对提供环境服务产生重大影响。

"泄漏（Leakage）"意味着环境、生态损害由一个地方转移到另一个地方。例如，森林市场机制的实施，可能防止某一地区的森林砍伐。然而，如果有对木材的需求，森林砍伐又会发生在另一个地方。泄漏是对环境市场机制的最大挑战之一。

"重复计算（Double-counting）"出现在以下情况中：开展森

---

❶ Peter Lough, Alastair Cameron, *Forestry in the New Zealand Emissions Trading Scheme: Design and Prospects for Success*, Carbon and Climate Law Review, 2008, pp. 281 - 285.

林活动和项目，可能存在各种竞争方案，这意味着活动参与者可能会获得双份的奖励，或得到双份的现金支付。为了避免这种情况，应当要求参与者签署文件予以确认。

三、新南威尔士州的生物多样性银行案例研究

新南威尔士州政府提出了一项自愿性生物多样性银行计划，目的是促进保护濒危动物、植物和生态系统。在新南威尔士州，生物多样性丧失主要是由于栖息地的破坏造成的。栖息地的破坏又主要是过度放牧以及为农业和城市发展清除土地造成的。该计划旨在改善生物多样性的栖息地，为土地所有者提供补偿，改善、维持土地上的生物多样性。

2006年，新南威尔士州政府发布了2006第125号濒危物种保护修正案（生物多样性银行）。生物多样性银行被定义为：以市场为基础的方法帮助减缓开发引起的生物多样性的丧失。允许土地所有者拥有"生物多样性信用"，以加强和保护他们土地上的生物多样性的价值。这些信用可以被出售，开发者也可以购买这些信用，并使用它们来抵销对生物多样性价值的影响。在该法案内，生物多样性价值包括生态系统的组成、结构和功能等。该法案包括但不限于濒危物种、人口和生态社区以及它们的栖息地。

生物多样性银行业是一个以市场为基础的经济工具，参与的土地所有者在他们的土地上产生生物多样性"信用"，并出售这些信用给开发商，以抵销对它们发展的影响。

该计划本质上是自愿的，同时也没有一个明确的环境目标。它未集中在一个特定的生物多样性地区或物种，也未建立生物多样性保护的特定目标，其实施取决于那些决定参加的人。这样的计划还需要修改，即应该有一个明确的环境目标，如为了增加物

种"x"的数量，或为了增加生态系统服务"y"的数量和质量。

在新南威尔士州，生物多样性是一个极其复杂的系统，这种复杂性使解决方案中必须包括经济、金融、生态、规划和法律等专业知识，才能在新南威尔士州采取可持续发展的综合方法，但到目前为止，利益相关者以及专家的角色和保护的思路还不是很清晰。❶

生物多样性银行及其业务既是市场机制的一个实例，也是澳大利亚新南威尔士州处理环境保护与经济发展关系的关键步骤。它可以提高私人和公共土地上生物多样性的质量和管理水平。该计划仍处于初级阶段，对濒危物种保护有多大影响尚不清楚，它只是满足了新南威尔士州的发展和生态需求。

科斯（Ronald Coase）在环境市场领域的工作表明，在某些情况下，个体行为的外部效应可以通过受影响各方的私人之间的谈判加以解决。❷ 个人权利的行使通常和对方的权利相妥协，因此科斯倡导各方之间进行私人谈判来解决纠纷。❸

在构建森林市场机制的过程中，我们应该特别注意三个方面的问题。首先，森林市场机制的环境目标必须明确。在创建新的环境利益后必须有一个明确的目标或目的。其次，必须澄清森林贸易的法律性质。森林的各种价值要受到合同、立法及作为财产权利的保护。最后，在森林价值中，贸易的治理程序必须设计得

---

❶ Jane Scanlon, *An appraisal of the NSW Biobanking Scheme to Promote the Goal of Sustainable Development in NSW*, Macquarie Journal of International Comparative and Environmental Law, 2007, pp. 71 – 78.

❷ Stefanie Engel, Stefano Pagiola and Sven Wunder, *Designing Payments of Environmental Services in Theory and Practice: An Overview of the Issues*, Ecological Economics, 2008, pp. 663 – 669.

❸ RH Coase, *The Problem of Social Cost*, The Journal of Law and Economics, 1960, pp. 1 – 43.

简单明了。如果森林市场机制能够提供激励措施，鼓励合规，从而有助于可持续森林管理的实施，那么这些问题就可以得到解决。

许多环境市场未能实现既定目标，但是也有成功的环境市场存在。要从根本上改变人类与环境的关系，应如 Gandhi（甘地）在 1947 年所言："地球能够满足每个人的需要，但不是为了每个人的贪婪。"❶ 我们需要更好地管理我们的地球，调整好我们人类与自然界之间的关系，使人类和其他生物种群都有更加美好的未来。

第二节 森林认证机制

一、森林认证机制的产生背景

森林认证是一种机制，意在通过给森林产品贴标签来实施可持续森林管理。消费者对森林可持续生产，特别是对森林生产出来的产品有需求，可持续森林产品市场因此应运而生。可持续森林产品市场会促使人们对全球森林资源进行更好的管理和利用。

森林认证有潜在的经济效益，其区分和支持森林认证的森林产品，为产品进入市场提供了一种经济激励。例如，经过森林认证的木材有价格上的优势。森林认证还被用来促进社会目标、环境目标以及公共健康目标的实现，如公平贸易、保护消费者权益、推广有机食品等。

即使认证后的商品价格高于未认证的商品价格，森林认证都

---

❶ Norman Myers, *Consumption in Relation to Population, Environment and Development*, *The Environmentalist*, 1997, p. 33.

必须有足够的消费者需求，并且消费者愿意支付认证商品的价格。森林认证还促进了森林治理实践的建设性讨论，提高了人们的可持续管理意识。此外，森林认证还增强了环保主义者、木材生产商、消费者和政府之间的对话与合作。因此，森林认证满足了不同行业的利益需求。

环境营销和市场准入都是市场机制的工具，是森林产品进入市场的环节。森林认证为买家和消费者提供了购买产品的信息。对森林所有者和管理者来说，这是一个市场准入或获得市场优势的工具。对于政府来说，这是一个软政策工具，是促进可持续森林管理和可持续消费的模式。对环保运动来说，这影响着森林管理，尤其能促进生物多样性的保护。

因此，森林认证计划提供了可持续森林管理的新途径。它适合可持续木材利用的消费者需求，要求森林生产行业改变经营方式，并既能保持它们的市场份额，又能实现一定的社会与环境保护的目标。

从其与有关国际法的关系来看，森林认证计划符合世界贸易组织（WTO）及其《关税与贸易总协定》（GATT）的规则，符合WTO规定的非歧视性原则和透明度原则。然而，可持续木材认证的强制性被认为是违反国际贸易规则的贸易壁垒。因此，它是自愿实施的、以市场为导向的，属于森林治理的一种形式。

人们最初构思森林认证机制时，对该机制将提高世界造林率等效果非常乐观，但是到目前为止，该机制尚未得到广泛实施。为克服实施该机制的障碍，在以下问题上需要有大的改进：需要有满足消费者需求的，其愿意支付溢价价格的认证木材产品；消费者能够理解森林认证标志；加强对符合认证标准的企业的激励；使森林认证对小森林生产商简便易行；显著提高热带雨林国家参与认证程序的能力。只有做到以上各项，森林认证才会改变森林及其产品的使用、管理及消费模式。

认证及其过程使用了许多概念，如认证、标准、验证，等等。验证可以在以下三种不同的方式下进行：第一种是自身评估，也称为内部审计。第二种是乙方评估，如由供应商审计。第三种是第三方认证，由一个独立的组织实施认证。第三方认证程序往往更严格，因此更负责任、更有透明度。

认证可以适用于森林产品，也可以适用于森林产品的生产加工过程。例如，涉及林木的种植和收获，也可能涉及整个木材生产过程。产销监管链认证要认证供应链中的产品，以及产品在不同阶段的处理、运输和分销过程等。

二、森林认证机制的形成和发展

（一）地球峰会谈判对国际森林规制的影响

大多数具有挑战性的环境问题的解决，都需要有具有法律约束力的国际文件以及实施协议的国际机构。这样的例子很多，包括生物多样性公约、湿地公约、气候变化公约、荒漠化公约等。国际森林规制在形式上与这些国际环保公约有很大的不同，处理森林问题，对森林的使用和管理，都还没有达成国际公约，因此没有法律拘束力，多数规章制度是自愿参加的国际安排。

1992年联合国环境与发展大会（地球峰会）也未能创建一部具有法律约束力的国际森林文件，导致当前的国际森林规制具有独特的风格和形式。阻止创建国际森林公约的，有发达国家，也有发展中国家。发展中国家要求补偿、技术转让和能力建设来承担公约规定的义务。此外，国际森林规制还有主权、资金等一系列未决问题。

国际森林规制有两种截然不同的路径。第一种路径是建立可持续森林管理的"标准及指标"的方法,专注于用定义来衡量进展及是否达到规定的目标。参与者包括各国国内林业机构、政府间谈判者以及国际公共机构。

第二种路径是以市场为导向来解决全球森林状况恶化的问题。以市场为导向的方法,目前主要有森林生态系统服务市场机制和森林认证机制。这两种机制风格迥异,保护的森林价值也不相同。森林生态系统服务旨在保护相关森林区域,而森林认证则更专注于生产过程。总之,这些方法是互补的,而不是彼此竞争的。以市场为导向的参与者包括环保组织、森林公司、零售商、政府、援助机构和世界银行等。❶

(二) 森林认证机制的发展条件

地球峰会后,与国际森林规制有关的非政府环境组织的不满与日俱增,它们认为,国际组织和各国政府根本不可能达成一部具有法律约束力的国际森林文件。于是,非政府组织决定进行森林认证和标签的试验。❷ 世界自然基金会（WWF）开始依照自己的标准认证森林土地所有者和公司,地球之友还创建了"好木材买家指南"等。

森林认证实践意味着非政府组织已开始与木材行业谈判,木

---

❶ Benjamin Cashore, et al, *Can Non-state Governance "Ratchet up" Global Environmental Standards? Lessons from the Forest Sector*, Review of European Community and International Environmental Law, 2007, p. 158.

❷ 如地球之友最早在 1985 年实施木材认证计划,参见 Simon Counsell, Kim Terje Lorras, (eds), *Trading in creditability: the myth and the reality of the Forest Stewardship Council*, http://wrm.org.uy/oldsite/actors/FSC/Trading_Credibility.pdf, 访问日期: 2023 年 8 月 13 日。

材行业对"绿色"认证提供的潜在优势也很感兴趣。认证谈判打开了环境运动和木材行业之间的沟通渠道，这一新的认证机制对环境保护组织和林业企业双方提供了激励措施，这确实是一个积极的进展。

20世纪90年代，各国领导人开始关注一系列新政策，他们认识到并且承认市场力量对环境保护事业进步的潜在作用。由于人们环境保护意识的普遍提高，热带森林砍伐问题受到了越来越多的关注。究其原因，不可持续的热带地区森林实践，与市场、政策和制度的失败有关，主要原因是市场失灵与政府失灵，尤其是市场失灵发生在森林商品和服务的价值被低估或者对森林根本不重视的时候。

有学者认为，市场失灵的原因包括：没有考虑对另一方影响的外部性；缺少环境服务市场，不能开放性地获取公共物品；市场缺陷，如因缺乏信息和知识，导致市场缺乏确定性。❶

林业政策的失败，包括土地使用权不明晰，执行法律不力，持续补贴不可持续的木材实践等。制度失败多发生在不规范的机构中，这样的机构未协调好与其他相关机构之间的关系，政府在很大程度上应该对政策和体制的失败负责。

（三）森林认证机制的理论基础

"特拉华效应"和"加州效应"是消费者和环境规制之间的两种模式与趋势。

"特拉华效应"（有时称为"恶性竞争"）指企业逃到规制较

---

❶ Michael Richards, *Can Sustainable Tropical Forestry be Made Profitable? The Potential and Limitations of Innovative Incentive Mechanism*, World Development, 2000, pp. 1001 – 1003.

少的市场，企业由此能够大大降低管理费用和运营成本。❶

"加州效应"有三个要素：更严格的规制提供的市场优势，即竞争优势；发达国家制定了国内的绿色产品标准，迫使外国生产者不得不提高产品标准来维护市场准入；协议减少贸易壁垒，采用更严格的绿色产品标准及在其他国家压力下的生产标准。❷

森林认证作为"加州效应"的一个例子，是将更高标准的木材生产强加给那些不执行或者不存在可持续林业标准的国家。许多热带雨林国家缺乏对自然资源的治理能力，不能有效地实施林业和土地使用法规，也不能提供有保障的土地使用权。作为市场工具的森林认证，因此被提升为对这样的国家在经济上有吸引力的选择，使其更少地依赖公共资源和治理能力。因此，森林认证在热带雨林发展中国家更有效，这也可以看作森林认证的国际影响或国际效应。

（四）森林认证与自由贸易

国际热带木材组织（ITTO）是处理林产品贸易的国际机构。这个机构有两个主要文件：2006年《国际热带木材协议》（ITTA2006，以下简称《协议》）和《2008—2011年国际热带木材组织行动计划》。《协议》是一个基础文件，概述了目标、定义、组织、管理、指导方针和其他事项，目的是促进国际贸易的扩大，多样化的热带木材可持续管理，以及森林的合法砍伐等。

《协议》创建了生产国和消费国两种会员。《协议》还给予消费者和生产者公司平等的投票权，每组分配1000个投票权。国家的投票权由其热带森林资产的规模决定，像澳大利亚这样拥有热

---

❶ David Vogel, *Trading Up*: *Consumer and Environmental Regulation in a Global Economy*, 1995, pp. 24 – 35.

❷ 同上。

带森林地区的发达国家，被认为是消费国。

《协议》的重点是热带木材产品的贸易和生产。协议的成员必须缴纳款项，其他基金在自愿的基础上缴纳。《协议》申明，联合国贸易和发展会议（UNCTAD）是需要其与之合作并进行协调的国际机构。

ITTO主张自由市场经济，然而，改善市场准入并不是轻而易举的。政府需要采取一系列保护措施，如以关税壁垒、非关税壁垒和其他市场障碍的形式来限制贸易，目的通常是保护国内产业。

ITTO制定了一系列政策，例如，鼓励国内加工，促进可持续森林管理的产品、限制不可持续的或非法森林生产的产品进口，消除自由贸易壁垒等。这一立场与其他许多国际森林程序并不一致。森林认证机制的标签产品来自可持续管理的森林，以便消费者有机会选择由可持续木材制成的产品。

森林执法、治理和贸易行动计划（FLEGT）防止进口的木材来自不可持续的森林资源。美国的《雷斯法案（修正案）》，允许政府罚款，甚至允许监禁为非法砍伐的木材提供交通的成员。ITTO的非歧视条款与《国际濒危野生动植物物种贸易公约》（该公约旨在禁止濒危动植物贸易，包括森林动植物贸易等）形成鲜明对比。国际热带木材组织应坚定"非歧视"的态度与承诺，并应该重新考虑其国际森林进程，通过市场干预来改善对林区的管理。

ITTO的《2008—2011年国际热带木材组织行动计划》，确认了热带雨林管理中存在的问题。依靠森林为生的社区，其贫困发生率仍然很高；相关生态系统服务，仍然保持在不可持续的水平上。森林砍伐造成了全球20%的温室气体排放，森林认证机制对国际木材市场产生了很大的影响，而且现在许多国家，森林资源管理越来越多地被转移给私营部门负责。

在 2008 年至 2011 年,ITTO 的主题为森林执法、治理和贸易,社区森林管理和企业,贸易和市场透明度,产业发展与效率,减少森林砍伐和森林退化,提高热带森林的环境服务贸易。❶

贸易和市场透明度项目包括许多行动计划,如促进公众在实施可持续森林管理(SFM)中提高环境意识;增加来自可持续管理区域、合法砍伐的热带木材。与 REDD 计划相关的项目包括保护剩余的热带雨林地区,这反映了当前的全球共识,其在解决气候变化问题方面是极为重要的。

然而,在国际层面上,缺乏对个人消费者行为变化的关注,木材尚未以可持续木材来源生态标签的方式销售,ITTO 承认它缺乏有效的营销和沟通能力,目前正在寻求解决办法。

三、森林认证机构

(一)概述

国际社会有许多森林认证机构,可分为两个主要团体:一个存在于国际层面,需要独立的第三方认证程序;另一个存在于国内层面,是一种内部认证。在国际层面,有森林管理委员会和欧洲森林认证计划。国家基础上的认证系统,比如美国和加拿大标准协会就有森林认证机构。

对森林认证计划的合法性,有许多支持的观点,木材生产商、木材零售商、消费者和独立的环保组织等都对其表示了赞同。在这个领域,已经进行了许多研究工作,主要研究森林伐木者和森

---

❶ ITTO Action Plan 2008 – 2011,http://www.itto.int/files/user/pdf/publications/CURRENT_ITTO_Action_Plan.pdf,访问日期:2023 年 8 月 13 日。

林产品的零售商为什么会参与森林认证,以及如何促进他们进一步的参与。

一般来说,主要有两种形式:务实和道德。务实的合法性来自它提高了合法委托人的物质福利,道德的合法性取决于这些活动是否正确。其中务实合法性的作用更大,公司承认其合法性并且参与活动,进行认证,主要是为了获得经济利益和社会资本。❶

务实的合法性可以解释公司为什么参与森林认证。英国大型家居用品零售商百安居的经理说:"我们从来不曾让客户在我们的商店里要求木材必须来自可持续森林管理,但我们知道,如果我们的百安居与热带雨林的破坏相关,我们的品牌将会受损。"❷ 由此看来,森林认证计划的一个根本性缺陷,是缺乏木材产品消费者的参与动机和实际参与。

世界自然基金会(WWFN)曾与世界银行合作,实现其保护2亿公顷森林的雄心勃勃的目标。尽管这一目标并未实现,WWFN和世界银行森林认证联盟至今仍在运行。WWFN曾表示,它认为森林管理委员会是目前唯一可信的认证机构。WWFN和世界银行联盟拥有影响银行客户对森林进行可持续管理的巨大潜力。

(二)森林管理委员会的治理

森林管理委员会(FSC)创建于1990年,当时木材使用者、交易商、环境与人权组织的代表出席了在美国加利福尼亚州举行的会议,认为需要一个可靠的机构来管理森林产品。在1992年地

---

❶ G Cornelis van Kooten, Harry Nelson, Ilan Vertinsky, *Certification of Sustainable Forest Management Practices: a Global Perspective on Why Countries Certify*, Forest Policy and Economics, 2005, p. 857.

❷ Peter Leigh Taylor, *In the Market but not of It: Fair Trade Coffee and Forest Stewardship Council Certification as Market – Based Social Change*, World Development, 2005, pp. 129 – 142.

球峰会召开之前，FSC 在 10 个国家内进行活动。因在地球峰会上未能达成具有法律约束力的国际森林文件，FSC 决定建立独立于现有议程的国际机构。森林管理委员会的成立大会于 1993 年在加拿大的多伦多举行，当时有来自 26 个国家的 130 人参加了大会。

FSC 规定其目的是：促进森林的适当管理和提供适当援助，实现环境和经济上可行的自然资源开采；通过自愿认证计划促进森林可持续原则；开展教育活动，提高对森林管理重要性的认识；向森林政策制定者提供指导和帮助；提供援助，并与世界各地的各种实体和机构就公共或私人的森林进行合作；促进保护和维护各种森林活动的发展；建立研究和分析森林事项的办公室。

FSC 在全球影响较大，超过 80 个国家使用森林管理认证和托管认证。世界上大约 10% 的森林管理依照 FSC（森林管理委员会）标准得到了认证。FSC 在塑造和实现森林可持续生产与收获的政策中发挥了重要作用。当然，扩大世界的森林管理比例还有巨大的发展空间。从广义上讲，FSC 已经成功地形成并实施了木材生产和收获的国际法律措施。

FSC 的制度结构由于其创新的设计非常值得我们重视。大会是 FSC 的最高机关，其章程规定联合大会有三个室：社会和土著居民室、环境室与经济室。每个室拥有 33.3% 的投票权，每个室必须包含北部（指高收入国家）和南部（指低收入国家）的代表。在社会和土著居民室内，机构会员资格必须自主，并且该室促进环境适当、对社会有益和经济上可行的森林管理。环境室的成员必须是非营利性的非政府组织或个人，承诺实行环境适当、对社会有益和经济上可行的森林管理（FSC（森林管理委员会），1994）。经济室的会员是森林生产公司、认证机构、行业协会、批发商、零售商、贸易商、终端用户和咨询公司等。

　　大会的结构确保所有利益相关方能被代表，这也意味着任何一个团体都不能够主导议程，但需要利益相关者通过三个室的工作一起制定出大家都能接受的政策，并确保足够的代表性。在投票安排方面，章程规定所有的决策都要建立在达成共识的基础上。如果不能达成共识，则需要66.6%的选票。

　　该委员会的治理结构承认经济、环境和社会价值的重要性，但仅仅承认不足以确保满足各方的利益。实际上，南方国家的充分代表还是有问题的。[1] 有许多问题与选择最合适的人来代表南部的利益相关。首先，需要承认南部利益的多样性，需要从这些国家中产生代表。目前在 FSC 内，拉丁美洲具有代表性，来自非洲和亚洲国家的利益相关者在治理过程中扮演着不重要的小角色。缺乏代表性也导致在这些国家认证率较低。

　　该委员会是一个国际认证机构，它关注的是当地问题。FSC 已创建了28个国家或地区标准，其中8个在南部国家，所有这些区域标准已经在拉丁美洲创建。但在非洲或亚洲这两个地区缺乏区域政策，当地森林问题还未由 FSC 实施模式解决。因此，该委员会需要将战略扩大到亚洲和非洲生产、收获并向全球供应木材的国家。

　　FSC 是第一个建立森林标签和标准程序的机构，也是唯一的国际森林认证机构。到目前为止，已在82个国家有认证。有人提出建议，森林管理委员会应该建立以经济室主导的结构，至于投票权，经济室占46%，环境室占36%，社会和土著居民室持有剩下

---

[1] Klaus Dingwerth, *North–South Parity in Global Governance: The Affirmative Procedures of the Forest Stewardship Council*, Global Governance, 2008, pp. 53–59.

的18%。❶ FSC 最初由非政府组织构想出来，但是其业务为越来越多的大型企业的商业利益所控制。

大多数情况下，在当地森林认证的过程中利益相关者并没有被充分咨询。但在某些情况下，认证在领域内被视为非法代替传统土地的所有权制度。FSC 未积极确保每个室在谈判中被充分代表。投票权划分给三室，经济室的影响力和利益能够渗透到委员会的决定中。这等于承认委员会内有三个利益集团，不太符合三个室有平等的对政策制定和实施的控制权的初衷。该委员会承认这些批评，并呼吁人们要更多支持社会和土著居民室。

（三）非国家治理

FSC 还采用非国家的治理（Non-state governance），即以市场为导向的治理与规制。这样的治理结构会导致权力争夺。这种竞争过程可以使得有关机构更负责，更适应现实与形势的要求，包括吸引利益相关者的参与，因为公司必须争取它们的生存权和管理权。

非国家的、以市场为导向的管理包括：政府不创建需要遵守的规则；机构及其程序更加开放、透明，涉及范围广泛的利益相关者；以实现利润最大化为导向的公司需要承担昂贵的改革成本，并且预计利大于弊，否则它们不会进行改革；通过市场的供应链满足消费者需求；有认证程序，确保规制实际上符合规定的标准。

FSC 是出现在国际森林规制缺失或相对较弱时的一个跨国机构，这类机构由非国家参与者制定原则、措施、规则和决策程序，实质上是形成了"法律"。这是一种"半立法程序"，它只为私人

---

❶ Simon Counsell and Kim Terje Lorras (eds), *Trading in Creditability: the Myth and the Reality of the Forest Stewardship Council*, 2002, pp. 36 – 37.

的公共行为订立标准。

FSC 在全球环境领域为非国家治理制定规则，创建了森林法律和规则制定的新途径。在全球环境治理框架下，政府支持森林认证项目，可以获得森林认证中的激励或融资。政府在森林认证中需做到：首先，必须确保其有关国内法与国际法以及森林认证要求的兼容性；其次，要决定其在私人规则制定认证机构中的参与程度。

该机构是一个非营利性的非政府组织。非政府组织在国际法的实施和发展中发挥着很大的作用。在某种程度上，国际法关注的重点从国家利益转变为私人利益、个人利益。

非政府组织在执行政策方面具有很大潜力，因为非政府组织往往被视为不太正式，因而比传统的政府政策机构少一些官僚主义。现在非政府组织得到了迅速发展，并被广泛接受，在人权、环境保护、可持续发展、非暴力解决冲突、参与式民主、社会多元化、社会和经济正义等当代国际法的领域发挥着越来越积极的影响。

然而，对非政府组织也不乏批评的声音。还有批评者认为非政府组织的政策是基于情感和道德，而不是建立在客观和科学的标准上。[1] 其实，这些对非政府组织的批评已经过时，非政府组织参与国际规制的能力正在不断增强。现在各种国际谈判都注重确保谈判代表来自更广泛的公民社会。

四、森林认证文件

FSC 的基本文件是 FSC 国际标准，包含 10 个原则和满足这些

---

[1] Sally Eden, *The Work of Environmental Governance Networks: Traceability, Credibility and Certification by the Forest Stewardship Council*, *Geoforum*, 2009, pp. 383 – 385.

原则的相关标准,适用于所有热带、温带和寒带地区的森林。标准概括了 FSC 赞同的原则和实践。为回应小林业主对认证成本的批评,FSC 为小型和低强度森林管理创建了另一个标准。

(一) 森林管理委员会的认证程序

申请人可以从三种不同类型的认证中进行选择。第一种是森林管理认证,专门提供对社会有益的森林服务,以适当的环保和经济上可行的方式进行管理企业的设立。第二种是对木材生产、贸易进行产销监管认证,向客户证明他们使用的原材料的合法性。第三种是木材认证,用来控制非认证的木材产品。

申请 FSC 认证有五个阶段:一是申请人选择认证。二是向一个或多个认证机构咨询后,申请人确定认证机构,然后和这个机构签订认证协议。三是认证机构评估申请人是否适合进行认证。在这个过程中,森林认证机构访问森林网站,获得需要的文档。四是审议收集的数据,编辑审计报告,决定是否给予认证。五是如果认证状态是积极的,申请人将获得 FSC 认证,而且能够使用经认证的产品。

一旦通过森林认证,有效期即为五年。证书持有者还被要求进行年度审计评估,由认证机构确定是否继续遵守 FSC 的要求。

(二) FSC 国际标准

FSC 国际标准概述了 FSC 的目标和要求,其突出特点是解释标准必须考虑当地森林的情况及其实践条件,所以灵活性是必需的。

(1) 要求遵守法律和 FSC 原则。从本质上看,这要求林区认证遵守所有国际、国内和当地的法律以及行政法规。如果当地法律要求更高的森林认证标准,申请人必须满足这一要求。如果当地法律和 FSC 标准之间有冲突,赋予解决问题的认证机构以自由裁量权。认证机构行事必须符合国内法律的要求，否则申请人可能面临罚款，与国家主权有关的问题也可能会出现。

（2）处理有效期、土地使用权和责任等问题。申请人必须证明有森林土地的长期使用权，证据可以是土地所有权的认可文件、土地上习惯权利的证明或有效的租赁合同。

在许多发展中国家，证明得到保障的土地使用有效期可能有困难。FSC 可以进行一些能力建设工作，增强土地安全，帮助申请人实现它们的这个权利。

（3）要求 FSC 认证下的地区认可和尊重原来居民土地注册持有人的权利。森林管理不应该直接或间接地威胁或降低原来居民的权利。有一些证据表明，原来居民土地使用权并没有得到足够的认可或尊重。[1]

（4）处理社区关系和劳工权利。这一原则要求森林管理活动维持或提高森林工人和当地社区长期的社会和经济福利。森林认证目前不涉及支付森林工人合理工资等公平贸易问题，有一些针对森林认证计划的批评曾涉及此类问题。委员会已经作出回应，开展了 FSC 和公平贸易双重认证试点项目，这是一个为期 18 个月的项目，旨在形成一个双认证系统，最终社区也将被纳入现有的 FSC 和公平贸易认证系统。

（5）要求森林管理项目鼓励有效利用多样的森林产品和服务，以确保经济可行性以及广泛的环境和社会效益。它鼓励发展多元的当地经济，避免依赖单一的森林产品。

（6）处理森林砍伐对环境的影响。森林管理者保护生物多样性及其价值，如保护水资源、土壤以及独特而脆弱的生态系统，

---

[1] Simon Counsell and Kim Terje Lorras（eds）, *Trading in Creditability*: *the Myth and the Reality of the Forest Stewardship Council*, 2002, p. 32.

保护景观,在认证的林地上禁止种植转基因生物等。

(7)处理管理方案问题。方案必须包括以下内容:管理目标、森林资源状况、环境限制、土地使用和所有权的状态、社会经济条件、相邻土地的概要文件、营林管理系统的状况、每个年度砍伐率的理由、森林成长监测等。

(8)处理监测和评估。监测至少必须包括以下数据:收获的森林产品的产量、生长和再生率、植物和其他动物中的成分和变化、砍伐的环境和社会影响、森林管理的生产力和效率。❶

(9)要求对保护价值高的森林采取预防方法进行保护。

(10)要求建立和管理种植园,包括有不同年龄的森林树种和野生动物等。

五、森林认证机制的实施

(一)森林管理委员会的认证实施

到目前为止,世界上约有5%的森林生产力得到了森林管理委员会的认证。全球大约1亿公顷森林分布在82个国家。在森林管理委员会管辖下销售的木材价值估计超过200亿美元。森林管理委员会将认证状态分成六个地区,从高到低认证领域为:欧洲,45.21%;北美,34.5%;南美和加勒比海地区,10.15%;非洲,6.18%;亚洲,2.57%;大洋洲,1.39%。❷ FSC保护世界上5%的生产性森林资产,无论在国际层面,还是在国家层面,对解决

---

❶ Simon Counsell, Kim Terje Lorras, (eds), Trading in Creditability: the Myth and the Reality of the Forest Stewardship Council, http://wrm.org.uy/oldsite/actors/FSC/Trading_Credibility.pdf, 访问日期:2023年8月13日。

❷ M Karmann, A Smith. FSC Reflected in Scientific and Professional Literature Literature Study on the Outcomes and Impacts of FSC Certification. www.mendeley.com, 访问日期:2023年8月13日。

与森林相关的政治、经济、社会和环境问题都是非常重要的，因为这些问题一直困扰着国际林业制度的发展。

应该注意，FSC 数据仅参考世界上生产性的森林资产，而不是整个全球森林资产（包括生产性和保护性森林资产）。不过，虽然取得了 5% 较好的认证的成绩，但显然森林管理委员会的认证还需要更进一步的发展。

认证水平最高的地区是欧洲（45.21%）和北美（34.5%）。但是这些地区的森林认证，没有像在热带雨林国家或发展中国家的认证那么必要。因为在一些热带雨林国家和发展中国家中，不可持续的、非法的木材砍伐大量发生，需要认证却没有实现。认证项目的最初目标是保护热带雨林，然而今天的认证主要存在于寒带和温带区域，只有 17% 的认证森林位于热带雨林地区。鉴于这种情况，今后应重点关注热带雨林国家，有针对性地提高热带雨林国家的认证参与能力，增强其对热带雨林木材行业的影响力。

（二）实施森林认证的障碍

为了更广泛地实施森林认证机制，需要克服许多障碍。土地权利的保障、认证的有效期、成本和政府支持以及消费者的认证意识等都是普遍存在的问题。

森林认证的障碍存在于发展中国家和木材消费国家，这与认证相关的成本以及政府的支持、规则的兼容相关。森林认证是一个自愿的过程，所以人们的意愿很重要。森林认证的成本是一个很大的障碍，森林管理者必须考虑审核的成本、认证费用及纠正措施等。在墨西哥，5 年以上平均成本是 36 000 美元，如果包括纠正措施的要求，5 年以上成本将达到 60 000 美元。而且目前无法对认证计划的参与者提供更高的回报。尽管认证木材的需求正在增长，但是价格已经很难提高了。这意味着认证是不可扣除的成本，让人们从可持续森林来源购买商品并进行审计、验证和认证减少了。

与认证相关的成本会限制小森林土地所有者以及社区参与认证的能力。较大规模的森林管理者因其规模经济，能够降低认证的间接成本。小森林管理单位被定义为至少1 000公顷。简化认证程序不会显著降低成本，因为不仅有文件成本，还有监控成本。

政府对森林认证计划的支持有助于激励森林利益相关者参与认证。如果国内森林法律与认证要求一致，会增加参与认证的可能性。如果政府政策对森林认证有激励，如通过税收优惠措施，或国家对租赁土地有优惠待遇，也会影响利益相关者参与森林认证。

玻利维亚的森林认证率高于厄瓜多尔。玻利维亚是一个贫穷的国家，但有高水平的认证，这是由于其政府通过国内林业法律的规定，税收优惠可以抵销认证费用，其用这样的措施来支持认证。此外，林业部门的腐败也是导致FSC认证增加的另一个重要因素。❶

国内木材需求和认证需求之间的差距，以及土地使用权、林权的有效期是发展中国家森林认证的重要障碍。与工业化国家相比，大多数发展中国家环境执法不力，可认证的森林管理实践带来巨大的直接和间接成本。实施可持续林业标准可能会导致树木种植和收获的成本增加，也可能会导致某些地区限制砍伐。这样的话会降低林业在短期内获得丰厚的利润，尽管从长远来看，回报可能还是很大的。为了实施森林认证计划，必须明确赋予人们

---

❶ Johannes Ebeling and Mai Yasue, *The Effectiveness of Market – Based Conservation in the Tropics: Forest Certification in Ecuador and Bolivia*, Journal of Environmental Management, 2009, pp. 1145 – 1146.

对土地和森林资源享有长期稳定的权利,这样可以确保土地所有者和认证机构去追求和实施认证。然而,许多地区缺乏对土地使用权的保障,这意味着森林土地使用者没有动力去认证、去遵守认证指南。

在木材消费国,扩大森林认证面临的最主要障碍是缺乏对森林认证业务的了解和相关知识。因此,需要针对消费者进行大规模的宣传活动,溯源可持续木材的来源是一个可行的办法。在美国有一项确定消费者对森林认证标志理解的研究,❶ 此研究进行了两个实验:一是测试消费者对不同风格的环保标签的反应,二是分析消费者购买木制品时考虑的因素。研究使用了两个环保标签:FSC 标签和塞拉俱乐部的标签。塞拉俱乐部的标签一直被认为是最可靠的,FSC 也是可信的。但有人认为 FSC 标签是最不可信的,因为可信度受到一个人对该来源的熟悉程度的影响。研究表明,FSC 需要做很多工作,促进消费者对其标签的认知和熟悉程度。这也说明,人们对生态标签的可信度是可以改变的。

研究还发现,当没有提供环境信息时,产品之间唯一的差别是价格,消费者根据定价选择产品。当消费者选择有环境标签的产品时,他们会认为,高价位产品的环境功能更好。至少其中一些人愿意支付两个认证产品之间的价格差。❷ 北半球的消费者愿意支付认证木材产品较高的价格。❸

---

❶ Mario Teisl, *What We May Have is a Failure to Communicate*: *Labelling Environmentally Certified Forest Products*, *Forest Science*, 2003, p. 668.
❷ Mario Teisl, *What We May Have is a Failure to Communicate*: *Labelling Environmentally Certified Forest Products*, *Forest Science*, 2003, p. 668.
❸ Peter Leigh Taylor, *In the Market but not of It*: *Fair Trade Coffee and Forest Stewardship Council Certification as Market - Based Social Change*, *World Development*, 2005, pp. 129 – 142.

该委员会已经在欧洲通过广告的形式，在消费者中间开展认证标签推广工作。荷兰的电视和印刷行业通过广告告知消费者这是"FSC认证的木材"。从2004年这些宣传活动开展之后，63%的荷兰消费者认可FSC标签，比2001年提高了12%。❶ 这表明，未来FSC的行动应主要针对消费者的认知和对标签的理解。

总之，对认证木材生产商缺乏价格提高的回报与激励，是目前吸引更广泛的森林管理者参与该计划的最大障碍。消费者缺乏对森林认证的理解和相关知识，几乎没有消费者偏好认证的木材产品，即使市场上有这样的木材产品，消费者也缺乏对其的理解。因此，FSC认证需要增加对参与者的激励，并降低费用，使消费者更有效地参与到"绿色"市场中去。

（三）未来森林认证机制的发展

除了扩大现有森林管理委员会的认证外，还有许多其他措施来促进森林认证机制的发展，如：将公平贸易需求作为森林认证过程的一部分；扩大非木材林产品的认证；创造、加强和监控森林碳储存的能力。公平贸易会使木材工人获得公平的工资，但并不能保证一定能将公平的工资支付给林业工人。与公平贸易相关的问题是在社区森林产品市场中，木材一般被看成最重要的社区森林产品，因此伐木会被视为摆脱贫穷的主要途径。

还有一些研究评估潜在的非木材林产品的认证机制。认证使森林产品广受欢迎，如巴西坚果、树胶、棕榈油等，这说明非木材林产品接受FSC认证是可能的。然而，目前这样做的成本还是较高的。FSC也应该衡量和监测森林碳储存的能力，它能够为其客

---

❶ Dan Klooster, *Environmental Certification of Forests: The Evolution of Environmental Governance in a Commodity Network*, Journal of Rural Studies, 2005, p. 412.

户提供生态标签，并促进森林碳市场的收入增长。碳储存及其管理实践也应符合国际气候变化机制的要求。

总之，森林认证机制在国际森林政策领域是一种较完善的机制。具体而言，森林认证过程有三种机制：市场机制是改变消费者购买模式的一种机制；学习机制是对公众进行可持续发展教育的一种机制；保证机制是认证木材产品来自可持续管理的森林。

所有上面列出的三种机制在改变社会观念及管理森林方面都是相当重要的。在国际木材市场上，必须大幅增加经过认证的木材，而为了增加认证木材的比率，还必须克服许多障碍。改变森林认证的成本结构，以使消费者而不是由生产者承担实现可持续发展实践的成本，为木材行业遵循可持续发展标准提供激励。同样重要的是，要增加社会公众对可持续木材和生态标签的理解。这些举措都会增加对认证木材的需求，而要增加对认证木材的需求，还需要加强目前由制度提供的激励措施。

第三节　国际气候变化制度中的森林机制

气候变化是重要的全球环境问题，森林是应对气候变化的重要因素，因为森林生态系统通过吸收树木、土壤和空气中的碳来影响地球的气候条件，此乃森林的碳汇作用，而碳汇对全球碳循环而言是必不可少的一个环节。

一、气候变化国际制度及其机构

1992年地球峰会上通过的《联合国气候变化框架公约》（UNFCCC）于1994年3月21日生效。UNFCCC的问世令人瞩目，由此国际社会意识到气候变化对人类影响的严重性和巨大挑战。UNFCCC 将历史上温室气体的排放归因于工业化国家,要求其承担责任,并为在国际层面解决气候变化问题建立了一个基本框架。现在已有 192 个缔约方批准了该公约。

(一)公约的组织机构

UNFCCC 第 2 条规定了其首要目标:"大气中温室气体的浓度在一定水平上的稳定,将防止危险的人为干扰气候系统。"这个目标已经多次在国际、各国及地方政策文件上出现。尽管如此,地球的气候条件正在以惊人的速度发生变化,有些人认为危险的人为干扰已经发生。"预防原则"成为应对气候变化国际义务的基础。我们需要采取进一步的措施来解决气候变化问题,其中最重要的措施就是要进行政策改革。

1997 年通过的《京都议定书》对国际环境法的发展具有开创性的意义,它量化了减排目标,建立了新的灵活的实施机制,还制定了强有力的谈判机制以及会计和报告制度。总之,国际气候变化制度是卓有成效的,但同时也不得不继续解决具有挑战性的新问题。

UNFCCC 规制森林,是因为森林有吸收和储存碳的能力。"森林"这个词出现在 UNFCCC 第 4 条中,该条款对森林下了定义,这个定义包含所有类型的森林。

国际气候变化制度中的组织与治理结构涉及三个机构:秘书处、缔约方大会和两个永久性附属机构。秘书处负责提供组织支持和专业技术谈判,也负责促进公约信息的传播。秘书处的具体责任规定在公约第 8 条中,要求秘书处确保与其他各相关国际机构进行必要的协调。

缔约方大会(COP)是公约创建的主要机构,COP 每年举行一次会议，公约第 7 条专门规定了该机构的目的和功能。

国际气候变化组织的研究机构是政府间气候变化专门委员会（IPCC）。IPCC 以一种无偏见的立场提供科学、技术和社会经济信息，它提交的报告深刻地影响了国际气候变化制度的操作和实施。

UNFCCC 还建立了两个永久性附属机构，即科技建议机构（SBSTA）和实施附属机构（SBI）。公约第 9 条建立了 SBSTA，其主要目的是提供及时的信息，并提出与公约相关科技事宜的建议。SBSTA 由气候变化专家作为政府代表。公约第 10 条建立了 SBI（实施附属机构），旨在确保符合公约的第 12 条，该条要求成员国提供全国排放总量。

（二）UNFCCC 的成员

公约承认三种不同类别的会员，会员的分类与国际上"共同但有区别的责任"的概念是一致的，都是基于公平的理念。在气候变化制度中，发达国家对温室气体排放负有很大责任，因此应该承担历史赔偿责任。而且，发达国家也有能力减少温室气体排放。

"共同但有区别的责任"原则体现在公约中。这一原则承认，各国都对全球环境负有共同责任，"有区别的责任"的理由包括：国家之间具有不同的能力；承认历史权利的合理与合法；由于历史上的行为，发达国家对减缓气候变化负有主要责任；国际社会应考虑发展中国家的特殊需要；国际社会已经进入了国际合作的新阶段，要求发达国家承担更多的责任；"有区别的责任"是发展中国家参与多边环境协定的依据。"共同但有区别的责任"原则要求有能力的国家帮助能力欠缺的国家，改善能力欠缺国家的环境及生态管理系统。

这一责任的法律基础可以追溯到《斯德哥尔摩宣言》的原则

23 和《里约宣言》的原则 7："国家应当遵循全球伙伴关系的精神来保护和恢复地球生态系统的健康和完整性。针对全球环境恶化做出不同的贡献，国家负有共同但有区别的责任。考虑到社会对全球环境、技术和金融资源的压力，发达国家应在可持续发展的过程中承担责任。"

"有区别的责任"通过设立三种成员而得到认可。这三种成员为：

一是附件一成员，这些国家要减少温室气体的排放量。成员包括经济合作与发展组织（OECD）成员和转型经济体国家，包括俄罗斯联邦、波罗的海国家、一些中欧国家和东欧国家。现在，基本上所有有能力减排的国家都是附件一国家。

二是附件二成员，这些国家需要提供财政援助，使发展中国家能够进行减排活动，并帮助发展中国家克服气候变化的不利影响。它们有义务采取一切切实可行的措施，促进转型成员和发展中国家成员进行环保技术的开发和转让。公约在第 11 条中建立了一种金融机制。因此，许多附件一成员（OECD 成员），除了要承担附件一的义务，还要承担附件二的义务。

三是附录一的非缔约方，其大多是发展中国家，以及被承认特别容易受到气候变化的负面影响的国家，如低洼的沿海地区和容易荒漠化及干旱的区域。此外，严重依赖化石燃料生产和贸易的国家都应重视气候变化问题。

（三）公约的利益相关者

气候变化控制方案必须由大量的利益相关者参与。我们可以从宏观和微观的角度研究利益相关者的参与问题。在宏观层面，联合国的机构与气候变化工作紧密相关。联合国贸易和发展会议（UNCTAD）、联合国开发计划署（UNDP）、联合国环境规划署

(UNEP)、联合国训练研究所（UNITAR）、联合国大学（UNU）、国际减灾战略（SDR）、世界货币组织（WMO）、政府间气候变化专门委员会（IPCC）、联合国工业发展组织（UNIDO）、全球环境基金（GEF）、世界银行（WB）等都是这样的组织。

联合国森林问题论坛（UNFF）也是一个重要的机构。现在森林和气候变化之间的关系越来越受到人们的关注，因此，未来这个机构很可能会变得更加重要。国际林业研究中心（CIFOR）与国际热带木材组织（ITTO）这两个非联合国森林机构也被授予了观察员地位。在微观层面，参与者是公约缔约国的社区、个人等。

二、国际气候变化制度下的国际森林文件

（一）《联合国气候变化框架公约》

《联合国气候变化框架公约》第1、3、4条中有"汇"的内容。

第1条规定了关键性的概念，这对理解公约的目的至关重要。在这里，"汇"意味着消除温室气体的活动或机制。这个定义是宽泛的，足以涵盖吸收二氧化碳的过程，如由树木、草地和土壤提供的服务。

第3条规定了公约的原则，即第3条中第1、2款规定了"共同但有区别的责任"原则，第3条第3款规定了预防原则。第3条第3款承认"汇"，即所有的"政策和措施应考虑不同的社会经济环境，全面涵盖所有相关资源、温室气体的汇及储存"。

公约第4条第4款设立了与林区相关的义务："促进可持续管理，促进和保护以及增强合作，温室气体的汇和储存不受《蒙特利尔议定书》的控制，包括生物量、森林和海洋，以及其他沿海陆地和海洋生态系统。"在第4条第1款的要求下，各成员方必须：形成和更新对温室气体排放的清除，包括因森林砍伐和森林管理

活动而发生的排放；形成减缓气候变化的程序，努力解决包括森林和土壤的排放和汇；促进较低的温室气体排放行业（包括林业部门）的技术进步；促进汇和储存的可持续森林管理；准备适应气候的影响，并为可能会受到洪水、干旱和沙漠化影响的地区制定相应的计划。

公约对依赖森林的发展中国家给予了特别确认，其第 4 条第 8 款 C 项规定：需要各方考虑公约义务在发展中国家林区的影响，鼓励将资金、保险和技术转让给这些国家。其理由是，依赖森林生存的发展中国家在解决有关气候变化问题时面临着不公平的负担。

（二）《京都议定书》

《京都议定书》（以下简称议定书）是一个单独的法律文件，独立于《联合国气候变化框架公约》，各国必须单独给予批准。《联合国气候变化框架公约》的成员最好也成为《京都议定书》的成员，所有成员国在这两个文件下履行它们的义务。但是，现实并不尽如人意，美国就没有批准《京都议定书》。

议定书的实施不仅影响全球经济，还危及许多行业。议定书制定了一个机制，成员国可通过实施减排的国内政策，或者通过投资其他国家的有关项目来减轻自己的减排负担。这个灵活的方法降低了减排活动的成本。

议定书第 3 条要求成员减少森林砍伐，因森林作为温室气体排放的汇，可以吸收、储存温室气体，减缓气候变化。

议定书第 3 条第 3 款还包含造林、重新造林和避免森林砍伐等特定的森林活动。这三项活动必须包含在成员国的报告中，而且报告还必须是透明的和可核查的。

附件一成员如在发展中国家投资森林项目，那么清洁发展机制的造林规则就在这个国家生效。

(三) 土地利用、土地利用变化和林业方针

《京都议定书》草案第3、4、7条是关于汇和源的会计规定，但是这些条款的规定并不清晰。后来经过多年的实践，这些条款才不断地被完善。

这个条款名为"土地利用、土地利用变化和林业（LULUCF）"，冗长而不清楚。不仅条款的名称，而且条款本身也过于复杂。"土地利用"是指影响排放水平的土地活动；"土地利用变化"是指土地的使用目的被实践改变；"林业"是指将森林内的活动作为汇，或作为温室气体的排放源。

各成员还关注"泄漏"的概念。这个概念指的是在一个领域内减少排放，却增加了另一个领域的排放。尤其是要考虑国际层面的泄漏，国家之间的泄漏。例如，由于发达国家严重依赖来自发展中国家的进口产品，其温室气体排放量降低了，发展中国家因为生产这些出口产品，温室气体的排放量却上升了。

1. 定义

森林、植树造林、重新造林和森林砍伐等关键概念都需要明确加以定义。2001年在马拉喀什举行的COP第7次会议，最早就以下关键定义达成了一致。现在的定义在COP第11次缔约方会议的第7次会议的报告中。

第一，"森林"，最小面积达到0.05公顷至1公顷的土地，10%至30%树木达到2米至5米。

第二，"植树造林"是在至少50年的一段时间内，通过种植、播种自然来源的种子，直接将没有森林的土地转换成为林地。

第三，"砍伐"是从林地到非林地的直接人为转换。

此外，再生长、森林管理、农田管理和牧区土地管理四项土

地管理活动将被纳入会计框架中。

此外，还应该建立森林认证制度和《京都议定书》之间的联系，以便使可持续森林管理及其实践都包含在《京都议定书》的程序中。

2. 范围

现在已有相当数量的碳存储于土壤和植物中，为了应对气候变化，植树造林是一种比开发新的低碳能源更廉价的替代方案，除此之外还特别需要发展低碳能源。人们一直担忧气候变化制度会阻碍清洁技术的发展，不希望森林和土地管理成为对此的反向激励。

为了解决这些问题，人们决定限制产生于这类活动的信用总量。每一成员方将被分配一定的森林和土地管理的信用额度。这些限制在 COP 第 7 次会议中被提出来。[1] 为防止在发展中国家成员生成额外的碳汇信用，所以建立了更便宜的森林碳汇制度，引入了总量限制。以 1990 年的水平，这个总量是成员温室气体排放量的 1%。林业活动只能用于抵销 1990 年的水平。对土地管理活动没有设置限制，因为它只是通过这些活动存储少量的碳，因此没有必要确定总量。

3. 非永久性

碳储存被看作是自然循环的一部分，碳储存的持续时间是不稳定的，而且，碳储存的数量也是不断变化的。这种自然循环的碳储存在财务处理上会出现困难。如果碳储存量是非永久性的，那么就会引出一个问题，即如何用碳会计形式计算碳储存量。

---

[1] Decision 11/CP. 7 Land use, *land – use change and forestry*（10 November 2001）. contained in document FCCC/CP/2001/13/ ADD. 1. 54 – 63. http://maindb. unfccc. int/library，访问日期：2023 年 8 月 13 日。

如果当事人选择在会计实践中使用森林碳汇，他们可能就会有两个方面的责任：首先，他们必须有碳信用；其次，他们必须承担森林、土壤和植被自然生命周期的排放所产生的后果。如果国际社会没有一个完整的碳会计框架，那么就会严重影响一个国家履行碳减排承诺的能力。

4. 不确定性

森林、土壤固碳和其他植被的吸碳能力，在科学上是不确定的。而森林的碳储存能力与土壤和植被相比，有更大的不确定性，此问题有研究成果已发表。❶ 但将未达成明确科学共识的活动包含在会计框架中是存在问题的，因此也很难将其应用于会计实务中。

5. 可信性

可信性是将森林活动纳入会计框架中。只有规定的活动，比如植树造林、再造林、再生长、森林管理、农田管理和牧场管理等，可以应用于会计实践中，这也意味着现有的碳汇不会被自动纳入会计计算中去。现在把土地和森林管理活动纳入会计系统中，可能会引起造假等腐败问题的发生。

6. 报告要求

报告要求各方承认依据林业指导方针依法使用的土地，这被称为"京都（议定书）的土地"。这样就增加了报告方的负担，因为必须要对所有的"京都（议定书）的土地"的有机碳作出解释，这是一个很大的工作量。此外，还要求成员有能力和相应的技术来监控有机碳存储的过程。

---

❶ Watson, Robert, et al. *IPCC Special Report Land Use, Land – Use Change and Forestry*: *Summary for Policymakers*, *Intergovernmental Panel on Climate Change*, 2000, pp. 134 – 139.

7. 木材产品

在目前的会计实践中，假设树木一旦被砍伐，碳存储就会减少，因此必须及时报告。但是这一会计实务不能得到科学的解释。目前，存储在木材产品中的碳还没有资格被纳入会计库存中。

8. 生物多样性

现在森林活动已包含在国际气候变化框架中，这意味着，森林政策正面临着国际气候变化制度的挑战，森林实践和生物多样性之间的兼容性即是挑战之一。森林有助于减缓气候变化，而森林碳汇有助于保护森林中的生物多样性。但在林业规则与实践中存在一个潜在的冲突。例如，一个土地所有者种植多种树木，因树木吸收了二氧化碳而得到了经济激励。然而，种植这些树木也可能会破坏土地上原有的生物多样性。这是一个值得人们深入探讨和研究的问题，其不仅具有科学意义，更具有政策与法律意义。倡导什么，禁止什么，根据什么给予经济激励，其价值取向如何，是减轻气候变化优先，还是保护生物多样性优先？如何确定其性价比与比例？这些问题都必须得到认真考虑和回答。

幸运的是，这些问题在马拉喀什缔约方会议上得到了一定程度的解决，其第 3 条第 3 款第 4 项规定，活动必须致力于保护森林生物多样性和自然资源的可持续利用，成员必须报告它们的行政和立法程序以确保这一点。有人认为，报告要求做得还远远不够，因为它们只要求成员提供国家法律中的有关信息，而不要求报告保护生物多样性的切实的成果信息。❶

---

❶ Imke Sagemuller, *Forest Sinks under the United Nations Framework Convention on Climate Change and the Kyoto Protocol: Opportunity or Risk for Biodiversity? Columbia Journal of Environmental Law*, 2006, p.1189.

9. 未来土地利用、土地利用变化和林业的指导方针

理解和实施当前土地利用、土地利用变化是很复杂、很困难的。这主要是由于建立一个基于不完整的知识和科学不确定性的框架是非常困难的。为确保土地、土地利用变化的完整性，每个成员都应该建立激励措施，实现低排放，增加陆地碳储存的政策与法律的框架。

然而，当前的政策与方针仍然存在许多缺陷。首先，其第3条第7款的要求，不是每个成员都能够达到，我们建议修改第3条第7款，以便各方的森林砍伐率都包含在其实际的配额中。其次，应设上限，使森林管理活动能够被纳入会计库存中，以鼓励改进森林管理。最后，应该考虑把木材产品规定在第二承诺期中。2006年政府间气候变化专门委员会为国家温室气体清单指南提供了几种方法，他们已经将收获木材产品规定在报告的指南中。

（四）清洁发展机制与森林

1. 灵活机制

《京都议定书》建立了三种灵活机制，即清洁发展机制（Clean Development Mechanism，简称 CDM）、联合履约（Joint Implementation，简称 JI）和排放贸易（Emissions Trading，简称 ET）。

清洁发展机制允许发达国家投资发展中国家的减排项目，并记录在它们的国家排放清单中。因此，发达国家不仅降低了交易成本，而且为了发展中国家也相应地减少了排放量。

联合履约允许发达国家投资其他发达国家的减排项目，并将这个活动记录在他们国家的排放清单中。

排放贸易允许发达国家交易未使用的排放单位，这已在议定书下进行了分配。

2. CDM 碳汇政策

将森林碳汇包含在清洁发展机制中,这种模式会导致国家之间谈判平台的分裂,由此导致将在森林政策有共同利益的国家之间建立联盟。在国际气候变化谈判领域,这种森林谈判模式是最具争议的。有人反对在清洁发展机制中加入森林碳汇,认为发达国家可以利用它推迟国内减排政策和措施的实施,而且会影响气候友好技术的发展和竞争力。支持该机制的联盟认为,投资林业部门对解决全球森林砍伐是至关重要的,森林项目投资通过提供多样化的收入和其他社会经济效益,给当地社区带来了一定的社会福利。❶ 应该将森林实践与清洁发展机制结合在一起,但将森林包含在清洁发展机制中会导致烦琐的实施模式。

实施清洁发展机制的森林项目在实践中存在一系列相关的法律问题,包括合格森林实践的定义、设立"总量"规制汇信用数量的机制、为森林实践设立独特的减排信用认证制度、创建 CDM 林业实践的实施方式、定义与碳有关的土地和财产权利、提供与清洁发展机制的汇相关的市场需求和交易成本、形成在发展中国家实施森林实践的能力。

3. 合格的森林活动

从森林活动的减排信用认证角度来看,森林活动可以分成造林和再造林两种。根据清洁发展机制,保护现有林区被称为"减少毁林及森林退化所致的碳排放(REDD)"机制。

森林的定义是:最小面积 0.05 公顷到 1 公顷土地,其树冠覆盖为 10% 至 30%,同时树木最低达到 2 米至 5 米的高度。这一定

---

❶ Emily Boyd, et al, *UNFCCC Negotiations (pre Kyoto to COP 9): What the Process Says About the Politics of CDM – Sinks*, International Environmental Agreements, 2008, pp. 95 – 106.

义适用于清洁发展机制下的碳汇项目，也适用于土地利用、土地利用变化和林业模式，同时也为 COP 第 9 次缔约方会议上通过的清洁发展机制所采用。

现在已有许多活动被定义为造林和再造林项目，包括农林项目、种植园、森林景观恢复项目、退化土地或受保护的土地上的森林景观恢复项目、社区森林项目、其他木材生产、生物质能或流域管理的造林或再造林项目。

4. 森林碳汇的总量限制

限制清洁发展机制下碳信用的数量有总量限制。在其第一承诺期内，成员可以要求 1990 年的基准年排放率的 1%，作为碳活动的信用。这意味着清洁发展机制信用总汇的 5% 可以包含在会计库存中。

5. 认证减排碳汇信用

造林或再造林活动不仅产生了减排信用，而且还可以得到认证，这不同于依据清洁发展机制生成的其他信用。和能源相关项目的最重要的区别是碳储存在森林中的暂时性。造林和再造林活动可以生成两种信用：临时的减排信用和长期的减排信用。

临时的减排信用必须每五年更换一次，五年期限届满就结束。长期的减排信用有 60 年的期限，但仍需要每五年认证一次。长期信用有更长的期限，但它们仍然是需要更换的。期限较长意味着价格的上涨与不稳定，可预见性差。信贷价格可能在未来显著上涨，这抑制了清洁发展机制下碳汇信用的投资活动。除此之外，每五年认证一次还会涉及交易成本问题。然而，在实现减排目标方面，它被看作是一种比较可取的方式。

6. 实施模式

众所周知，认证减排信用要经过一个复杂而漫长的过程。为获得清洁发展机制下的信用，需要经过以下九个步骤：

一是背景研究，确保选择一个合适的项目地址。在这个阶段应考虑土地所有制问题，土地的法律地位如何？谁拥有土地？谁使用或占用土地？谁将代表土地行事？法律是否要求将目前的土地使用权纳入项目设计中？如果土地利用发生变化，批准和重新划区是否必需？开展这个项目是否需要获得其他许可？

二是提交产品设计文件。这里文件必须符合要求，而且要概述项目的性质和目的。

三是基准的选择方法，其用于确定项目排放的数量，可以确定自己的基线方法或者使用已经存在的方法。

四是《京都议定书》缔约方会议项目的认证。

五是指定经营实体，提交注册认证报告。

六是审查项目区域，确保符合项目的设计要求。

七是减排认证，即成员提出第一认证日期，而且每五年举行一次减排认证。

八是认证，即对指定经营实体进行项目的认证活动。

九是颁发减排信用认证。

批评者认为，复杂的程序减少了实施温室气体减排项目的数量，这是目前最大的问题。❶

7. 财产权

减排信用认证带来的一系列权利通常受到合同法的保护。一般来说，合同在合同期内规定与土地相关的权利与义务。通常合同的条款要包含确保合同符合碳汇目的的条款。这种合同处理的

---

❶ Kenneth Rosenbaum, Dieter Schone, Ali Mekouar, *Climate Change and the Forest Sector: Possible National and Subnational Legislation* (*FAO Working Paper No 144, Food and Agriculture Organization of the United Nations*, 2004, p. 17.

问题包括：种植园维护、种植幼苗的死亡、收获模式、风险问题如火灾和害虫、成员双方约定的财务安排等。此外，合同中还包含一个条款，这样就使得经过认证的减排信用成为一个单独的可转让的权利。

8. 能力开发

清洁发展机制在发展中国家实施，该项目的成功主要取决于这些国家的制度安排和规制能力，因此良好的治理能力和强大的规制能力都是决定该项目成功与否的重要因素。此外，其他国际制度面临的与森林相关的能力问题，也将是国际气候变化制度所面临的主要问题。

9. CDM 的碳汇市场需求

清洁发展机制内的碳汇规制框架是在 2003 年的 COP 第 9 次会议上通过的。这个文本在第一承诺期内影响碳汇吸收项目。

树木的平均生命周期是 5 年至 15 年，对信用来说，这个周期有点短。作为解决这个问题的方法，发展中国家应该单方面创造信用，并在国际市场上出售，预计会有信用需求，而不是吸引到投资项目。欧盟已决定排除碳汇认证的减排信用交易计划，这减少了潜在地对森林碳汇信用的全球需求。

除此之外，碳汇项目的社会、经济和环境效益也不应该被忽视。在某些国家，森林碳汇活动将在降低碳排放方面发挥着至关重要的作用。但在巴西，75% 的碳排放来自农业，而 75% 的碳排放来自其他土地利用活动。这些数据也说明了有些国家要求退出造林和再造林项目的原因。

清洁发展机制下的碳汇项目提供了一系列有利之处，包括在发展中国家减少排放，改善发展中国家的环境，提供生态系统服务，进行创收，改善当地社区居民的生计等，这些项目都需要用来自发达国家的资金实施。为发展中国家的项目提供资助，在未来气候变化谈判中将必定是国际社会高度关注的问题。

（五）减少毁林和森林退化所致碳排放机制与森林

《京都议定书》下的森林活动被限定为造林和再造林。在《京都议定书》的森林谈判中，与避免森林砍伐相关的问题一直未解决，也没有载入文件，其主要原因是存在科学上的不确定性，同时也缺少方法。

国际社会应该为发展中国家减少不可持续的森林砍伐提供激励机制，但这种机制会限制成员国使用土地的主权。成员可以改善现存森林资产，承担管理的积极义务，这就需要设计一个规制框架，即减少毁林及森林退化所致碳排放（REDD）机制。奖励不砍伐树木的成员，就存在一个补偿其损失和成本的问题。这就涉及许多政策及法律问题，其中许多问题尚待探讨和解决。

1. REDD 机制的形成

2005 年在加拿大蒙特利尔举行的 UNFCCC 第 11 次缔约方会议上，巴布亚新几内亚和哥斯达黎加政府在其他八个成员方的支持下，要求将减少森林砍伐造成的碳排放（RED）问题添加到谈判议程中，在会议上获得了广泛的支持。UNFCCC 缔约方第 13 次会议要求开展与这一问题相关的工作方法研究。后来该报告又被提交给 2008 年在波兰波兹南举办的第 14 次缔约方会议上。

当时会议举行的时候，有提案认为，京都森林方法太复杂，而 REDD 机制更加容易应用。提案还建议某些能力建设项目的实施旨在帮助发展中国家，应该对相关森林碳库存作出解释，遥感和地面评估要结合森林碳库存的精确测量。此外，森林问题中的技术转让也需要进行评估。

2. REDD 规制框架的挑战

目前避免森林砍伐的问题尚未得到解决,这是由于各成员之间存在着不同的利益,难以调和。反对避免森林砍伐的人承认,砍伐森林会提高全球温室气体的排放水平,但他们仍不相信,可以通过建立健全的科学监管框架,来处理在森林砍伐的谈判中所提出的一系列复杂问题,这些问题包括永久性、测量、额外性、削弱碳市场、主权和泄漏等。❶ 要解决避免森林砍伐的问题,上述六个问题必须首先予以解决。

REDD 机制中也存在永久性的问题。确保林区永久性,对发展中国家来说是一个挑战。森林砍伐和森林退化,是由多种因素决定的,有的国家高估了其控制森林砍伐的能力。历史表明,森林砍伐一直以来都是一个亟须解决的复杂问题,非持久性问题产生的原因包括但是绝不仅限于保险、贷款发放以及银行的碳信用风险等。

为了衡量森林碳库存的变化,我们必须确定一个森林碳库存基线。我们建立适用于发展中国家的森林基线,需要测量森林碳库存的能力,并且实行监控。巴西、印度等国有很强的全球信息系统收集和遥感能力,但在大多数发展中国家,这种能力还很欠缺。因此需要适当的技术转让和发展援助,使这些国家的遥感和信息系统运作起来,并提供科学的数据。

避免森林砍伐的行为也可能会破坏碳市场,因为森林信用比其他行业的信用更便宜,这种成本优势会创造更多的森林投资项目,但也有可能妨碍其他减排领域的发展。

---

❶ Minany, Peter, Hans Bressers, *Margaret Skutsh and Michael McCall*, *National Forest Policy as a Platform for Biosphere Carbon Management: the Case of Community Forestry in Cameroon*, Environmental Science and Policy, 2007, pp. 204–207.

有些京都议定书项目可能在本国国界以外实施，这可能会涉及国家主权问题。避免森林砍伐的方案需要各方采用新的森林管理实践，这会在某种程度上损害国家主权。与森林保护区这一概念相关的权利和责任，在所有森林谈判中都存在着很大的争议，特别是在联合国森林问题论坛的平台上。然而，随着环境服务市场的引入，对国家主权的关注不会像之前那样占据国际制度的主导地位。这是因为成员将因让渡其主权而得到经济奖励，而且参与这些市场是可选择的和非强制的。

在一个区域开展气候变化减缓行动，直接或间接导致另一个区域的碳排放量增加。在避免森林砍伐的前提下，这是一个很大的威胁，而且森林砍伐还可能造成人们失业，并使人们流离失所。如果真是如此，奖励避免森林砍伐的行为是毫无意义的，甚至有负面意义。某些发展中国家可能有实施京都森林项目的优越条件和能力，因此，森林砍伐活动可能会转移到能力较弱的国家，这样会导致没有全球净减排。在国际木材市场上，目前没有提供可持续生长木材的保障，而全球对木材产品的需求又会加剧这个问题。

"泄漏"的概念也成为REDD机制面临的重要挑战。现在有两个措施有助于解决碳泄漏问题。首先，为木材产品进口商设立义务，要求木材产品来自森林可持续管理区域。现有的方案可以用来执行这项义务，如森林认证程序和FLEGT倡议。其次，可以建立国家防止碳泄漏框架，测量森林活动引起的碳泄漏。这需要建立基线和监控系统。地方泄漏框架的引入不会阻止发生在国界之外的泄漏。为了解决国家之间的泄漏问题，还需要建立全球的基准和监测系统。

3. 总量交易模式

现有的国际气候变化制度中还需要建立一种新的机制——碳

储存机制。[1] 这种机制的目的是通过经济奖励，永久保护在森林中的碳储存，这一模式涉及"总量交易"方法。在这种方法下，根据热带森林和碳储存能力的水平，给各成员方分配信用额度。成员可以使用这些信用来履行自己的国际义务，或将这些优惠卖给其他成员方。这种方法还可以通过信用销售创收来建立永久保护林区的激励措施。

4. 基线和信用模式

巴布亚新几内亚和巴西提议，通过建立基线和信贷计划来支持包括 REDD 在内的机制。在这种机制下，要建立一个森林砍伐率的基线，将砍伐的森林转化为碳排放量，可以在国际碳市场上出售，并且可以作为给予避免森林砍伐的国家的补偿。实行减排的热带森林国家，从发达国家获得的补偿基于碳市场的平均值，这种模式目前在国际谈判中被称为"减排补偿"。

5. 对模式的评价

国际可持续发展法律中心不推荐 REDD 的基线，因为其基线计算起来非常困难。建立总量交易系统，或者为 REDD 建立基线的方法也是有困难的。所有建议都需要提高监测森林状况的能力以确保遵守计划。因为建立 REDD 规制框架很烦琐，成员也可能因此而不愿意参与该机制。相反，除非碳市场能与其他产生于从林地转化为其他用途（如转化成农地其他商业性砍伐木材区域）的金融支付机制相竞争，那么碳市场将不会提供真正的激励，以

---

[1] Prior S., Streck C. *Submission to the COP UNFCCC in Response to the Call for Views on the Issue of Avoided Deforestation. Centre for International Sustainable Development Law*, 1-7. [EB/OL]. https://unfccc.int/resource/docs/2006/smsn/ngo/005.pdf. 最后访问时间：2023 年 8 月 13 日.

避免持续砍伐森林。❶

6. REDD 机制的发展

2007年12月巴厘岛行动计划正式认可了 REDD 机制, 2009年4月在德国波恩举行的 UNFCCC 大会上又讨论了 REDD + 机制的概念。该机制在减少森林砍伐、防止森林退化的基础上,越来越认可森林的碳储存功能。2009年12月在哥本哈根 UNFCCC 气候大会上采纳了科技咨询附属机构(SBSTA 附属执行机构)制定的激励 REDD 行动的决定草案。在此气候大会通过的《哥本哈根协议》中的第6条进一步支持了 REDD 的规定:"我们认可减少砍伐森林和防止森林退化产生的碳排放的至关重要的作用,需要加强温室气体减排,包括直接建立 REDD + 机制,并促进发展中国家金融资源的配置。"

为进一步促进、鼓励 REDD 的发展, 澳大利亚、法国、日本、挪威、英国和美国承诺, 对发展中国家公共财政资助35亿美元, 协助 REDD 计划的实施。UN – REDD 项目估计需要250亿美元投资。从2015年开始, 年度全球森林砍伐将减少25%。有学者设想将 REDD + 机制的实施分阶段进行。第一阶段为初始准备阶段, 第二阶段为实施政策和进行示范活动, 第三阶段为完整的实施阶段。第一阶段, 即实施 REDD 的准备阶段, 玻利维亚、刚果、印度尼西亚、巴拿马、巴布亚新几内亚、巴拉圭、坦桑尼亚、越南和赞比亚等国都已经开始或处于这个阶段。❷

---

❶ Valentin Bellassen and Vincent Gitz, *Reducing Emissions from Deforestation and Degradation in Cameroon – Assessing Costs and Benefits*, *Ecological Economics*, 2008, pp. 336 – 341.

❷ UN REDD Programme, *Supporting countries to get ready for REDD*, (2009), UN REDD Programme, aspx 2 February 2010. http://www.un – redd.org/Home/tabid/565/language/en – US/Default, 访问日期: 2023年8月13日。

2014年12月在利马气候大会上，190多个成员又达成了新的、要求所有成员方采取气候行动的2015年《气候协议草案》。其中为支持REDD+项目，利马气候大会主席宣布在UNFCCC官网上建立"REDD+信息中心"，聚焦于各方在REDD+方面采取的行动。❶

7. REDD+机制的政策和法律问题

前已述及，在全球范围内，森林占地球表面的30%左右（近40亿公顷）。同时森林还提供有价值的生态系统服务和物品，为动植物提供栖息地，并在其内部拥有大量的森林碳。据估计，森林碳总含量约638亿吨，大于整个大气中的碳含量。森林砍伐主要是由于将林地转化为农业等其他用地，而且每年以惊人的速度发展，影响森林转为其他用地的潜在因素包括：人口增长和持续变化的粮食消费方式；农业发展，譬如市场的变化、技术进步和有效的政策干预等；土地权属的稳定性；以及土地利用变化的治理等。

砍伐森林会导致立即释放树木中储存的碳，从而造成全球20%左右的温室气体排放量。据估计，20世纪90年代的森林砍伐每年为全球温室气体排放量贡献了大约5.8亿吨CO_2。政府间气候变化专门委员会（IPCC）在其第四次评估报告中指出，减少和预防砍伐森林是具有最大、最直接地减缓碳储存影响的措施。

目前，国际社会已经通过的《联合国气候变化框架公约》（UNFCCC）和《京都议定书》努力减少了破坏森林导致的碳排放，由此产生了全球政策，被称为"减少毁林及森林退化所致碳排放及增加森林碳储存（以下简称REDD+）"机制。

这个不断演变的全球框架（包括保护原则）已经在国家层面

---

❶ 利马气候大会达成新的气候协议，http://www.unep.org/newscentre/Default.aspx?DocumentID=2814&ArticleID=11108&l=zh，访问日期：2023年8月13日。

实施，如印度尼西亚已经制定了自己的REDD机制法律框架，即REDD法规。但是，REDD+机制是十分复杂的，其涉及许多新的法律概念，需要继续努力制定符合UNFCCC方式的REDD+机制实施法律框架。虽然MRV❶和利益相关方的参与一直是与REDD+相关的重点，但现在的工作是直接在国家层面建立和实施REDD+的具体和必要的法律框架，这样可以促进REDD+项目的开展和实施。同时还存在一些复杂的法律问题，如与土地所有权、碳收益、利益分享和宪法遵守有关的法律问题，而且也未提出与"REDD+"有关的冲突解决办法，需要提供指导REDD+实施的具体的国内规则。这在有些国家和地区对REDD+采取管辖方式也是如此。

众多国际机构明确指出了REDD+机制的国家法律框架的重要性。制定新的REDD+机制的国家法律框架将是至关重要的，其可以支持成功地实施国家REDD+战略并使项目成功开展。就法律本身和管理能力而言，没有强有力的REDD+法律，REDD+的成功实施将不可能，捐助者对REDD+的投资也将面临很大的风险。但是，目前人们对REDD+法律框架的关注度仍然不够，而且重要的是要注意所涉及问题的复杂性，并且REDD+机制建立国家法律框架所需的时间及资源也是非常重要的，但在实践中不被重视。

REDD+机制可以建立在现有法律的基础上，如土地和自然资源法（包括林业）、公共财政、社区权利和宪法条款。另外，新的法律框架可能需要加以发展，尤其是在现行法律不能适应REDD+机制的情况下。总之，无论在哪种情况下，任何REDD+机制都必须符合现有国家的宪法条款。

首先，必须确定REDD+机制和森林碳法律框架的国际实施原

---

❶ MRV是指碳排放的量化与数据质量保证的过程，包括监测（Monitoring）、报告（Reporting）、核查（Verification）三个过程。

则，这就需要考虑 UNFCCC 及其他法律制度下 REDD+ 机制的需求。目前人们对 REDD+ 机制将如何具体实施仍争论不休。但是，现在有一个明确的原则或期望，这是从 UNFCCC 的谈判中受到启发产生出来的，反映了国际社会开始考虑 REDD+ 机制实施的基本要素。这些原则包括保护原则，如保护土著权利和减少逆转风险的行动。在这个发展阶段，这些 REDD+ 机制原则被视为高层次的目标，最终需要各国政府制定法律来反映这些原则，并且进一步发展这些原则。

此外，其实施原则已经在其他计划和安排下形成，如自愿碳标准（VCS），森林碳伙伴基金（FCPF）采用的方法以及双边安排（如印尼与挪威的伙伴关系）。现在这些原则已经开始运作。许多支持以森林为基础的碳汇活动的国内排放交易和抵销机制（如澳大利亚、新西兰和加利福尼亚）已经形成，这些国家打算制定更详细、更全面的法律机制来处理有关问题，特别是有关土地、森林和碳的使用权以及永久性问题。这些原则通过 UNFCCC 已经形成，国家框架和自愿计划产生的原则也将对 REDD+ 机制法律框架或法律内容的形成构成有益的指导。

综上考虑，上述所列的不同框架阐明了所考虑的内容，这些是在国内系统中实施 REDD+ 的适当要求（以下简称为"REDD+ 实施原则"），具体包括以下内容：

一是确定砍伐森林的驱动因素；

二是确定 REDD 或 REDD+ 有资格的活动（包括泥炭地和红树林）；

三是建立机构安排；

四是处理土地测绘和土地管理的空间规划；

五是国家森林碳储量参考水平；

六是测量、报告和验证（MRV）；

七是REDD+活动的永久性和应对逆转风险的碳储存及行动；

八是包括承认习惯权利和自由事先知情同意（FPIC）的保障措施；

九是公众参与以及环境影响评估；

十是社区参与的激励机制和利益分享，包括森林类型和特许权，对非法采伐的制裁和处理，项目审批要求；

十一是制定国家或地区的方法；

十二是允许公共和私人参与REDD+活动；

十三是对土地、森林和碳所有权的法律澄清。

虽然其中一些原则对于建立有效的REDD+机制的法律方法至关重要，但其他方面更多地与REDD+活动的长期实施及碳核算相关。在它们产生于UNFCCC的地方，通过谈判进程将进一步详细说明要求的确切性质。它们更多地实际应用于国内层面，例如VCS、FCPF等文书以及双边安排等。

在设计REDD+法律框架时，各国应参考这些实施原则并借鉴国际经验。鉴于REDD+所要求的许多概念是新的而且没有先例，各国有必要制定新的法律，以便纳入这些原则。制定REDD+法律要符合上述实施原则，这将有助于确保这些国家与UNFCCC以及各国可能与之签署的其他双边协议都是一致的，如挪威和日本的合作伙伴关系。

其次，需要确定管辖（国家和地区）和项目方法。REDD+活动的早期追求是以项目为基础的活动（特别是在VCS下）。然而，在UNFCCC进程的支持和自愿追求下，有一个强劲的趋势，如VCS，在管辖层面实施REDD+，无论管辖层面是跨越一个省或是整个国家。人们认识到在管辖范围内实施REDD+具有很大的挑战,特别是在确定管辖参考水平和承担 MRV 时,因此许多国家正在采取"嵌套的方法",使项目能够在短期内得到发展并将其纳入长期的管辖方案。

基于项目或管辖方案所需的法律框架,在他们如何处理 REDD + 活动的管理,分配负债和激励措施的条款上可能有很大不同。但还是需要实施国际 REDD + 原则,并处理权属、永久性和权利问题,无论 REDD + 采用何种方式,无论是否由 REDD + 资助,碳都将适用私营部门投资者或捐助者。例如,在项目开发的地方,通常是项目支持者确定谁将获得实现固碳或减排的主要利益,以及谁来承担管理永久性的责任。如果采用管辖办法,通常是由国家政府确定谁将获得主要利益和主要确保永久性的义务。相关的政府机构必须确定如何分配其他利益相关者的利益。

在任何情况下,国家宪法和法律都需要得到严格遵守。但在某些情况下,各国政府可以采取一些特殊的做法,如国家法院已经确定其违宪,可以将碳权利分配给其他当事人。

最后,还有一些具体的法律问题需要解决。这其中最主要的问题是需要强有力的 REDD + 法律(关于法律本身和管理能力)来避免监管的冲突和不确定性,并澄清关键问题,如碳权利以及是否能够获得林区的永久性问题。无论是在公共资助方面还是私人资助方面,具有法律约束力的 REDD + 法律对于 REDD + 的成功和推动 REDD + 措施的投资至关重要。在这里要注意 UN – REDD 项目和森林碳伙伴关系基金(FCPF)是非常重要的,发展中国家寻求实施 REDD + 已经获得了一定的资金准备(通常被称为"REDD + 准备就绪")。然而,在 REDD + 准备就绪阶段,人们对其法律框架的关注度不够,解决与建立 REDD + 国家法律框架所需的时间及资源相关复杂问题是非常重要的,但往往被人们所低估,这涉及对现行法律的全面分析理解，以及如何更好地将其适用于解决新问题。

如上所述，REDD+法律框架应该反映来自 UNFCCC 及其他方面的 REDD+实施原则方案。为了实现这个目标，第一，需要确定明确的法律立场，其中包括一些对国内法律制度来说的新问题。

第二，机构安排问题。需要确定监督并有权实施 REDD+的机构。这个机构将需要克服任何与其他工作机构的潜在的冲突或不确定性。

第三，法律确定土地和森林权属。确保土地和森林权属是 REDD+法律体系成功的关键组成部分。这是因为 REDD+机制的活动在其所有的土地上拥有或控制一个或多个组织，能够获得最大的成功机会，所有这些组织都可能对 REDD+机制在这块土地上的任何利益有所要求。虽然可能有一些影响土地和森林管理的治理问题，如在分权管理自然资源中存在的腐败问题的挑战。概括而言，以下几点对 REDD+机制的成功实施至关重要：

一是澄清社区土地的法律地位以及在林区的社区权利，例如，在巴西，各个社区和土著群体已经成功地通过法律裁决，维护他们对林区的权利以及森林中的碳权利；

二是解决重叠的自然资源许可权以及确定谁拥有这样的许可权；

三是确定谁有资格从事 REDD+活动，在制定具体的 REDD+机制法律框架时，应该明确土地和林权的战略优先级。例如，一项新的 REDD+法律可以实施 REDD+权属安排，以覆盖所有其他的安排，在与现有土地或特许权持有人进行磋商和协议之后进行安排。

第四是法律确定创建和享有碳权利。作为 REDD+机制实施的关键利益相关者，社区需要享有与碳相关的权利。另外，投资REDD＋机制项目活动的一个关键驱动因素是创造实际的碳权益并确定谁享有它们。支持社区参与和私营部门支持实施REDD＋机制，任何新的REDD＋机制法律文书都应该为碳排放确立明确的合法权利与永久性安排，通常需要通过与土地的基本持有人和特许权持有人就相关期限达成协议。此外，在全国范围内接触REDD＋的地方，碳所有权的清晰将有助于避免宪法方面的挑战。

第五是惠益分享。关于如何分享REDD＋收益的决定对于REDD＋的成功也是至关重要的。必须考虑作出利益分享安排的选择，包括受益人是谁、利益如何被分配等。具体需要考虑的问题包括：

有什么好处？这与碳权的法定清晰度、碳排放的合法权利以及碳服务的法律清晰度有关。来自REDD＋活动的碳和非碳收益都需要在法律中界定清楚。

谁是受益人？必须作出确定REDD＋机制适当受益人的政策选择。国家（不同级别的政府）、社区和项目开发商都是需要确定要激励的利益相关者。

受益人之间的利益分配情况如何？例如，国家宪法、法规中的规则可以影响利益的分配模式。在国家、省或社区层面，资金被合同具体安排如何使用。

第六是持久性。持久性（即持续存储碳储存量，不存在释放风险）是REDD＋机制的基本组成部分。与通过REDD＋机制活动存储碳相关的支付将使森林中的碳汇、植被或泥炭地❶被永久地储存。从清洁发展机制（CDM）中的土地利用、土地利用变化和林

---

❶ 泥炭地是由部分腐烂的植物物质组成的有机堆积物，是一种特殊的湿地生态系统，在地球上分布广泛。

业（LULUCF）活动获得的经验看，发达国家自愿性标准和碳汇林业计划表明它们已经开始采用多种方法来处理项目和项目管辖方面的永久性问题。这些方法包括发放临时信用（CDM），需要一部分排放安排在一个项目期间（VCS），在一个缓冲账户中减少拨款，或者强制项目开发者负有维持长达百年的碳储量（如澳大利亚）的法律义务。

REDD+在国内的法律框架将需要使永久性的方法与新兴的国际标准及投资者的要求保持一致。一个国家内部REDD+实施的规模可能会影响其持久性的方法。REDD+法律也必须解决这个永久性失败的潜在问题，例如，这种失败可以通过直接恢复碳储存的损失、在碳库中以间接采购替代信贷或取消已发行信贷来纠正，在基于项目方法的情况下，监管机构也可能需要额外的机制，如债券、担保或金融资产评估等。

第七是执法。鉴于REDD+机制形成的早期阶段，大多数国家缺乏执行REDD+的法律法规。但是，有效的执法规则和执行能力在REDD+中是至关重要的，不仅要管理权益和土地所有权的潜在冲突，还要避免通过非法采伐等活动逆转。一些现有的法律可以发挥关键作用，如定义非法采伐和相关犯罪，并规定刑事处罚。与省级政府和当地社区紧密协调，同时也需要协助实施和执行REDD+机制的各个方面。

第八是中央政府和地方政府之间的合作。不管采取什么方式，都必须使用法律规范中央政府与地方政府之间的法律关系。过去，州、省或地区政府在土地出让和保护林业方面片面追求自己的利益，这其实是由中央政府推动的，由此导致了紧张的局面。所以必须尊重中央政府和地方政府权利与责任的分离，这样就有必要调整每个级别的政府所采用的方法。此外，在一定程度上，REDD+

实施的某些关键因素已经下放到地区一级，这可能需要政治上的支持与合作，特别是在解决土地权利或防止永久性的活动冲突的背景下。

最后，不断演变的全球 REDD + 框架包括许多因素，如保护原则等。这是比较复杂的，因为涉及许多新的法律概念，并要求制定适当的国家法律框架才能取得成功。完善 REDD + 的法律框架对于一些国家来说比其他国家容易一些，这取决于其他国家的土地使用权和治理问题的复杂性。各国可以通过 REDD + 法律问题建立法律规范的先例，需要确定监管措施以支持所有利益相关者实现 REDD + 的成果。

三、国际气候变化制度下的森林倡议及其实施

（一）森林清洁发展机制项目的实施

如果在《京都议定书》的方针指导下设立大量的森林项目，全球森林覆盖率就会增加。对造林和再造林给予指导与鼓励，则会促使土地利用发生变化。如果能得到财务上的资助，情况则会变得更好，法律保护下的林区就会显著增加。

国际气候变化制度如果为森林问题引入新的义务，将会改善世界森林的状况。例如，可以引入具有法律约束力的义务，要求各方增加一定比例的森林覆盖率。如果未能履行这一新义务，则可能导致经济制裁。同时还要求各方在一个特定的时间内，增加受保护的林区比例。此外，还要求各国遵守可能涉及经济制裁的各种规则。

当然，让各成员方都同意承担这类义务一定困难重重，正如国际森林制度的历史发展一样，但这是国际社会应该共同努力的方向和目标。

中国广西珠江流域的清洁发展机制下的造林项目已经登记注册，这是清洁发展机制的第547个项目。这一森林项目将持续30年，其目标是减少碳排放，提高生物多样性，改善水土流失，并为当地社区带来更多的收入。项目具体包含以下内容：项目概述、基线方法、监测方法和计划、对人为温室气体净排除的汇的评估、项目的环境影响、利益相关者的评论等。

澳大利亚是一个联邦国家，其实施气候变化机制涉及联邦、州等各级政府。联邦政府在2007年形成了一种与《京都议定书》明显不同的方法。澳大利亚在2007年12月第十三次缔约方会议上批准了该议定书。但由于澳大利亚前政府未能充分实施国家减缓和适应气候变化的计划，所以澳大利亚的碳市场与国际相比，是未完全开发的。现任政府必须"追赶"下一个政治承诺期中实施的气候变化制度。

碳汇权是一种财产权，由各国的法律确立，承认所有者对指定区域的土地享有权利，但是这些权利并不赋予所有者排放二氧化碳的权利。各国为承认和执行这些权利创造了不同的机制。

以澳大利亚为例，昆士兰州制定了2001年《昆士兰州林业和土地所有权法》，修正了1959年《昆士兰州林业法》，允许以"自然资源产品"订立合同，并进行交易。新南威尔士州制定了1998年碳权利法修正案，修正了1919年的产权交易行为，从而确立了碳汇权。维多利亚州修订了1996年林权法，通过了2001年林权法，规定了树木碳汇的商业开发权。西澳大利亚州制定了2003年碳权利法，为碳权利提供了法律框架，地契中此类权利获得了登记资格。塔斯马尼亚州允许特定的林权登记，包括1990年林权登记法中的碳汇权利。澳大利亚首都直辖区和北部地区也有明确的立法。

（二）未来国家对林业的规制方法

2008 年澳大利亚联邦政府发布了《碳污染减排计划》，其包括三个方面的主要内容：澳大利亚的温室气体减排，到 2050 年降低到 2000 年水平的 60%；适应气候变化；帮助塑造全球性的解决方案，保护地球并促进澳大利亚的长期利益。

该计划引入了碳排放总量交易制度。总量意味着政府需要采取措施限制大气中温室气体排放总量，并进行配额，总量控制的目的是确保在国家层面减少温室气体排放，温室气体的主要排放国必须为每吨温室气体的排放争取获得"碳污染许可证"。该计划的贸易部分指的是其将根据需要，允许参与者进行排放权交易，并建立了碳信用市场，因此有了"碳经济"的概念。在实践中，森林工业企业有机会参与碳排放交易制度。碳信用随着时间的推移在价格上会逐步增加。因此，参与排放权交易、森林信贷等活动是有很大风险的。

森林砍伐所致碳排放量大约占澳大利亚碳排放量的 11%。政府计划通过立法，禁止、限制、减少发生在澳大利亚的森林砍伐量，以此来降低这一来源的排放量。

森林碳汇活动减少了温室气体的排放。植树造林是绿皮书确定的重要的碳汇活动，其指出植树造林可以以多种方式进行。有对植树造林及毁林的奖励和惩罚措施，非以获得木材为目的的森林种植将获得许可证，许可只能在不突破净排放量的情况下得到准许，如将林地转化为另一种用途的情况。这些活动与情况都需要监测和报告，管理者因此将增加报告义务。

总之，在国际气候变化制度的构建下，各国需以多种方式规制森林。会计和报告方法以及政策在本质上都是非常复杂的，反映了它们试图衡量的事务的复杂性。成员方为了更广泛地进行森林的会计工作，应该重提计算方法问题。在未来的理想情况下，应创建关于森林碳汇的标准政策工具。这一政策工具将目前使用的不同方法应用于该制度内不同的森林活动。国际气候变化制度与联合国森林问题论坛相比，其能提供更强大的政治支持。此外，它也能提供融资实施森林项目。由于这些原因，我们预计国际气候变化制度将在国际森林政策议程中举足轻重。此外，国际环境法中的共同但有区别的责任原则、污染者付费原则和环境正义原则都赋予了各成员方较重的义务，希望各成员方能逐步加强能力建设，以应对各种环境挑战。

CHAPTER 03 >> 第三章

全球森林治理的机构

第一节 联合国森林问题论坛

联合国森林问题论坛是联合国大家庭中的一个成员。论坛的目的是提供政府间政策协商平台,以促进森林管理。它保护所有类型的森林,促进森林的可持续发展,并着眼于加强长期的政治承诺。

联合国森林问题论坛是唯一专注于森林问题的机构,与其他政府间国际机构相比,在制定和实施森林政策上,它既不成功,也缺乏进展。例如,在国际气候变化领域内,有关国际组织使用了林业碳汇的规则和方法,世界银行将森林可持续发展与人们的生计联系起来,它们都取得了一定的成绩,并且得到了认可。

各国就森林方面进行谈判的时候,希望既能获得森林效益,又能获得其他一些利益,无论是财政方面的还是社会方面的。在国际林业谈判中,利益相关者偏好有约束力的、以目标为导向的规制方法,而反对方认为引入任何类型的规制都是对国家主权的侵犯。

一、联合国森林问题论坛的机构框架

（一）国际森林机构的工作

联合国森林问题论坛（以下简称论坛）是全球唯一仅着眼于森林问题的国际机构。1992年里约谈判使得该国际森林机构成立，当时称为林业专门委员会，后来改名为国际林业和经营论坛，再后来才更名为联合国森林问题论坛。

联合国森林问题论坛的工作包括保护森林地区和所有类型的森林生物群落，如热带、寒带、土生自然林和人工林，并关注其生产。国际森林领域广泛接受可持续森林管理的概念，但这一概念的应用也经常会引起冲突或混乱，一项森林价值可能与另一项价值产生冲突。通过可持续森林管理方法和实施工具的发展，这一问题是可以逐步得到解决的。

森林管理不再只关注经济价值，它还关注环境与资源的可持续性，如生物多样性和土壤、土地的状况。此外，任何社会价值，如特殊利益集团的利益，或当地社区的利益，也包括在森林管理中。采取综合的管理方法既会提高生产力，也会改善环境，取得双重效益或双赢结果。

联合国森林问题论坛具有以下功能：促进森林的管理、保护和可持续发展，监督会员国政府进行政策调整；促进可持续森林管理的全球共识；促进政府之间的对话；用一种全面的和综合的方式解决森林问题和新兴领域的问题；加强与森林相关问题的合作与协调；促进国际合作；监测、评估和报告以上功能和目标的进度；对管理、保护和可持续发展所有类型的森林加强政治承诺；提高森林的贡献度，实现国际商定的发展目标，如联合国千禧年发展目标等。鼓励和帮助各国制定和实施森林保护和恢复策略，提高区域森林的可持续管理，为了原来居民的利益和依赖森林为生的社区居民的生计，减少森林退化；加强联合国森林问题论坛与相关区域及分区域森林有关的机制、机构、工具、组织及流程的互动。

（二）联合国森林问题论坛的管理机构与成员

论坛的运作主要通过行政局和秘书处这两个管理机构。行政局按照地域公平分配原则，设一个主席和四个副主席。在论坛会议休会期间，从论坛会员中选举行政局成员。行政局有若干职责，具体包括：跟踪决策的执行，管理和组织会议以及准备后续会议。

秘书处设置了 10 个全职人员，其也同时服务于森林管理合作伙伴组织。秘书处还负责组织和准备会议，需准备会议文件和提供各种信息。

论坛对所有国家和地区开放，而且鼓励所有国家和地区派代表参加论坛。论坛还提供了一个中心平台，讨论与森林使用和管理相关的所有问题。有学者提出，论坛的政策议程太僵化，并且在某些问题上有时偏离了方向。[1] 通常，有争议的问题如国家主权、金融、能力建设和技术转让等主导着森林谈判，UNFF 谈判的决定由各成员的共识达成，议题由各成员方提出。然而，UNFF 内部的共识却很难达成，因此议程进展缓慢。有评论者认为，这种决策过程导致 UNFF 在全球森林的使用和管理上的无效。[2]

论坛允许利益相关者参与，尽管在此之前利益相关者参与不足。利益相关者通常通过公开声明的方式参会，在此之后还有提

---

[1] David Humphreys, *Logjam: Deforestation and the Crisis of Global Governance*, 2006, pp. 188 – 190.

[2] 同上。

问或交流的机会。但是利益相关者的利益经常没有准确地表达给全体成员，这些群体的利益还经常在主权国家讨价还价的过程中被忽视、被遗忘。有些非政府组织呼吁在管理框架内更有效地让利益相关者参与。有以下9类主要团体参与论坛内多方利益相关者的对话：商业和工业企业、儿童和青少年、农民和小地主、原来居民、非政府组织、科技社区、妇女、工人、工会。因此，论坛应该考虑多方利益相关者的利益，而且必须以有效的方式进行。

（三）与其他国际森林机构的合作

论坛认为，与森林相关的问题是与许多其他环境问题相互联系的。该论坛是一个非正式的国际森林研究机构。

森林合作伙伴关系（CPF）由14个有关森林问题的政府间机构组成，从事所有与森林相关问题的工作。CPF打开各成员政策发展和沟通交流的渠道，鼓励关于森林研究的对话和交流。目前有14个组织参与该伙伴关系：国际林业研究中心（CIFOR）、联合国粮食及农业组织（FAO）、国际热带木材组织（ITTO）、国际林业研究机构联合会（IUFRO）、生物多样性公约（CBD）秘书处、全球环境基金（GEF）秘书处、联合国防治荒漠化公约（UNCCD）秘书处、联合国森林问题论坛（UNFF）秘书处、联合国气候变化框架公约（UNFCCC）秘书处、联合国开发计划署（UNDP）、联合国环境规划署（UNEP）、世界农林中心（ICRAF）、世界银行（WB）、世界自然保护联盟（IUCN）。

CPF参考所有与林区政策和策略相关的文书，共制定出三份文件，即国际林业目录（international forestry directory）、可持续森林管理资金资料（sourcebook on funding for sustainable forest management）和简化报告（streamlining reporting），因此获得了联合国森林问题论坛秘书处的认可和赞誉。

从治理的角度看，简化报告异常宝贵。国家面临的一个主要挑战是要满足日益增长的对国际环境报告的要求，尤其在森林环境问题上。简化报告开宗明义地提出方法来减少与森林相关的报告负担。例如，通过减少和简化报告请求，同步报告周期，协调数据收集方法和提高数据的可比性和兼容性，以及促进现有信息的可用性和流动性。

简化报告由可持续森林管理的七个主要元素组成（都是基于以前执行的工作标准及程序）：森林资源的保护程度，生物多样性，森林健康和活力，森林资源的生产力功能，森林资源的保护功能，社会经济功能，法律、政策和体制框架。

CPF 希望将来建立一个"公共信息框架"，一个由各国国家报告组成的数据库，很容易访问和搜索，并且能够定期更新。报告要求各国减少收集信息的成本。这意味着一旦一个国家提供了可持续森林管理的七个主要元素信息，那么这些信息就可以用来满足不同的国际文书报告的要求。CPF 的建立无疑增加了政府间机构之间的互动和沟通，论坛围绕更广泛的森林管理计划开展工作，并减少了当前存在的矛盾。

二、联合国森林问题论坛的国际法律文件

（一）《1992 年森林原则》

UNFF 及其前身机构（IPF 和 IFF）没有产生任何关于世界森林的使用和管理的具有法律约束力的文本。里约热内卢举行的 UNCED 谈判中制定的《1992 年森林原则》，其全称为《全球共识管理、保护和可持续发展的所有类型的森林的有法律约束力的权威原则声明》。

《1992 年森林原则》作为目标或准则起草，它不是环境法的第

一代机制——环境控制风格的文本。在其序言（d）项原则中规定："这些原则反映了全球森林共识，在承诺及时实现这些原则的同时，也让它们在评估时充分考虑关于森林问题的进一步国际合作。"这解释了原则的目的，即在未来国际森林层面上解决相关问题，能够确定一些与森林使用和管理相关的共同点。《1992年森林原则》可确定为七个主题：主权的概念和与主权相关的权利；森林利益相关者的咨询和参与，如土著居民、当地社区团体和妇女组织；整合及纳入生态方面的考虑，机构和政策方面的考虑，可持续发展的原则也包括在内；承认和评估所有森林价值和服务，如生态价值、保护价值、社会价值、土著居民价值和贸易价值；探索原始森林和种植森林之间的关系；增加发展援助和资助发展中国家森林项目并协助实施；全球的发展和国家规制框架以支持和鼓励森林原则的实施。

这里的森林原则并不包含任何强制性的机制。因全球森林大会谈判存在严重分歧，建立一个执行机制将会阻碍国际森林文书的制定与通过。这种类型的文书赋予各国高度的灵活性，既不需要各国严格遵从，也不需要各国出具森林状况报告，同时也不要求达到如减少砍伐原始森林等特定目标，它只要求各国依据该文书起草国内的森林政策原则，这对各国并没有造成重大负担。遵守《1992年森林原则》，只是设置了最小义务，同时也只有一些潜在的遵从要求。这说明，许多国家担忧即使负有非常有限的义务，也会干涉到国家的主权权利，导致该文书难以通过，谈判以及其他种种努力都会无果而终、一无所有。

（二）联合国森林问题论坛的行动建议

联合国森林问题论坛提出了实施 IPF/IFF 的行动建议。总共设计了270个行动计划，旨在实施可持续森林管理。IPF 的使命是寻求共识，进一步采取行动解决毁林和森林退化问题，通过实施管理，促进所有类型森林的保护和可持续发展。

该工作议程分为三类：第一类是关注 IPF 行动计划的实施和检查；第二类是调查 IPF 悬而未决的问题，如贸易与环境之间的关系；第三类是解决与治理相关的问题，如国际机构和组织等。在 IPF/IFF 预期使用期内，IPF 已经形成了 150 个行动计划，并且创建了额外的 120 个行动计划。

该行动计划包含以下四个方面的内容：

第一，在国内实施国际森林决策，包括：国家森林项目、IPF 和 IFF 行动计划的实施、森林信息和意识、毁林和森林退化的根本原因、未来森林产品的供给和需求、保护区和森林保护、森林环境的关键领域、空气污染对森林的影响、森林的研究和开发、与森林相关的传统知识。

第二，国际金融援助和技术转让合作，为发展中国家和转型经济体国家提供财政资源、技术转让和能力建设。

第三，与森林相关的国际组织和多边机构及文书、国家参与国际项目、国际组织的工作。

第四，行动计划中最重要的成果是已经形成了"国家森林规划"的概念，这个概念为国际森林组织所广泛接受，现在有 138 个国家正在国家森林政策规划或实施阶段。

(三)《2007 年森林原则》

《所有类型森林的不具法律约束力的文书》是《2007 年森林原则》的正式名称。由于在森林谈判过程中不断出现政治问题，目前还没有对全球森林利用和管理的统一的国际政策。该文件是自愿的，不具有法律约束力的，但鼓励国家从政治上支持并实施该原则，这使《2007 年森林原则》的权威性大打折扣。

该文书的目的主要有三个：加强各级政治承诺和行动，有效地实施所有类型森林的可持续管理，并实现森林共享的全球目标；在实现国际商定的发展目标上提高森林的贡献度，包括年度发展目标，尤其是关于消除贫困和环境可持续性；为国家行动和国际合作提供一个框架。

《2007年森林原则》有三个主题，即承认森林提供的多元利益、森林和贫困的关系、可持续森林管理的概念。要求承认森林的多元利益是贯穿文书始终的，这涉及一个事实，即森林政策不再独立，而是与更广泛的经济和发展政策相联系。森林正日益成为包括减缓气候变化、扶贫、生态系统的完善（如生物多样性、水和土壤的环境质量）等许多亟待解决问题的一部分。

理解森林价值和森林服务市场的价值，将在国际层面上为未来的森林谈判发挥重要作用。森林将在抵销碳排放上发挥越来越重要的作用，因此要对其进行价值评估。评估的方法类似于建立在气候变化和生物多样性公约基础上的信贷计划的评估方法。

承认林业和贫困问题是相互联系的，这符合世界银行、联合国粮食及农业组织及联合国发展组织等国际组织的政策要求，其将解决森林问题与民生问题相联系，是一种务实的改革路径。

《1992年森林原则》第1条规定："可持续森林管理能极大地促进可持续发展和消除贫困。"因此，可持续森林管理意味着在某种程度上，森林和林地的管理和使用，以某种速度维护着生物多样性、生产力和再生能力，并发挥它们的潜力。其实，现在许多国际机构已经接受了可持续森林管理这个概念。

《2007年森林原则》规定："可持续森林管理是一个动态的、发展的概念，旨在为了现在和未来世代人的利益，维护和提高所有类型森林的经济、社会和环境价值。"这种灵活的定义表明，森林原则声明本质上和可持续森林管理标准及指标的定义是一样的，同时也表明，联合国层面的森林谈判所产生的积极成果是有限的。

《2007年森林原则》的早期草案中包含可持续森林管理的七个主题要素，最终，这七个主题要素被整合为原则6（b）的脚注，未能包括详细的广泛接受的可持续森林管理的标准及指标。这再次证明了国际层面的森林谈判进程缓慢、艰难。

原则9的措辞是软弱的，并凸显了该原则的自愿性质："考虑到资源可用性和报告准备其他部分或文件的要求和条件，成员国应在自愿的基础上提交国家进展报告，并定期报告给联合国森林问题论坛。"但是它并没有详细说明，如果自愿报告，那么需要报告哪些信息，也缺乏明确的要求。

《2007年森林原则》中最有意义的成果包含在原则5中的四个全球森林目标：一是通过可持续森林管理，减少全球森林的损失，包括保护、修复、造林和再造林，努力防止森林退化。二是增强与森林相关的经济、社会和环境效益，改善林区居民的生计。三是增加全球保护区面积、提高可持续经营的森林面积和可持续林产品的比例。四是扭转森林可持续经营官方发展援助下降的趋势，大幅增加新的额外的资金，用于实现森林的可持续经营。

联合国森林问题论坛在未来的谈判中应该探讨上述这四个目标的实施问题。第一个目标的实施可以使用已经存在的机制，即实施可持续森林管理标准及指标。其进一步的实施可以通过《京都议定书》造林和再造林的指导方针来辅助。

第二个和第四个目标的实施，需要采取援助计划和技术转让措施来帮助发展中国家。发展援助和技术转让的问题，在所有森林谈判中都有争议，解决方案需要满足发达国家和发展中国家不同的立场与要求。世界银行声称，全球论坛的四个目标与世界银行的森林战略类似，传统的官方发展援助（ODA）不足以解决实现四个目标的经济成本。因此需要确定金融支持的替代形式和新形式，以弥补传统官方发展援助资金。

全球环境基金（GEF）协助发展中国家保护全球环境。这个基金是传统的官方发展援助资金的一个提供方。GEF并没有单独的森林计划，但森林基金项目通过生物多样性、气候变化和土地退化的程序进行。在土地退化程序中，创建了一个土地可持续管理的项目主题，广泛到足以涵盖与可持续森林管理相关的所有项目。

第三个全球目标是要增加全球森林的保护区域。论坛应该赞同和公开支持真正的可持续森林管理认证项目，如森林管理委员会的认证程序。承认认证在联合国层面是一个有价值的工具，可以影响到认证计划的目标对象，即消费者。

UNFF第七次会议上还设立了一个定名为"2007年至2015年多年工作计划"的时间表。

2009年到2015年，论坛的主要任务是实施和实现森林的四个全球目标，并且实施《2007年森林原则》。UNFF8（2009）的主题是"在一个变化环境中的森林（气候变化和森林减少）和实施可持续森林管理的手段"；UNFF9（2011）的主题是"为了人、生计和消除贫困的森林"；UNFF10（2013）的主题是"森林和经济发展"；UNFF11（2015）的主题是"森林：发展挑战和国际森林安排的展望"。已于2015年5月召开了UNFF11，决定未来全球森林治理的体系，包括是否启动《联合国森林公约》的谈判。

（四）对《国际森林公约》的支持和反对意见

许多国际森林制度安排的评论家认为，因目前还没有具有法律约束力的文件，所以无法开展国际森林标准和规则的制定和实施。还有人认为，森林问题没有自己的公约，可以使用其他具有法律约束力的国际文书，如《生物多样性公约》和《联合国气候变化框架公约》等。国际森林组织或机构还需要加强与现有的多边环境协定的协作。

有学者支持制定一部具有法律约束力的国际森林文件。[1] 其主要观点为：现有的全球治理已基本无效，范围极其有限；如果进行谈判，森林公约可能会增加在发展中国家的森林项目资金；一些国家政府可能对《国际森林公约》感兴趣，这必然会改善国内政府森林部门的形象。《国际森林公约》可以被国家政府用来展示森林问题的进展；为了发展中国家和发达国家的利益，需要《国际森林公约》在促进林产品国际贸易方面发挥积极的作用。

当然，也有人反对制定一部具有法律约束力的国际森林文件。美国、巴西和俄罗斯强烈反对制定具有法律强制力的、与森林相关的文件，其坚持使用在自然资源领域的国家主权概念来支持自己的立场。这些国家的学者提出以下论据来反对制定具有法律约束力的文件：制定一部《国际森林公约》可能会导致与其他具有法律约束力的文件之间的冲突，如《生物多样性公约》和《联合国气候变化框架公约》；制定一部《国际森林公约》有可能排斥其他法律文件，进一步增加国际森林规制的不确定性，这种不确定性将导致规制增加，但没有具体行动；协调林业实践对与森林相关的文化和社会效益有负面影响；《国际森林公约》将会影响一个国家的主权，并限制一个国家利用其自然资源的主权；一部具有

---

[1] D Vanderzwagg and D Mackinlay, *Towards a Global Forest Convention: Getting out of the Woods and Barking up the Right Tree*, in S Johnson (ed) *Global Forests and International Environmental Law*, 1996, pp. 1 – 4.

法律约束力的文件不一定能增加法律义务和责任；某些国家唯一感兴趣的是制定《国际森林公约》，制定对木材出口关税和贸易壁垒进行规制的法律规则；而制定一个《国际森林公约》的谈判将是冗长的，可能会消耗大量资金和技术资源，从而减缓急需的行动，即使新文书被采用，也不可能会很快生效，而有效实施又需要更长的时间；国际社会的分歧也可能导致一系列疲软的规范，这种风险是特别需要避免的，尤其在当前尚未对关键问题达成实质性的全球共识。❶

目前已经形成了两个森林公约草案。联合国粮食及农业组织（FAO）制定了全球第一个具有法律约束力的有关森林的文件草案，于1990年编制完成，其主要基于以下三个基本原则：国家主权的保证、管理伦理的实施、责任分担概念的接受。然而，这一深思熟虑的设计并没有被采用。另一个森林公约的蓝本是平衡环境的全球立法组织（Global Legislators Organization for a Balanced Environment，简称 GLOBE）提出的，很有见地。该组织提出建立如下机构：公约缔约方会议、建立一个负责准备国际标准和指导方针的权威机构、建立一个国际合规监测机构、建立一个国际森林信息网络、建立森林产品委员会，授权其促进发展林产品的国际贸易标准。在未来制定《国际森林公约》时，GLOBE 提出的机构和业务设置是非常值得参考的。

上述关于《国际森林公约》的争论确实有助于重启国际森林谈判，但实际上却推动了国家之间的森林对话朝着一个并不太合适的方向发展。这并不是讨论问题，而是破坏现有规制体系，如国家主权、金融、发展援助和技术转让等，参与者为强大的支持

---

❶ Richard Tarasofsky, *Assessing the International Forest Regime*, *ICUN – The World Conservation Union*, 1999, p. 4.

和反对公约的争论所分心。我们认为对《国际森林公约》应适当协商，这对解决国际森林问题利大于弊。然而，当前的国际森林对话和谈判气氛，还不能支持这个看似激进的、理想化的《国际森林公约》。

三、联合国森林问题论坛项目的实施

联合国森林问题论坛及前身，即政府间森林问题小组和政府间森林问题论坛制定了以下法律文件：《不具有法律约束力的权威原则声明为全球共识1992年所有类型的森林的管理、保护和可持续发展》（《1992年森林原则》）、《政府间森林论坛行动计划》（1995—2000年）；《2007年所有类型的森林不具有法律约束力文件》（《2007年森林原则》）、《2007—2015年多年工作计划》。

在国际林业领域，学术界已达成了普遍共识，认为国内政策在很大程度上忽视了《1992年森林原则》。虽然国际法是有效的，但必须有国内对国际承诺的实施。1995—2000年创建的后续行动计划试图解决国内缺乏对《1992年森林原则》的实施问题，行动计划提出了一个"国家森林政策"的概念。

（一）报告与评估

2005年联合国森林问题论坛作出了一份《国际森林安排的有效性评论》的报告，❶ 其主要分为三个部分：专题领域的行动计划、国际森林安排的有效性、结论。

第一部分确定了16个专题领域，并对成果进行了评价，列举如下：

---

❶ UNFF. *United Nations Framework on Forestry*, http://www.un.org/esa/forests/about.html. 最后访问时间：2023年12月30日。

一是国家森林政策，确定国家森林政策在制定国内林业规划方面是有用的工具。

二是公众参与。某些国家被确定为公众积极参与森林政策规划的国家，如瑞士、挪威和芬兰。一般来说，在森林土地公有的地区，公众经常有参与的机会，但公众没有权利参与私人林地使用的讨论。

三是毁林和森林退化问题。当前，全球都呈现出了森林覆盖率下降的趋势，除欧洲以外所有的国家都报道了森林覆盖率下降的问题，许多国家还确定了毁林的根本原因。

四是森林相关传统知识。我们承认澳大利亚、加拿大、印度、新西兰、秘鲁、菲律宾、南太平洋地区具有传统森林知识，可以进行注册。总的来说，这些国家或地区积累了有益的传统知识。

五是森林和相关科学知识。科学已经为森林管理和森林生态系统的完善作出了重大的贡献。传统的知识传播途径有会议、培训和出版等。新的传播途径有网站、在线互动论坛和电子邮件等。

六是森林健康和生产力。无论是现在还是将来，空气污染对森林健康都是一个主要的威胁，此外，风暴、火灾和气候变化也威胁到森林的健康及生产力。

七是标准及指标。标准及指标是作为评估可持续森林管理进展的工具，其已得到社会的普遍承认，国家森林政策可以更好地与现有的标准和指标框架相结合。

八是森林的经济、社会和文化价值。总体而言，所有森林服务的经济价值的数据还是比较缺乏的，木材价格也并没有准确地反映森林的真正价值，而政策改革迫切需要解决这个问题。

九是林区保护。许多国家都对林区采取某种形式的法律保护。在发展中国家，应该优先解决人们保护森林的能力，并增加其收入。

十是监测、评估、报告、概念、术语和定义。许多国家已经建立了林业库存系统,尤其针对发展中国家的援助和能力建设,可以支持其建立和实施森林监测系统。

十一是低森林覆盖区的恢复。报告中确定了大量的植树造林计划。

十二是恢复退化土地。使用本地物种建立种植园和进行农林实践,努力恢复退化土地,是一种常见的方法。

十三是未来的森林利益。考虑到未来的森林趋势,包括关于长期木材供给和需求的讨论,国家森林政策也应参考未来森林的利益。

十四是金融资源。可持续森林管理融资和森林非市场产出的支付,仍是成功实施目标的关键因素。

十五是国际贸易和可持续森林管理。论坛外的程序如FLEGT和森林认证程序,在创建国际木材贸易产品的标准方面取得了更大的进展。

十六是通过国际合作进行能力建设和技术转让。目前有许多双边和多边合作关系的事例,人们认可非政府组织在助力能力建设和技术转让方面发挥了巨大的作用。

报告的第二部分总结了对国际森林安排的反应。瑞士认为论坛会议期间的谈判对行动计划实施的影响非常有限。欧盟建议在全球层面形成正式的森林政策,但由于缺乏参与和政策实施工具而受到了阻碍。挪威建议行动计划应该增强国际层面上的政策发展及对话,其有助于欧洲的森林政策合作。

报告的第三部分是总体结论。在国家森林政策制定、利益相关方参与和标准及指标发展方面取得了进步,但应该注意的是,利益相关方参与不再发生在论坛的主要会议上。可以说,在国际层面上，利益相关方的参与并没有得到真正的保障。关于标准及指标的发展，创建这些工具实际上只出现在多边政府间的谈判中，而这些谈判又独立于论坛的谈判。因此，论坛并未有效促进可持续森林管理的发展。

报告的第三部分还指出，国际森林安排未能在以下领域实施：解决森林砍伐和非法林业实践、协助境内机构林业框架的发展、建立部门与其他国家政策过程的联系、建立一种衡量森林价值的非市场机制。报告还特别指出目前国际社会缺少一部具有法律约束力的国际森林文件。

根据"多年工作计划"，论坛将每两年组织一次会议，每次会议都有一个主题。2009年在论坛的第8次会议上讨论了可持续森林管理的实施，同时就森林和气候变化问题展开了谈判。在第9次会议上，讨论集中在森林与人们生计和消除贫困问题上。在第10次会议上讨论了森林和经济发展，2015年5月即将召开的第11次会议将就国际森林安排的进展、挑战和前景展开，全球林业的发展将面临历史性的机遇。

2013年4月UNFF在第10次会议上决定，邀请独立专家就国际森林安排开展独立评估。《国际森林安排独立评估报告》（以下简称《评估报告》）全面深入地分析了现行国际森林安排的局限性和不足，对未来国际森林安排提出了许多有参考价值的构想，为各国决策和推动谈判进程奠定了坚实的基础。

《评估报告》对未来国际森林机构和法律机制安排提出了四个选项：一是补充和完善现有的《国际森林文书》；二是成立"世界森林组织"；三是建立和履行《国际森林文书》，谈判具有法律约束力的森林公约及其并行机制；四是谈判建立区域森林公约。

其他机构和机制设置选项还包括：设立联合国森林大会替代

联合国森林问题论坛；设立区域森林大会讨论区域林业合作；建立联合国森林机制，作为森林科学与政策支持机制；设立联合国秘书长森林问题特使；加强全球森林伙伴关系；在联合国经社部设立联合国森林大会秘书处；建立联合国森林大会信托基金。

会议还特别提到了 2012 年 6 月在联合国可持续发展大会上提出的"自然资本"这个新出现的议题。森林属于自然资源，论坛一贯充分考虑森林的价值和服务。"自然资本"目前还没有明确的定义，但既包括矿物、能源、森林木材，还包括非木材森林产品、农地、渔业和水等资源及生态系统。自然资源是一种重要的资产，特别是对于低收入国家而言，自然资本构成这些国家财富总量的一个可观份额。自然资本核算可以提供详细的统计数据，有利于改善经济管理，并有助于政府依据这种信息改进决策和规划，最终有利于更好地解决贫困问题。现在的挑战是要建立各国执行环境经济核算体系的能力，并向政策制定者表达其利益。

虽然工作计划对未来论坛会议提供了一些方向和结构，但该计划的有效性将取决于会议谈判是否同意这些目标。议而不决是有可能的，我们希望能增加论坛的职能或调整其现有的职能，并为论坛确定新的工作方法，更加注重在全球、区域和国家层面推动森林政策的制定、协调和执行。

（二）改善实施

为了解决缺少国际森林文件指导实践的问题，我们必须克服三个障碍。首先，必须向发展中国家提供财政支持，允许实施可持续森林管理的原则和实践。这需要增加森林融资，其已为国际金融论坛所认可，报告正在准备为森林管理提供如何增加融资的建议。其次，必须增强发展中国家实施可持续森林管理原则和实践的能力。森林项目要想获得成功，要求政治结构必须是安全的、透明的和负责任的。如果缺乏这样的一个体系，那么实现可持续森林管理将会十分渺茫。最后，需要将森林政策问题融入更广泛的可持续发展战略中。

目前，人们还将更多的注意力转向增加实施《2007年森林原则》财政支持的方法上。这两个国际报告都表明，增加可持续森林管理的收入和投资，必须解决两个前提条件：土地所有权问题和治理问题。

首先，必须建立有保障的土地所有制和森林使用权利。有保障的土地和财产权利能增强私人投资者的信心，为投资提供安全保障。官方发展援助森林项目也重视获得土地使用权的权利。即使项目已经结束了，资金机制还将继续运行。

其次，改善机构的能力和疲软的森林治理框架，应该是可持续森林管理资助的优先领域。如果没有充分的可实施的治理模式，就不能保证资助实施林业工作，其项目的完整性将会遭到破坏。结构、功能、程序和组织传统、项目运行方式等都是其结构与运行机制。

公共森林收入来源于国内政府预算和官方发展资助计划，国内资助以直接投资和干预、市场干预或法律治理和执法的形式进行。私人森林投资来源于投资活动、证券组合投资、贷款和慈善基金。以下为新兴的森林金融机制：生态系统服务支付方案、碳市场、社区或公司伙伴关系、保护非政府组织提供的资金。这表明，私营部门的参与可以通过生态安全地使用、森林保险、"赤道原则"以及尽职调查来实现。[1]

---

[1] Markku Smula, *Financing Flows and Needs to Implement the Non – Legally Binding Instrument on All Types of Forests*, Advisory Group on Finance of the Collaborative Partnership on Forests and Program on Forests of the World Bank, 2008, pp. 46 – 56.

将可持续森林管理作为融资目标，包括承认可持续森林管理的双重性质。森林提供公共物品，如气候调节和保护生物多样性等，同时，森林也通过生成金融资本为私人利益服务。传统上，公共森林服务已经由公共部门资助，而私营部门的森林服务由私营部门资助。在未来，公共森林部门投资的成本需要在两个部门之间实现共享，而生态系统支付服务也为林区的公共或私人投资提供了一种可参考的模式。

森林金融、资金融资和融资需求之间的差距仍然很大，应适度增加各种形式的森林金融。还应该增加官方发展援助森林的资金，优先在减贫政策和其他优先发展的政策中考虑森林问题。这种方式可调动金融机构处理跨部门的问题，也可以直接使用森林项目，以寻求实现可持续森林管理的目标。国家援助政策可以将森林作为一个优先考虑的事项，因为在有些政策中往往只是间接地提到森林。现在很多有潜力的新兴市场机制可以对林业项目融资，包括减少毁林及森林退化所致碳排放（REDD）的金融建议、新兴的生态系统服务支付市场等。

根据《京都议定书》附件一，已批准该文书的工业化国家成员能够实施在非附件一缔约方国家（发展中国家）的森林项目，包括相关会计实践中的减排。然而，由于科学的不确定性与测量和减少森林实践中的排放量，清洁发展机制下的森林项目工作模式是烦琐而冗长的。因此，这种官僚主义的程序只能确保创建一个森林的清洁发展机制项目。清洁发展机制因其独创性而被广为赞誉，因为其为实施可持续发展项目而规制发展中国家的金融。但与森林清洁发展机制的资金相关的工作形式需要改革，应该鼓励在这个机制下作进一步的森林投资。

在国际气候变化制度中，目前正在进行谈判的是设计市场工具来奖励发展中国家保护林区,这个提议被称为减少毁林及森林退化所致碳排放(REDD)的计划。其中有两种模式可以采用,第一种模式是创建认证减排信用额度的模式,即排放交易模式。第二种模式是建立财务模式,为森林生成财务管理系统。这两种模式都有优势,信贷模式向投资者提供安全的资本,但同时包括一个复杂、冗长的审批程序。而非信贷金融模式将有效地加快财务模式的建立,这个模式的融资策略需要在国际层面上进行谈判。

生态系统服务支付的模式也吸引了国际、国内政策制定者和学术界的关注。这些市场为许多环境价值创建了"信用(credits)",如水质、土壤质量和生物多样性等。我们可以预见到其发展前景,生态系统服务支付在未来将调动私营部门的投资,从而使社会能广泛享受环境效益,目前正在进行该模式的试验。

四、澳大利亚对国际森林原则的实施及案例

1992年澳大利亚作了国家森林政策的声明,其目的有二:首先,这是履行国际森林安排的义务;其次,作为一种手段来缓和国内政治问题,因澳大利亚联邦政府和州政府之间在森林资源的使用和管理上产生了分歧与冲突。从国际的角度来看,国家森林政策声明的作出和实施是一个积极的进展;从国内的角度来看,它的作出和实施又引来了尖锐的批评。

国家森林政策声明的目的是增加森林覆盖率,保持森林的生态完整性和生物多样性,采用整体管理方法衡量所有森林服务的价值,提高对澳大利亚社区所有森林价值或服务的认识,鼓励私人林地的可持续管理,以及扩大澳大利亚的可持续森林管理行业。为了实现这一目的,文件确定了11个国家目标,这些目标包括下列主题:森林保护、木材生产、政府间安排、私人森林管理、种

植园、供水和排水管理、旅游、就业、研发、公众意识和国际责任等。

该政策声明促进了在澳大利亚形成举国上下一致的森林文件。在国家森林政策声明之前，澳大利亚联邦政府和各州政府都对林业管理有管辖权。澳大利亚宪法并不直接代表联邦或州政府进行林业管理，宪法将权力分配给州政府，通过规范土地使用决策和管理的权力来规制森林的使用和管理。联邦政府通过一系列措施间接地拥有规制某些林业活动的权力。

当联邦政府使用其权力禁止木屑以低于市场价值出口时，两级政府之间就发生了冲突。联邦政府公布了一个规制框架，澳大利亚的林产品出口需要许可。对该许可证的需求加剧了联邦政府和州政府之间在森林管理和使用方面的紧张关系。国家森林政策声明试图通过区域森林协议，来解决区域的许可证要求。

国家森林政策声明明确地规定，州政府主要负责土地利用的决策和管理。政策声明建立了一个全面的区域评估方案。各州可以邀请联邦参与一个区域的评估，这个评估将促使联邦和各州达成一个在相关林区内履行共同义务的协议。

区域评估程序承认澳大利亚林区不同的生态、社会和经济需求。这个程序确定了11个地方：塔斯马尼亚岛、西澳大利亚西南部、东南昆士兰和维多利亚的五个地区（东吉普斯兰、吉普斯兰、中部高地、维多利亚西部和东北部维多利亚）以及新南威尔士的三个地区（东北新南威尔士、伊甸园和新南威尔士东南部）。这个评估现在已达成了11个地区的森林协议。

国家森林政策声明和相关森林协议的目的，是解决联邦政府和州政府之间在分配、使用和管理澳大利亚森林方面的冲突。区域森林协议还提供了一种机制，允许两个级别的政府达成在一个特定地区长期管理和使用森林的协议。区域森林协议程序具体包括四个步骤：

一是确定协议范围，包括确定政府义务、区域目标和利益，以及广泛的森林使用；

二是承认和评估森林对环境、经济机会、社会资源使用的影响，以及评估行业和社区的愿望；

三是使用森林资源，要基于对环境、遗产、经济和社会的影响的评估，需要地方政府、行业工会、区域经济组织、环保组织和其他利害关系方的参与；

四是制定区域森林协议，概述森林管理和使用的细节安排。

区域森林协议确认，联邦和州政府在保护森林价值和森林资源的可持续利用和发展方面，有一系列的权利和责任。区域森林协议的目的是简化和协调各种决策程序，这也是建立一个更加公平、更具有代表性的林业框架的前提。

区域森林协议程序的实施因以下原因而招致批评：未能明确咨询相关的利益相关者；未能明确重视与本地森林相关的非市场服务；破坏了复杂区域评估程序的科学可信度。缺乏有效的利益相关方参与是该程序的主要问题，而缺乏充分的利益相关方参与主要归咎于程序设计问题。

尽管有一系列评估技术评价非商品市场，然而这已为区域森林协议的程序所忽视。例如，森林的旅游价值和休闲价值被忽视，未能包括在森林带来的经济利益和价值中，协议偏向木材等森林产品及其价值。

区域森林协议的科学可信性程序也是妥协的产物。在某些情况下，区域森林协议已导致越来越多的不可持续的实践。用来评估生物多样性的标准也未被严格遵守，同时某些信息也被忽略、被忽视了。

区域森林协议在保护森林生物多样性方面的作用，在布朗诉塔斯马尼亚岛林业（第 4 号）[2006] FCA1729 案中得到了验证，该案与塔斯马尼亚区域森林协议的有效性直接相关，维琅塔林区适用区域森林协议，提出该案是由于塔斯马尼亚区域的林业活动产生的，从而产生了重大而广泛的影响。❶

在联邦层面，1999 年的环境保护和生物多样性法案旨在提供对环境的保护，促进生物多样性的保护，有助于澳大利亚的国际环境责任的履行。联邦政府使用其对外事务的权力，使对生物多样性公约（CBD）作出国际承诺的国内法得以实施。在该法下，部长有权阻止这种行动，或对某些方面产生重大的影响。

在塔斯马尼亚林业诉布朗案中，争论焦点是塔斯马尼亚地区的森林协议是不是一个有效的区域森林协议，像这样的环境保护和生物多样性保护的法律，其规定是否应该适用。一审时，联邦法院的首席大法官马歇尔认为，区域森林协议是有效的，因此可以限制该法的适用。该法规定，个人不得采取可能会对濒危物种产生重大负面影响的行动。然而，该法的明确规定并不适用于区域森林协议管辖的区域。

《区域森林协议》第 68 条规定："国家同意通过请求纠正行动制度（Correction Action Request system，简称 CAR）或者通过有关管理规定，优先保护物种。"法官认为，"保护（protect）"这个词的意思是"提供保护"，而"保护协议"只是其字面的意思。因此，当 CAR 不优先保护这些物种时，条款就不能登记生效。大法官马歇尔认为 CAR 没有对甲壳虫、鹦鹉或鹰提供充分的保护。因

---

❶ *Brown v Forestry Tasmania and Others*（*No 4*）. 2006. FCA 1729 [3]. https://jade.io/article/113683，访问日期：2023 年 8 月 13 日。

此，他认为此处不能适用该法第 38 条的豁免。区域森林协议的豁免应被视为仅适用于以下情况，即区域森林协议是促进物种恢复的一种替代办法，而且这种解释与澳大利亚的国际承诺相一致。

移民和少数民族事务部长诉 Teoh（1995）183 CLR 273 287 案的裁决，也使此观点进一步获得了正当性。该裁决认为：法院对法的解释与适用，只要立法中的语言允许，并与国际法规则相符，而不是与澳大利亚的国际义务相冲突，都应该是可以的。[1]

在塔斯马尼亚林业局诉布朗（2007）FCAFC 186；167 FCR 34 案中，法官 Sundberg（桑伯格）、Finkelstein（芬克尔斯坦）和 Dowsett（多塞特）认为，塔斯马尼亚地区森林协议第 68 条已经在联邦登记注册。联邦法院认为，其要求进行保护，不应该解释为实际上该保护已经得到了确保。"要进行保护"仅仅是要求建立一个有保护目标的制度。[2] 这个解释基于以下观点：区域森林协议的程序一方面反映了就业和林业产业之间的协调，另一方面反映了就业与环境之间的协调。当前，无论哪一方面的需要都不能完全得到满足。对森林活动虽然会有些限制，但是森林活动还要继续，包括物种在内的环境不会遭到破坏，同时也没有得到保护。[3]

该观点的推理没有考虑到澳大利亚的国际承诺，也没有考虑马歇尔大法官所使用的法律原则。而且，对法规进行解释的黄金法则，是要求对普通词汇给予普通的含义解释。以这条规则作为指导，很难理解"保护"这个词并不实际意味着"保护"，而是建立一个具有"保护目的"的制度。联邦法院的裁决表明，澳大利

---

[1] *Minister for Immigration and Ethnic Affairs v Teoh*. 1995. 183 CLR 273 287. https://jade.io/article/67887，访问日期：2023 年 8 月 13 日。
[2] *Forestry Tasmania v Brown*. 2007. FCAFC 186；167 FCR 34. https://jade.io/article/18138，访问日期：2023 年 8 月 13 日。
[3] 同上。

亚保护、保全生物多样性的承诺，仅适用于未干扰其经济利益时。联邦法院裁决之后，塔斯马尼亚地区的森林协议作了修改，这样就使得初审法官对"保护"的解释不再成立。

在国际层面上，有必要广泛介绍国内层面的国家森林政策，但必须慎重地进行解释。国内政策是否真正得到实施，需要认真地进行衡量。澳大利亚的案例表明，有关森林使用和管理的国际义务仅仅当其他森林价值、利益未损害其经济价值、利益时，才可能会实现。因此，林业规制问题仍然长久存在，如何解决森林价值、利益之间的冲突，仍然是当前的核心问题。国际法在解决这一问题上应当首当其冲，国际森林法应该制定不被误解或误用的原则。

目前，论坛只是一个有关森林问题的议而不决的国际会议。当前不具有法律约束力的森林原则的声明在森林的全球规制中并没有实际发挥作用。各成员只是参加谈判，发表言辞激烈的森林声明，然后继续运营一个所谓"正常的"林业部门。因此我们必须进行重大的机构改革，因为努力投入谈判已经被证明是耗费时间，效果不佳，成本还高。❶

总之，未来需要建立授权的论坛。社会许多行业都要求改革论坛，最有可能的是吸引未来的联合国运营资金。国际社会应该改革论坛以执行以下角色：一是该机构承认它无法作出法律承诺以及实现森林的目标。相反，应该将论坛改革成为国际和政府间森林项目的协调员。在这个新角色下，该机构将专注于调整全球森林主要行动，并实施一个精简的报告框架，用来满足大多数国际报告的要求。在这种协调作用下，机构可以确定规制领域的主

---

❶ G Davenport, R Simon, V Ulat, T Hintum. *Generation Challenge Programme*（*GCP*）*Crop Information Platform & Network*. PAG XIV. 2006, pp. 34 – 35.

题，并关注与森林相关的利益相关者及管理机构。二是该机构可以通过强硬的方法，制订一个特定的工作计划、有法律约束力的承诺以及确定的目标，重新赢得成员和利益相关者的尊重。但这种方法是有争议的，它可能迫使许多成员退出机构。但这些成员的退出不会影响改革的进程。这些成员也可能被引诱返回该领域，由市场和非市场共同进行激励。论坛还可以遵循国际气候变化制度的指引，为发达国家确立有法律约束力的义务，同时增强发展中国家的能力建设，未来也将会为这些成员确立义务。

第二节 世界银行对森林资源的规制

本节重点阐述、讨论世界银行集团在森林政策、战略和融资等方面所扮演的角色与发挥的作用。

一、世界银行在森林问题上的角色与作用

世界银行和国际货币基金组织诞生于1944年布雷顿森林会议，成立这两个全球金融机构的目的是确保第二次世界大战后国际经济的健康发展。世界银行是独立于联合国的专门机构，其工作与国际货币基金组织有密切联系。世界银行隶属于联合国经济及社会理事会。

世界银行成立的依据是《国际复兴开发银行协定》，其第1条明确规定，银行的宗旨是：通过使投资更好地用于生产事业的办法以协助会员国境内的复兴与建设；利用担保或参加私人贷款及其他私人投资方式，促进外国私人投资；用鼓励国际投资以发展会员国生产资源的方式，促进国际贸易长期均衡地增长，并保持

国际收支的平衡，以协助会员国提高生产力、生活水平和改善劳动条件；应就本行所贷放或担保的贷款而与通过其他渠道的国际性贷款作出安排，以便使更有用和更迫切的项目，不论大小都能优先进行；在执行业务时恰当地照顾到国际投资对各会员国境内工商业状况的影响，在紧接战后的几年内，协助促使战时经济平稳地过渡到和平时期的经济。这一目的是通过世界银行下属的五个不同的机构实现的。第 2 条处理银行会员和资本；第 3 条是有关贷款和担保的一般规定；第 4 条处理业务经营问题；第 5 条为组织和管理；第 6 条是会员国的退出及暂停会员国资格，营业的停止；第 7 条是法律地位、豁免与特权。

世界银行对林业部门的资助，在芬兰和前南斯拉夫进行森林融资。早期森林的一般项目资助购买木材加工设备，世界银行在森林项目融资中的角色，逐渐从关注森林木材生产与经营，发展到森林项目的试验和农林综合经营以及保护林区，这种转变是社会的森林价值发生变化的结果。

在环境非政府组织的压力下，世界银行不再集中投资于特定的森林生物群落，而是对当前的森林政策进行整体分析，有选择地资助森林项目，这些活动与项目目前只在发展中国家进行。

世界银行项目的总体政策的宗旨是减少全球贫困。实证研究表明，森林覆盖率高的地区和生活在这些地区的人们的富裕程度有明显的正相关性。世界银行投资大量的森林项目，旨在全面解决环境和民生问题。[1]

森林覆盖率高和贫困之间存在着一定正相关性，目前已确定

---

[1] William D Sunderlin, Sonya Dewi and Atie Puntodewo, *Poverty and forests: Multi-country Analysis of Spatial Association and Proposed Policy Solutions*, *Occasional Paper No 47*, *Centre for International Forestry Research*, 2007, pp. 34 – 39.

有四个原因。第一，历史上人类就是从狩猎和采集进化到临时性农田种植的，永久性农业提高了世界上大多数人的生活水平。然而在一些林区，这种进化并没有发生。第二，林区往往缺少话语权，在国家层面上没有林区权益的代表，这已被确定为贫困的一项指标。权利的缺失与这些人所在国家的政治、经济结构相疏离有关。第三，林区能够吸引移民，在某些情况下，森林可以作为人们逃离迫害、冲突和战争的避难所。第四，林区的人口稠密度往往低于非林地区，因此与人口稠密度高的地区相比，其只能吸引较少的公共和私人投资。

森林为人类提供建筑材料、食品和其他商品，森林还为其居民和社区提供了一个"安全网"。毁林和森林退化对森林居民和社区有严重的负面影响，森林直接或间接地为人类提供众多服务。如它直接为人们建造房屋提供木材等建筑材料，提供木柴供人们取暖和烹饪，为牲畜提供饲料，还是许多食物和药材的来源。人们还能从森林产品的销售中获得收入。森林还充当着水的"净化器"，作温度变化的"缓冲器"，保持着土壤健康，吸收二氧化碳，等等。所有这些都影响到林区人们生活的质量。

森林资源如此丰富，而生活在其中的人们却这么贫困，这样强烈的反差，真是让人匪夷所思，令人震撼。森林政策也在一定程度上承认这种反差的不合理，试图通过实施森林综合发展战略和森林项目来解决这一问题。

2000年9月，在联合国千禧年首脑会议上制定了千年发展目标。世界银行、联合国开发计划署和联合国环境规划署都积极参与了目标的制定与实施。千年发展目标是：消灭极端贫穷和饥饿；普及小学教育；促进男女平等并赋予妇女权利；降低儿童死亡率；改善产妇保健；与艾滋病、疟疾和其他疾病作斗争；确保环境的可持续性；全球合作促进发展。

森林政策和策略能够对实现消除极端贫困和确保环境的可持续性作出重要贡献。世界银行的统计数据显示，森林资源直接关涉12亿生活极度贫困人口中的90%的人的生计。可持续管理的林区为森林居民提供基本的森林服务，在某些情况下，也会允许森林社区从事森林创收活动。森林在维护陆地生物多样性方面发挥着重要的作用，人们发现林区的陆地生物多样性丰富，有效地保护了90%的植被类型，其中发展中国家的森林占很大的比重。

世界银行认识到森林在减轻贫困和确保环境的可持续性方面发挥着重要的作用，制定了一个名为"保护森林：发展战略"的指导性文件，为世界银行的林区策略提供了一个框架，主要是评估与应用。该策略包含三个关键要素：一是利用森林的潜力减少贫困，如培养林区居民组织参与森林管理、促进可持续林业、社区林业和农业林业等。二是在经济可持续发展中整合森林，如改善森林治理及进行法律和机构改革，鼓励投资，促进森林产品的生产，包括环境服务。三是保护重要的本地和全球的森林环境服务及价值，如建立保护区，改进森林管理，发展市场，促进对森林产品、生物多样性和碳汇的金融支持，并帮助各国政府建立森林环境服务的市场。

这一林区策略是根据有些国家所面临的贫困状况，以及林业面临的挑战和机遇而提出来的。申请国只要符合其中的一个关键要素，就能获得世界银行的融资和支持。这里我们需要进一步解释的是，如果它们能够解决与森林有关的整体贫困，或解决森林的治理框架问题，进一步建立保护区或创建森林环境服务市场，那么森林项目就能够获得批准。

二、世界银行的机构与职责

（一）世界银行的机构与职责

世界银行集团由国际复兴开发银行（IBRD）、国际开发协会（IDA）、国际金融公司（IFC）、多边投资担保机构（MIGA）和国际投资争端解决中心（ICSID）等五个机构组成，共同实现减贫的总体目标。

"世界银行集团"这个词指的是所有五个机构，而"世界银行"这个词特别指国际复兴开发银行和国际开发协会。这些机构在扶贫任务中虽然起着不同的作用，但宗旨都在于提高发展中国家人民的生活水平。国际复兴开发银行和国际开发协会组成的世界银行实施的一系列举措，旨在减轻贫困和改善发展中国家的生活水平，这主要是通过提供贷款、担保、政策建议和技术支持实施的。

这两个机构共享相同的员工队伍和总部办公地点，并在确定项目的批准时使用相同的标准。国际复兴开发银行负责为中等收入和信誉良好的较贫穷的国家提供援助，而国际开发协会专门关注世界上最贫穷的国家。与其他世界银行协助减少贫困的机构相比，国际开发协会提供信贷和赠款有着更宽松的借贷条件。

国际金融公司通过贷款或投资入股的方式，向成员方特别是发展中国家的私人企业提供资金，以促进成员方经济的发展。虽然世界银行的成员方只能向政府提供贷款，但是国际金融公司能够直接向私人提供贷款，要求其符合国际金融公司的资金要求，项目投资者还必须能够盈利，也必须有利于东道国的经济发展和保护环境，并且严格遵守社会标准。

多边投资担保机构为在发展中国家的外国投资者提供政治风

险保险、技术援助和争议解决等服务，以鼓励在发展中国家的外国投资。该机构鼓励基础设施建设投资，鼓励在发展中国家进行投资，并且鼓励投资前沿市场（即高风险或低收入国家的市场）。该机构在世界银行中占有举足轻重的地位，因此可以起到鼓励投资、增强投资者信心的作用。

国际投资争端解决中心对投资纠纷进行调解和仲裁，促进东道国和外国投资者之间的相互信任。1996年《解决国家和他国国民之间的投资争端公约》生效，要求成员方必须以书面形式同意接受该中心的裁决。

世界银行集团的五个机构都有属于它们的成员方。要想在国际复兴开发银行获得成员资格，必须首先加入国际货币基金组织。国际金融公司和多边投资担保机构也可视情况来决定是否接纳国际开发协会的成员。国家要成为这些机构中的一员，必须购买这些机构的股票，这个过程被称为"资本认购"（capital subscription）。根据2007年4月24日的数据，成员情况为：国际复兴开发银行有185个成员；国际开发协会有166个成员；国际金融公司有179个成员；多边投资担保机构有171个成员；国际投资争端解决中心有143个成员。

加入其他联合国机构一般不依赖于资本认购，取得世界银行的成员资格却不同。投票权取决于成员持有的资本认购的价值。资本认购最多的7个成员，投票所占百分比最高，对世界银行有更大的控制权。在国际复兴开发银行，下面五个国家保持较高的出资额：美国，16.39%；日本，7.87%；法国，4.49%；德国，4.3%；英国，4.3%。

其实，这一投票安排并不符合善治原则，因为善治原则需要透明度、问责制、效率、公平、参与和所有权。世界银行的最初目的是促进欧洲战后重建和其他国家经济的进一步发展，但目前，世界银行的业务几乎只发生在发展中国家和转型经济体国家中。世界银行提供金融资源，也对这些成员实施世界银行的政策和指导方针，这减少了受益国家政府的主权权利。此外，发展中国家政府和经济转型国家政府通常在银行持有的投票权较少，因为获得资金的多少，取决于由世界银行较强的利益相关者制定的政策。总之，世界银行，作为一个政府间机构，应该确保所有参与者在体制中都能得到更公平的投票权，目的是更好地解决治理问题。

世界银行的成员被划分为低收入成员、中等收入成员和高收入成员。世界银行还可进一步分为捐助者的银行和借款人的银行。捐助者指成员国对国际开发协会作出专门贡献，而借款人是从国际复兴开发银行和国际开发协会借款的人。

(二) 森林合作伙伴

世界银行非常注重与其他政府间森林机构的合作，现已形成了一定数量的战略合作伙伴关系。如果全球森林机构独立工作，就不能全面了解森林资源的全球规制和管理的情况与变化。合作以及共同工作可以使各机构能够共享资源、专业知识及信息，这将使取得的成果更显著。世界银行认识到与森林相关的规制是一个非常复杂的问题，所以着手建立战略合作伙伴关系以改善森林政策的实施。

在这些合作伙伴关系的安排中，以世界自然基金会和世界银行的工作最为突出，它们增加了保护区的范围，还增加了独立认证机制。森林执法、施政和贸易行动计划（FLEGT），打击了木材生产国的非法木材市场及腐败问题。该项目还对森林进行了分析研究工作，旨在研究实施的障碍，并增强实施森林的政策工具。

世界自然基金会和世界银行在联盟制定了三个全球森林保护

和管理的目标及方法。联盟设置的三个目标是：①到 2005 年建立 5 000 万公顷的森林保护区；②确保现有高威胁的 5 000 万公顷的保护区得到有效的管理；③确保在可持续管理的独立认证下的 2 亿公顷的生产林。这三个目标显著降低了所有类型森林的退化和损失的速度。

该联盟在 2005 年年底，完成了第一个目标，即 5 000 万公顷的森林保护区得到了有效的管理；没有完成其他两个目标，只有 4 000 万公顷的森林在有效的管理下被保护，比预期少 1 000 万公顷；在独立认证程序下只购买了 2 500 万公顷的森林。

总的来说，联盟是森林合作的一个比较成功的实例，公共国际机构和非政府组织之间的合作也取得了可喜的成果。同时，其从实践中也获得了丰富的经验。

第一，从治理的角度来看，目标的设置和报告的成功率要求，不仅加重了这些集团的责任，而且增加了其透明度。

第二，世界银行与非政府组织之间的合作，共享资源和知识专长，增强两个机构之间的沟通，这种合作通常有利于非政府组织确立环境准则及推进其实施。我们相信非政府组织有助于征求代表广泛的利益相关者的意见；作为监督员，有效监督政府、私人和国际机构；在某些情况下还可提供技术援助；为将信息迅速传播给其他人提供经验。当前国际林业管理面临的重大挑战是有效参与、沟通和改进各林业机构之间的互动。当政府既不愿意也不能进行规制时，参与者对森林生物多样性保护的伙伴关系的建立作出了重要的贡献。从表面上看，机构参与存在于林业机构中。所有主要的森林机构在谈判中享有参与和游说的权利，同时修改或制定新的森林政策。它们也有参加对方年会的权利。然而，这些团体之间缺乏协调行动。世界银行和世界自然基金会之间的联盟，是一个看似不同的机构进行了策略整合的实例。除了分歧，它们也能寻求共同利益，制订一个行动计划，致力于解决双方的森林问题。

第三，伙伴关系为未来可持续森林管理的实施提供了宝贵的经验。这与第三个目标相关，即在独立森林认证的实施下增加了信息来源，联盟采用认证程序时确实存在一些障碍。现在人们意识到认证依赖于一个强大的、负责任的和透明的国内制度，所以在进行认证之前，许多项目需要先增加责任感，同时还需要可靠的管理森林资源的法律和制度。

联盟的其他一些教训也可以吸取，可以用来提高其未来的业务水平。例如，有远见的目标、更广泛的方法、将联盟项目与其他国际发展议程相联系的难度、参与私营部门的重要性。如果没有联盟行动，那么就借鉴不到这些宝贵的经验，也就不会传递给其他森林机构。

第四，许多成功的项目产生于伙伴关系与联盟。最著名的项目包括亚马孙河流域内国家公园面积增至三倍。建立了大约 1 350 万公顷新的、受到严格保护的自然保护区；创建了有利于当地社区的 750 万公顷的、新的可持续利用领域；一个额外的 800 万公顷的公园也正在创建中。其他的主要项目有建立刚果盆地的森林伙伴关系。从喀麦隆、中非和刚果政府购买了 360 万公顷的国家公园。

第五，最初的合作伙伴关系的成功导致了联盟的更新，下一阶段采取了目标导向的方法，主要建立了以下目标：到 2030 年减少全球森林砍伐量的 10%；2 500 万公顷的新林区的保护；在改善管理措施下的现有 7 500 万公顷的森林保护区；在改进森林管理措施下严格保护区外 3 亿公顷的森林保护区，同时又包括三个子目标：1亿公顷的森林认证符合世界银行森林实施策略中的标准；独立认证的1亿公顷森林的发展；基于社区森林管理协议下的1亿公顷林地用以提高当地生活水平。

这些新目标反映了联盟在其原始项目阶段对认证问题获得的认知。可持续森林管理是联盟的优先考虑，其首先承认了所有森林的价值，其次再进行管理，这是一个试图构建管理所有森林类型的可持续森林管理政策，而不仅仅是在森林生产力的基础上进行管理。保护区域或保护状态受益于改善造林的实践，这导致了当地社区人民生计的改善。森林管理最好是考虑它们所有的价值来进行，而不只是根据单一的森林价值进行。

三、对全球森林机构的参与

世界银行与其他国际森林机构开展合作，合作伙伴之一是全球环境基金。它是一个政府间机构，其最初的使命是进行公约规定的大会谈判，随后其作用继续扩大。最近，世界银行试图建立"全球森林伙伴关系"。这将进一步通过创造协同效应，实现世界银行与其他全球森林研究机构的森林战略合作。世界银行支持的工作由联合国森林问题论坛及其相关的研究机构进行。

（一）全球环境基金

全球环境基金是发展中国家用于环保项目的赠款资金的最大来源，其服务于《生物多样性公约》和《联合国气候变化框架公约》，并协助实施《持久性有机污染物的斯德哥尔摩公约》和《联合国防治荒漠化公约》。国际环境金融机制的概念来自1987年世界环境与发展委员会的报告——《我们共同的未来》（也称为《布伦特兰报告》）。

《我们共同的未来》呼吁"显著增加国际来源的财政支持"以

应对全球环境的挑战，呼吁发达国家帮助发展中国家实现全球环境目标。世界银行于 1990 年 3 月在巴黎召开会议，会议上 17 个捐赠国声明它们对资助全球环境项目很感兴趣。

此外，还需要建立一种机制将行动的成本分摊到国际社会，而不是某些国家。世界银行、联合国环境规划署、联合国开发计划署负责建立这个框架。最初的框架是围绕一项为期三年的试点项目建立，旨在检验全球环境制度、体制、设施的有效性。这个项目使得在发展中国家的项目资金集中在解决四个关键的优先事项。这些优先事项被确定为解决气候变化、生物多样性、国际水资源和臭氧层损耗的行动。与森林相关的项目在生物多样性行动计划下得到资助，也在土地退化的计划下被资助。项目的行政管理由世界银行主持和实施，而联合国环境规划署确保政策与那些即将召开的大会谈判中的发展是相一致的。联合国开发计划署能够提供技术援助和机构建设援助。

其中世界银行所起的作用是有争议的，环保非政府组织认为，在许多情况下，世界银行的投资导致了严重的环境恶化。非政府组织不愿意委托世界银行对全球金融资源进行管理。这些问题在一定程度上，通过重组 UNCED 大会后谈判的全球环境基金得到解决。世界银行、联合国环境规划署和联合国开发计划署创建了 32 个新理事会。非政府组织也在委员会会议上作为观察员行使权利，有助于这些非政府组织树立自信。

预算分配和机构的透明度不仅是一个有争议的问题，同时也是一个持续存在的问题。在 1992 年至 1994 年，最初投资为 20 亿美元。当时人们认为这项投资足以解决可持续发展问题。为了实现 21 世纪议程，UNCED 秘书处估计所需的金融需求为每年 1 250 亿美元，是当时所有国家资助额的两倍多。

1991年以来，全球环境基金给发展中国家提供了74亿美元的赠款，在发展中国家创造了280亿美元的联合融资环境项目。总共有1 950个个人项目由该机构融资。2006年至2010年，32个国家为该项目承诺31.3亿美元。2006年至2010年资金资助水平的谈判是非常复杂的，因为美国大幅降低了资金，迫使德国、法国和瑞典提供额外的资金。人们普遍认为它在帮助发展中国家实施环保项目方面取得了坚实的进步。

　　此外，它还给发展中国家和转型经济体国家提供了一些资金项目，如小额赠款项目，包括50 000美元的赠款，以及支持社区的计划。这一项目被认为是最有效的融资机制，因为它涉及许多利益相关者，并且以最低的成本启动活动。中型项目，最多100万美元，适用面广，为了范围广泛的利益相关者的利益而使用。大型项目，超过100万美元，必须满足三个要求：一是必须满足公约的资格要求；二是必须是机构的战略重点；三是必须是一个实施项目或短期应对措施。

　　全球环境基金的目的是：提供新的大量的优惠融资，来满足已同意采取的措施的成本，促进全球生物多样性保护、气候变化、国际水域和臭氧损耗的环境效益。全球环境基金的融资只用于增加全球环境效益。一个国家保护全球福利的成本，超出了实现国家发展目标的成本，即该国有资格获得全球环境基金的资助。

　　（二）全球森林伙伴关系

　　2007年世界银行启动了一项计划，目的是创建一个"全球森林伙伴关系"。世界银行委托国际环境与发展研究所（IIED）进行研究，2008年7月作出了题为"2008年全球森林伙伴关系：咨询、评估和建议"的最终报告。报告并未提供行动蓝图，它只是提出建议，其首要建议是一项为期三年的执行程序。

世界银行正在探索这种伙伴关系所能发挥的作用。人们普遍认为银行应该在融资伙伴关系及其程序中起主导作用，这就对未来全球森林伙伴关系提出了一个挑战，因为银行不太可能有大量基金，也缺少成熟的目标和政策。这一伙伴关系的未来将取决于世界银行在其形成过程中发挥的领导作用，因为目前还没有其他全球机构表示有兴趣承担这样一个任务。

林业部门在应对以前的和正在出现的挑战中，迫切需要一种新的方法。这种新方法必须将当地的需求变化与全球森林议程联系起来，保护林区的真实价值，减少森林退化，改善森林生态系统和林区的居住环境。全球森林合作伙伴关系的目的为："人民的林业：通过地方、国家和国际行动和支持投资，赋予利益相关者通过协作来改善生计和生态系统服务。"这一目的是伙伴关系的重要组成部分，即建立伙伴关系将利益相关者和当前的森林行动有效联系起来。按照设想，该伙伴关系将开展以下类型的国际活动：从国家层面到全球层面的森林利益相关者；一系列技术和财政支持机制；网络研究、学习、知识共享和监控；准备森林投资组合；合并一些现有的森林伙伴关系；在全球森林融资机制中的角色；协助全球森林伙伴关系工作的小型秘书处。

总之，全球森林未来的伙伴关系是不确定的。世界银行应该鼓励发展伙伴关系，因为它有潜力弥补现有森林项目中缺少的东西，进行"元治理"（meta-governance），[1] 在此"元治理"被定

---

[1] "元治理"即"治理的治理"，旨在对市场、国家、公民社会等治理形式、力量或机制进行一种宏观安排，重新组合治理机制。该理论最早由英国著名政治理论家杰索普提出，是对治理理论的修正和完善。"元治理"与"治理"理论相比，最大的区别就是在坚持治理理论基本理念的同时，强调国家（政府）在社会治理中的重要作用。转引自：王诗宗：《治理理论的内在矛盾及其出路》，载《哲学研究》2008年第2期，第83—89页。

义为治理的战略指导和协调系统。如果能够成功,"元治理"将能为林业和利益相关者确立明确的主题领域。森林问题中优先性的整合有助于可持续森林管理的实施。

(三)欧盟的森林执法、施政和贸易行动计划

欧盟的森林执法、施政和贸易(FLEGT)行动计划是在约翰内斯堡举行的可持续发展世界首脑会议上,欧盟委员会(European Commission)提出的一个强有力的承诺,其措施包括打击非法伐木以及非法木材产品的国际贸易。这是一个非常重要的问题,因为非法采伐会导致一系列问题:环境破坏,数十亿美元的收入损失,滋生腐败,破坏法治,而且在某些情况下将非法贸易所得用于购买武器等。

消费国在进口木材和木材产品时,并没有确保其具有合法来源才导致这些问题出现。非法采伐的发生与消费国有很大关系,消费国的商人以及消费者都希望能以较低的价格进口大量廉价的木材,而不用考虑木材的来源。因此,由消费国带头解决非法伐木和相关贸易是合理的,木材的高消耗为非法来源的木材开辟了市场,这些国家应该对非法木材采购的高消费负有更大的责任。

最初,FLEGT 是在欧盟管理委员会下成立的。其他区域计划建立在东南亚、非洲、欧洲和亚洲北部。由世界银行充当所有这些进程的协调者,使用它的号召力和调动金融资源的能力,协助实施所有森林执法、管理和贸易计划行动。世界银行森林战略和政策目标与欧盟的目标是兼容的、密切相关的。

这些计划可以分为三种类型,依顺序来逐一实现它们的目标。首先,必须进行必要的研究,地区组织会议讨论和完善这些研究成果。其次,部长级会议提高政府决策者的意识,确保其政治承诺。这个会议的成果是发表了部长级声明,承诺政府打击非法伐

木，支持在区域层面上的实施方案。最后，建立贸易伙伴、公民社会机构和行业之间的合作伙伴关系，以此来提高森林治理水平。这些计划通过现有的森林机构，在全球范围内寻求更好的森林治理机构。实际上，这些方案并未为实现目标创建新的机构，而是使用现有机构，与它们一起工作来改善全球森林治理。

欧盟的方案是最先进的，因此需要进一步详细地进行研究。在这个阶段，参与欧盟森林执法、治理和贸易计划是自愿的。这一计划的目的是确保所有进口到欧盟的木材，在法律上是合法的，并保证其真实性。欧盟建议木材合法采购应考虑纳入经济、环境和社会方面的可持续发展三大支柱。

该计划通过许可制来实施，其法律保障体系有四个因素。第一，合法生产木材的定义必须明确，还设定了标准及指标。第二，需要有从伐木到出口的整个过程的跟踪。第三，认证必须由政府、市场参与者或者第三方组织实施，以确保合法合规。该机构必须有足够的资源和管理系统，以避免利益冲突。第四，发行许可证必须有透明的程序。

这个系统的合法性取决于自愿合作协议。自愿合作协议是欧盟与合作伙伴之间具有法律约束力的协议，即两个成员共同支持的计划目标。所有协议都需要有可靠的法律、行政和技术体制的支持。国家之间应该建立伙伴关系协定，并且与利益相关者磋商，同时也应该寻求减少对当地社区和贫困人口的不利影响。

第一个自愿合作协议是欧盟与加纳之间签订的，2008年9月生效。其他还有与喀麦隆、马来西亚之间签订的合作协议等。森林执法、治理和贸易行动计划的实施也依赖许多自愿合作协议。世界银行在该计划的未来实施中扮演的角色是将继续作为一个连接木材生产国和消费国的协调者。

四、世界银行制定的国际森林文件

(一)"保护森林:发展战略"文件

世界银行的工作人员在评估与森林有关的贷款和开发项目,关注森林利益时,使用了一个名为"保护森林:发展战略"的文件。

世界银行已经认识到,持续的森林砍伐,对依赖森林维持生存的人的影响,比对森林决策部门和投资的影响更严重。因此,考虑到这种影响,世界银行应加强对林地的干预,如对农村发展、基础设施建设项目和经济调节措施的制定,必须认真考虑、谨慎施行,并努力克服世界银行以外的森林政策的缺陷。

1978年的森林战略,因为只关注森林行业,不关注森林社区而受到批评。商业伐木有助于向当地社区在地方层面提供急需的收入和投资,而银行的行动是大量停止投资项目。银行需要重新考虑其森林政策,这直接导致了1991年森林战略的制定。这里包含一个坚定的承诺"世行集团将不会在任何情况下对在主要热带雨林地区的森林伐木提供融资。"此外,世界银行已决定它的政策强烈支持公民社会,但是银行还是缺乏实现这一战略目标的机制。

2002年森林战略在很多方面脱离了以前的战略,有了很大的转变。第一,2002年森林战略的重点是减贫,使用森林资源来改善依赖森林为生的人们的生计。第二,现在的战略重点是所有类型的森林,以及森林丰富或贫乏的国家。而在以前,森林策略主要强调保护热带雨林地区。第三,战略重点是改善生产林区的管理。承认生产林区可持续管理可以提供大量的森林服务,这意味着1991年热带森林砍伐禁令可以解除。第四,新战略侧重于加强治理质量,特别是重视非法砍伐问题、腐败问题和与森林相关的贸易问题等。第五，战略使用"森林"与"林业"的概念，表明在理解森林的多个价值方面有概念上的变化。第六，2002年森林战略是通过全球、国家和地区层面全球伙伴关系的形成来实施的。

这种转变，也是在承认全球森林治理存在五大挑战的基础上进行的：

一是治理的失败，使非法砍伐等活动导致森林的生态服务、生活服务和森林资本的流失与损失，由于提供森林特许权和非法收获而遭到损失。

二是在许多发展中国家，除非森林资源是可持续的，得到更有效的使用，否则不能减轻农村贫困。因此有必要把森林问题与减贫问题结合起来进行考虑。

三是森林政策和林业改革的性质。在解决森林问题中，需要认真考虑解决森林问题包含的固有冲突。这就需要强有力的制度框架和综合的、有效的法律制度。这个制度必须承认和保护以森林为生的人们的权利，同时也允许可持续林业的发展。

四是市场未能反映森林的环境服务的真正价值。森林木材和薪材市场是成熟的市场，其价值已经得到了认可。然而，森林的其他价值，如环境价值、生物多样性以及在稳定全球气候中的价值，还有其金融价值在市场上却没有得到承认。

五是会计制度对全球森林价值的必要性。森林具有碳汇、碳储存功能，森林还有储存大部分陆地生物多样性的功能，这些都是森林的重要价值，需要得到全球的承认。

森林管理遭遇的挑战，需要制定策略来应对。策略的三大支柱可简述为：利用森林的潜力减少贫困、在可持续经济发展中整合森林、保护至关重要的森林的环境服务价值。

促使这三大支柱发挥作用，要基于以下四个方面的考虑：

第一，在选择项目时，该项目必须有两方面的好处，既在减贫战略上有所作为，又对经济有所助力，才能够促进经济的发展。

第二，建立伙伴关系是个关键因素。上面已详细讨论过三种伙伴关系，银行也有兴趣加强与其他一些机构之间的联系。

第三，协调世界银行集团的五个机构的森林行动和政策，以确保其一致性，这是由银行来实施的内部结构调整。

第四，建立金融机制，确保策略实施有足够的资金。这需要有多个来源的金融安排，并减少国家整体的融资成本。

（二）OP4.36 和 BP4.36 文件

森林战略与运营政策、银行政策是紧密联系的。世界银行有 9 项环境政策，包括环境评估、自然栖息地害虫管理、非自愿移民安置、原来居民、森林、文化资源、大坝安全、国际水道和争议区域。实施森林相关政策的文件是 OP4.36（全称是经营政策 operational policies 4.36）和 BP4.36（全称是银行政策 bank policies 4.36）。每个项目都必须遵循一定的程序，确保采取一致的方法。

OP4.36 的政策目标是协助借款人利用森林减少贫困，将森林有效地融入经济的可持续发展中，保护重要的本地和全球的森林环境服务和价值。在下述三种政策下提供资金：该项目已经或可能会对森林的健康和质量产生影响；项目影响依赖森林的人们的权利和福利水平；项目旨在带来管理、保护或使用天然森林或种植园的变化，无论公有、私人或集体所有，大多数的森林项目很容易适用于这些要求。

银行不会资助涉及重要林区的转换项目。"至关重要的林区"的定义是：现有的保护区及计划中的保护区；受传统社区保护的地区，维护这些保护区；生物多样性保护适用性高的地区；罕见的、脆弱的迁徙或濒危物种的栖息地。转换的非关键区指没有其他可行的选择，且项目效果显著大于环境成本的整体效益的地方。这些要求会很容易满足，特别是当银行提供大量的融资时。

政策允许银行在一般森林地区和一般自然栖息地进行融资。要使这些项目获得银行融资，必须获得独立的森林认证。这样，森林认证会在遵循可持续森林管理实践的基础上得到广泛的支持。现在存在许多不同的森林认证机构，虽没有指定特定的森林认证机构，但是银行要求规范森林管理委员会的有关程序。

森林保护可能不适合进行商业融资，但是，应该指出的是，实施可持续的伐木产业，有可能为不断增长的全球木材市场提供木材，同时也为当地社区提供一个可持续发展的行业，人们可以利用其来摆脱贫困。可持续伐木经济是可以实现的。然而，在许多情况下，由于各种各样的原因，很难得到这样一个成功的结果。

为了获得银行融资，借贷国必须提供以下信息：借款人的总体政策框架；国家林业立法；机构能力；与森林有关的社会、经济或环境问题。银行批准金融制度建立在加强借款人的管理能力的基础上，包括其财政、法律和制度能力，最终改善森林项目的实施。

BP4.36（银行政策4.36）概述了实施森林政策和策略的程序和文件要求，包含两个部分：项目准备工作和项目实施与监督。在评估准备阶段，环境评估非常重要，土地利用配置的管理、保护也很重要。

评估要考虑重要的林区和项目对当地社区的影响。如果项目涉及商业收获或社区森林管理和发展，评估还有更多的要求。在项目实施和监督中，每个项目依实施策略，进行工程监理和运营监督。

森林战略需要进行修改，相关的考量有：实施策略治理结构调整计划的实施；实施策略负责该活动影响自然环境、人类健康和安全的考虑；以及实施策略需要考虑重要的自然栖息地。这种内部调整主要是审查森林战略的主题报告。

（三）"金字塔：诊断和规划森林善治的工具"与工具包

世界银行和世界自然基金会联盟制订了一个自我评估方案，指导如何制定森林目标。这个文件是由国际环境与发展机构代表联盟起草的，被命名为"金字塔：诊断和规划森林善治的工具"。另一个文件是一个工具包（toolkit），提供了简单明确的方法，用来确定森林和贫困之间的关系。

建立"森林金字塔"的目的是实现可持续森林管理。金字塔的每一层都伴随着一份调查问卷，国家可以使用在特定层面自我评估它们的进展。每个问卷侧重于一个良好治理的因素和三个问题："工作是什么？""缺失的是什么？"和"需要做什么？"。简单的三个问题可能不是很传统的格式，然而，这种方法的简单性使得自我评估相对简单一些。当然，该文件还有进一步改进的空间，调查表中的一些因素还需要澄清。尽管如此，金字塔的总体目标和愿景是建立实用的森林监管机构。

金字塔的"基础"层需要建立森林管理的基石，首先是在林区建立房地产所有权和土地所有权。同时，需要考虑当地的宪法确定的政府责任和宪法中与森林管理有关的要求。还应该考虑与森林相关的当地市场和投资条件，此外，还必须确定所有部门的主要森林机构，包括公共、私人和本地机构。

"角色"层，有多种有效的视角及与森林有关行业的利益相关者。森林制度架构、基本结构和决策的权利或权力都必须到位。

"政策"层，其角色和基本制度架构在中央森林政策和法律中得到了森林部门的认可,同时必须有一个明确、公平和合法的权利来管理林区。利益相关者,特别是传统权利持有者必须认识到自己享有的权利。在"政策"层中,需要采用可持续森林管理的定义和管理方法。

"文件"层,需要建立规制工具,并具备对下列问题的规定:分配系统下的森林土地所有权;在森林中保护公共利益和代际利益;森林管理和投资条件及控制;利益相关者的市场准入;反腐败条款;处理国内外森林出口产品价格的税收制度。此外,还必须提高和发展执行这些规制要求的能力。

"扩展"层,超越森林的直接利益相关者的、更广泛的社区教育,这将包括森林消费者和森林生产商,如投资者、中间商、零售商和公众等。这一层是比较重要的,因为没有对可持续森林管理的广泛支持和理解,这一概念的实现和有效性将会受到破坏。"扩展"层是最发达国家和发展中国家都可以改进的地方。

"认证"层,包括森林产业独立的评估实践,可以通过满足该认证计划的要求,或任何其他著名的森林计划完成。"认证"意味着林业实践必须是透明的,它增加了企业的责任。

金字塔是一个有效的工具,它体现了与可持续森林管理相关的规制要求。所有国家都可以受益于工具的应用,国家可以从此开始,这里是最适合它们森林产业的设施,能够对如何改善它们当前的实践提供指导,并且能够面对挑战。这种类型的规划工具提供了一个宏观的方法,可以帮助森林规制者关注森林的最终整体目标。

贫困林业工具包建立了一种方法,可以在地方和国家层面用来评估森林和贫困之间的联系。这是一个有用的工具,因为它提供了如何调查分析当地的森林与贫困之间的关系,探索林区消除贫困的效应。该工具包的目的是：迅速评估对森林的依赖、为穷人提供评价森林法律和政策的工具、确定政策和机遇等。

五、世界银行森林项目的实施

世界银行的森林战略和森林伙伴关系的政策在不同水平上实施。

首先，在国际层面上实施，不仅需要银行内部政策与国际森林政策保持一致，还需要考虑银行的融资能力，以及提供适当的人员。它还涉及国家、地方政府和民间社会团体的配合以及配合程度。

其次，国际政策在具体国家的实施，可以采取许多不同的形式。世界银行的森林政策会影响国内森林政策，世界银行的项目可以根据银行的政策实施，或可提供基金来给国内森林政策助力。环境协议的最终目的是影响人的行为，目标行为的变化是国际环境协定的终极目标，这些协议通常要经过几个阶段才能完成。

有一个报告总结了世界银行 2002 年森林战略的实施。❶ 报告的总体建议是呼吁银行将森林纳入核心银行的政策和业务策略中。这需要从理解银行在森林战略中的作用、银行的森林伙伴关系以及与森林目的的相互关系着手。内部的理解尚且不论，但从外部来看，它试图搭建森林规制的框架，这是一项具有挑战性的任务。银行的森林框架的分散性，可以作为建立全球森林伙伴关系的一个理由，有助于提高银行的森林规制框架的明确性。

更重要的是，世界银行的森林策略建议以下四种途径可用于更有意义地整合森林战略：

---

❶ World Bank. *Sustaining Forests*: *A Development Strategy*. [R/OL]. [2023-08-13]. http://siteresources.worldbank.org/INTFORESTS/Resources/SustainingForests.pdf.

一是将森林战略转化为关键的银行政策工具,如减贫战略、国家援助、发展贷款政策和更广泛的投资项目;

二是使用森林战略促进森林的投资贷款项目;

三是增强森林战略伙伴关系的作用及与森林策略实施的联系;

四是尽职调查,以确保银行运营政策引发森林的应用策略,并确定在森林的实施策略方面改进的途径。

评审小组进行了一项贫困评估策略、国别援助战略和发展政策贷款的调查,以确定森林的三大支柱战略。减贫战略被用来描述一个国家的宏观经济、结构和社会政策,以及促进经济增长和减少贫困的政策。在其中43个采样中,只有28个讨论森林和贫困之间存在的关系。这说明政策工具还未明确森林居民和贫困之间的联系。世界银行应强制引入一个重要的组成部分,在减贫战略内讨论森林和贫穷之间的联系。❶

国别援助战略旨在促进一个国家内伙伴关系的合作与协调。它们被用于重要的地区,在这里银行援助可以对减贫产生最大的影响。在国别援助战略中,人们发现53个采样中只有23个包含解决森林贫困关系的行动。即使是在这23个采样中,也需要重点进行这种分析。这表明,需要信息和培训来解释森林和贫困之间的关系及应该采取的政策解决方案。

发展政策贷款旨在支持政策改革,在宏观或部门层面进行快速融资。贷款政策对森林有着重要的影响,这些影响也需要慎重考虑。审查发现,包括评估政策在内的贷款政策对森林的影响是十分显著的。自2002年引入森林战略以来,多个森林项目开始实施,且与投资贷款相关。

---

❶ Arnoldo Contreras Hermosilla and Markku Simula, *The World Bank Forest Strategy: Review of Implementation*, 2007, p. 83.

在 40 个样本中，只有 14 个与消除贫困相联系。尽管如此，森林战略的总体目标仍然是减贫。

审查还建议，直接向私营企业进行贷款融资的国际金融公司，应更多地参与到森林战略的实施中。审查还认为，如果银行和国际金融公司联合使用现有的专业知识，进入另外的林业项目的融资渠道，可持续林业项目投资更加会吸引私人投资者。可持续森林管理的私人投资低，这是由于缺少可持续的私人业务，或认为声誉风险可能源于投资森林项目。声誉风险与投资相关联，接管原来居民的土地，取代农民，边缘化小土地所有者，缺乏对利益相关者充分的考虑，或未能进行充分的影响评估。审查表明，这些声誉风险是可以避免的，也可以通过银行与非政府组织的援助，证明可持续森林管理和认证，可以产生重要的社会和环境效益，并能减少将这些土地转化为其他用途的压力。

审查还发现，森林实施策略（OP4.36 经营政策 4.36）并不适用于所有的项目。这样一个关键的银行政策未影响森林项目。现在还没有发现任何理由来解释应用程序的缺乏，虽然这是银行工作人员应用实施政策缓慢而增加项目的成本，这将导致银行员工尽可能少地实施策略。银行工作人员接受的教育，其重点在于遵守实施策略。这些都是很重要的，因为它们降低了项目的风险，提高了项目的质量，与林业、鼓励可持续森林管理的实施及银行的森林战略相兼容。

总之，世界银行的森林政策创新体现在许多方面。这种创新与银行内部及外部整合的方法相联系。从内部来看，银行的主要目标是减少贫困，森林政策是符合这一目标的，这说明银行的森林政策与其他大多数的国际森林政策相比，更注重结合社会和经济的因素。从外部来看，世界银行已经形成了战略合作伙伴关系。

这些已经被证明是有效的。

这些合作伙伴关系，涉及一种目标导向的方法。政策制定和报告增加了世界银行的透明度和问责制。目标也有助于保障森林政策的遵从性。世界银行是唯一采取了目标导向的森林规制方式的国际机构，其他国际森林机构应该与它进行合作。

当然，世界银行应该广受人们的称赞，因其开始了旨在整合全球森林治理安排的国际进程。全球森林治理非常分散，现有国际森林程序中有大量的重复。从目前来看，世界银行是最适合领导国际森林治理改革安排的国际机构，因为它在使用整合策略和合作方法上有实践经验。世界银行应该充分利用该经验，在全球森林治理的改革安排中领先。

第三节　世界贸易组织与全球森林治理

一、WTO 与森林

目前全球森林正在快速消失，在热带地区，每分钟大约有40个足球场大的热带雨林消失；在寒带地区，具有生态价值的古老森林也正在为种植园所取代。其直接原因包括采伐、农业扩张、污染、道路建设、采矿和水电。更为重要的也是其根本原因，包括不公平的土地权属模式、缺乏对当地社区合法权利的承认、社会排斥、与过度消费相关的不断增加的贸易以及有缺陷的国际贸易体系等。现在，伐木被视为原始森林丧失的最重要、最直接的原因。尽管国际社会在这几个层面上试图制止森林危机，但整体情况并没有得到改善。

在西雅图举行的世贸组织会议以及随后的贸易谈判加剧了这种情况。贸易本身对森林而言利弊共存。如果森林保护政策能得到很好的落实，地方、社区和居民的合法权利能够得到尊重，并且能够平等地获得土地，林业贸易自由化就有利于可持续森林管理。但是，随着林产品等部门的进一步开放，加上目前有的国家或地区森林资源贫乏，森林保护政策不完善，都将导致不可持续的伐木和森林土地的进一步退化，同时也会导致森林为其他生产活动如农业和大规模的人造林所取代，同时会造成更多的社会动荡。

WTO 下一步谈判的议程如果能把下列问题提交谈判桌面，那么森林状况就可能会得到很大的改善：

一是进一步降低森林产品的关税。这可以通过欧盟关于减少非农产品关税的谈判或通过美国在森林部门提出的"加速关税自由化（ATL）"来实现。进口关税的降低将导致木材和纸张消费量的增加，加剧了与已经很高的消费水平相关的问题的严峻性。这些提案可能会在特定的地区产生重大的影响。美国政府资助的 ATL 提案中的森林影响研究预测，印度尼西亚和马来西亚的木材采伐量将增长 2% 至 4.4%，瑞典和芬兰则为 7% 至 11%。尽管这项研究是有缺陷的，但至少表明采伐量将因关税削减而增加。

二是采取非关税措施以保护森林。这个问题可能出现在讨论减少"非关税措施（NTMs）"中。这些谈判可以用来摆脱目前为保护森林和森林居民而采取的一些非关税措施，这可能被标记为非关税措施，并可能减少或禁止的活动有生态标签和森林认证、进出口配额、原木出口禁令、废物回收和补贴要求等。这些措施大部分是为保护森林或保护依赖森林生活的社区居民而设立的，这种政策选择不应该通过 WTO 来限制。

三是农业部门自由化。农业谈判肯定会在 WTO 框架下进行，因为这是所谓"内部议程"的一部分。尽管一些农业自由化可能对环境和社会有利，即减少与生产有关的补贴，但预计其他措施将会对森林产生重大的影响。例如，油棕榈等部门的关税削减可能会增加将油棕榈种植园转化为森林的压力。这突出地表明了需要更好地了解农业自由化对森林产生的各种影响。

四是投资。WTO 已经就投资措施达成了有限的协议，欧盟正在就进一步的投资规则进行谈判。如果就投资措施达成一致的协议，则可能会进一步限制政府对森林部门内部投资设定条件。例如，为了改善问责制，促进技术或技能转让，要求外来投资者与当地的森林公司合资。

五是政府采购。欧盟也迫切要求将政府采购规则纳入谈判议程。政府和地方部门目前可以利用其购买力来帮助解决森林问题，这包括指定使用可持续生产的木材和购买再生纸。这样的行为可能被认为是歧视性的，因此，如果把政府采购纳入 WTO，就会变成非法的。

WTO 及其成员忽视了贸易自由化对森林生态系统和森林群落的潜在不利影响。他们未能评估影响森林和森林居民的其他部门，对木材贸易自由化的环境和社会影响。WTO 及其成员也未能使民间社会充分参与木材贸易和其他自由化的讨论。

摆在 WTO 部长级会议谈判桌上的许多问题都反映了一个经济议程，其优先考虑将贸易自由化本身作为目的，而不是作为一种手段，在某些情况下，这有助于提高我们的生活质量。但是这个议程并没有考虑到最终受到影响的社区和居民的关切，也没有考虑到对环境的潜在影响。

二、WTO 法与热带森林资源的保护

自然资源，包括热带森林资源无疑是 WTO 今天规定的国际贸易关系中要考虑的重要因素。它们之间的关系是很明显的，WTO 法力求规范自然资源贸易。WTO 的核心原则是适用于这种贸易的，自由化和不歧视的目的是确保这些资源在全世界范围内能够更公平地进行分配。

自然资源被认为是自然环境的总体潜力，特别是在能源、采矿、林业和水利领域。因此，它们包括化石、植物、野生动物和渔业资源，所有这些对人类都很有用。它们是真正稀缺的资源，但在贸易自由化的背景下容易被滥用，没有一个国家能够采取有效措施来保护它们而不受法律限制。

这些资源，尤其是森林资源，在拥有这些资源的热带发展中国家的国内生产总值中所占的比例很大，同时它们也是某些国家的必需品，并且不希望被购买。这里的问题完全取决于在国际贸易中对其进行保护的程度。因此，问题在于，在规范这些资源贸易方面，WTO 法是否注意要充分地保护森林资源？换句话说，贸易关系的调整对热带森林自然资源的保护有什么影响？

对 WTO 的监管和体制框架的分析表明，国际贸易关系中的自然资源保护是令人满意的。这意味着需要重新规范本组织在该项工作中发挥的作用，其目标是改善森林资源的保护。尽管实践有些拖延，WTO 保护自然资源的行动仍然揭示了在哪些方面需要继续努力。1947 年《关贸总协定》（GATT）中出现了两次"自然资源"：第 20 条（g）项中关于保护"可能耗尽的自然资源"措施的例外情况以及第 17 条第 1 款（a）项（附件一）中的"国家自然资源"。通过参考这些措施，我们认识到各国可以采取措施确保自

然资源的保护，无论是针对植物还是渔业资源。事实上，多哈部长级会议重申了这种可能性，选择将其纳入各种环境文书。❶ 机构层面的努力也是显而易见的，贸易和环境委员会、贸易和发展委员会都以与贸易有关的环境问题为组织考虑框架。❷ 到目前为止，其所采取的措施仅限于"事后"的保护，这意味着它们只在加工和最终消费阶段进行干预而不对自然状态下的资源进行保护。

此外，争端解决机构（DSB）在案例法中大大缩小了预防原则的范围。DSB 明确规定，措施与风险评估之间必须存在合理或客观的关系。这些先例将比照适用于有关自然资源的争端。但人们担心为保护自然资源而采取的措施可能会被视为违反既定原则。如在森林认证中，欧共体采用"合法性"的原则，只有按照可持续森林管理（SFM）的规则开采的木材产品才能进入市场。

WTO 在改善自然资源保护方面起着决定性的作用，所以应该把重点放在 WTO 法律和制度的完善上。首先在法律上，自然资源保护规则与国际贸易规则之间需要有更密切的配合。这不仅是与环境事务主管机构建立合作的问题，而且必须明确强调资源节约对贸易的影响，必要时可以体现法律规定的有关措施。WTO 应避免落后于现行的做法，采取措施编制一般的自然资源清单，特别是森林资源清单，并确定通过国际贸易保护它们的手段。这包括对可耗竭资源的分类，引入确定可交易数量的措施，以及对可持续开采的木材与被开采的木材之间进行区分而不考虑规则的定义。

---

❶ *Ministerial Conference*, Fourth Session, Doha. 2001. document WT/MIN（01）/DEC/1 of 20 November 2001, and the Preamble to the Marrakesh Agreement. 9 – 14. https：//www.wto.org/english/thewto_e/minist_e/min01_e/mindecl_implementation_e.htm，访问日期：2023 年 8 月 13 日。

❷ *See the Decision on Trade and Environment.* https：//www.wto.org/english/docs_e/legal_e/56 – dtenv.pdf，访问日期：2023 年 8 月 13 日。

其次，在机构上，处理直接或间接的与自然资源有关争端的 WTO 机构可能会更大胆地作出裁决，这将增强相关 WTO 规则的清晰度。然而恰恰是在它们应该作为"主导解释者"的地方，这些机构反而撤退了。所以在保护自然资源方面应该给予 WTO 充分的权力。然而，现实情况是，它们很少在严格界定的能力范围之外冒险，即确定有争议的措施是否符合国际贸易规则。而且，WTO 一直忙于防止环境措施构成国际贸易中的变相保护，即"生态保护主义"。这就解释了为什么在规范国际贸易时要考虑到可持续发展，包括可持续森林管理。这样做将确保 WTO 法在保护热带森林生态系统方面发挥积极的作用。

三、WTO 中的林业贸易问题

森林产业占全球 GDP 的 3%，为全球 12 亿人提供了生计保障。多哈发展议程要求增加林产品的市场准入，降低或取消关税。农产品市场改革也会影响到林产品贸易，贸易和环境协议对林业贸易都有重大的影响，森林产品的认证也会提高非关税贸易壁垒。

林产品贸易占世界 GDP 的近 3%，约占国际商品贸易的 3%。这个贸易涉及世界上每个国家，主要产品类别有圆木、锯材、面板、纸浆和纸张等，年销售额达 1500 亿美元。在全球范围内，2003 年原木总产量估计接近 16 亿立方米，后来种植木材的比例越来越大。森林还为 12 亿人提供木材能源、水和食品，森林砍伐使得生活在其中的约 90% 的人生活在贫困线以下。

"多哈宣言"中的林业问题涉及补贴、环境、生态标签、认证、植物健康、知识产权、开发、市场准入、技术标准和规定等。可持续森林管理（SFM）对贸易的影响以及可持续森林管理的国家立法与 WTO 规则的兼容性也正在讨论之中。

世贸组织第四次部长级会议制定的多哈发展议程中包括了以下与森林有关的行动要点:

一是市场准入非农产品,目的是减少或消除包括森林产品在内的一系列产品的关税和非关税壁垒。此外,还规定了关税高峰、高关税和关税升级的削减或取消。森林产品贸易的进出口关税相对较低。

二是贸易与环境,谈判将侧重于澄清多边环境协定下的贸易措施与现行世贸组织规则和贸易义务之间的关系。与林业相关的多边环境协定有《国际濒危物种贸易公约》(CITES)、《生物多样性公约》(CBD)和《联合国气候变化框架公约》(UNFCCC)及其《京都议定书》(Kyoto Protocal)。

世贸组织贸易与环境委员会特别关注以下四个方面的内容:

一是环境措施对市场准入的影响,特别是对发展中国家来说,包括资源回收和生态标签制度等。

二是贸易与环境委员会(CTE)和技术性贸易壁垒委员会(CTBT)的环境标签要求及其对贸易的影响。林业部门的私人支持者和环境界正在进一步澄清以下两个问题:一是环境行动在国际商定的贸易规则中是否合法;二是根据第 20 条的规定,政府的公共采购政策是否符合 GATT、WTO 的规则,同时可能有哪些例外情况。

三是森林认证。除了继续降低关税以外,森林认证和标签也是非常重要的。"多哈宣言"明确指出,贸易与环境委员会(CTE)应"特别注意环境目的的标签要求"。目前,林产品主要是在自愿的基础上签发单一问题的标签,按照一套标准进行森林经营。可持续森林经营包括对森林环境和社会服务的评估,这会影响到林经济和林产品的竞争力。从 WTO 的角度来看,森林认证和标签可能构成非关税壁垒，从中期来看，依据是 WTO 中的《技术性贸易壁垒协定》、《政府采购协定》、《补贴和反补贴措施协议》、《GATT 关于国内税收和监管的国内待遇》第 3 条等。CTE 于 2003 年 9 月在坎昆召开的第五届部长级会议上报告了这个问题。据报道，大多数成员认为，自愿的、参与性的、基于市场的和透明的环境标签制度是潜在有效的经济手段，目的是告知消费者关于环保产品的信息。因此，它们可以帮助促进可持续消费。而且，它们一般倾向于比其他工具更少的贸易限制。但也有人指出，环境标签计划可能会被滥用于保护国内市场。因此，这些方案必须是非歧视性的，不会对国际贸易造成不必要的障碍或变相的限制。

四是农业贸易改革可能会影响林业。与林业竞争的农产品的关税和补贴减少间接地与林产品贸易有关。在热带地区要比温带地区低一些，因为在温带地区，农产品的关税和补贴一般较高。来自热带地区如油棕榈、橡胶、咖啡和可可的产品的关税削减并不重要。但是，目前还不能预测未来农业关税和补贴对一般森林，特别是天然热带森林的减产所带来的影响。

四、WTO 与森林认证

国际贸易制度与森林认证实践之间具有密切的关系，根据 GATT 和 WTO 确定的国际贸易规则，有必要讨论森林认证的可行性问题。WTO 西雅图部长级会议认为这一点非常重要，因为木材的关税削减已经提上议事日程，对相关的世界贸易规则的认识可能会有所提高。

根据国际贸易规则，森林认证这个话题可能无法说明什么是最终的，因为太多依赖于任何一套标准的具体情况，森林认证在其中发挥着重要的作用。下面会讨论一些视情况而定可能影响其合法性问题的因素,并主张进一步统一自愿性标准。我们首先应该明确贸易与环境之间复杂的关系,其次了解一下世界贸易体制,并讨论各种协调贸易和环境的方式,最后将重点放在对森林认证的分析上。

(一)贸易与环境

自由贸易与环境保护之间的关系是复杂的,其原因是多方面的。一方面是我们倾向于认为自由贸易和环境保护都是好事。❶ 自大卫·李嘉图(David Ricardo)指出自由贸易会增加总的福利以来,自由贸易已经成为人们公认的事实。事实上,有些人把第二次世界大战的爆发,部分原因归结为20世纪20年代和30年代大部分时间内普遍存在的贸易保护主义,强调即使相信自由贸易本身不是好事,但至少是有价值的,因为它有助于国家的相互依存,从而使战争爆发的可能性降低。最近,在"自由和平"的论点中,就已经出现了一个强有力的声音:自由民主的自由市场经济下,国家一般不会发动战争。❷

另一方面,自然环境也被认为值得保护。自从科学家发现臭氧层空洞、森林退化和破坏、温度逐渐升高等,已经导致极地冰层大面积融化,海平面上升,环境保护在国内外政治议程中日益突出。每一次热门事件都是为了维护公众的环境利益。

因此,对于贸易与环境,公众通常希望两者和谐发展。然而,有时我们面临着这样做的不可能性,有时两者之间会有冲突,难以作出选择。增加关系复杂性的另一个原因是不同的观点会产生

---

❶ N, Standart, R, Jackson. *Translational Regulation. Y the Message is Masked? Current Biology Cb*. 1994, pp. 56–58.

❷ Slaughter, Anne-Marie. *International Law in a World of Liberal States. European Journal of International Law*. 1995, pp. 67–68.

不同的结果。换句话说，从自由贸易的角度来说，环保可以成为高尚的目标，但也可能构成贸易壁垒。事实上，由于自由贸易规则试图在贸易商之间创造一个公平的竞争环境，各种形式的环境保护可能从有些方面被认为是有害的。因此，由于以环境不友好的方式生产而禁止从 B 国进口货物，可能会使 A 国的生产商受益，但是，如果 A 国的生产者必须按照自己的高环境标准生产，那么这些标准可能会对他们不利。因此，即使对同一个国家来说，同样的措施也可能被认为是有害的或是有益的。正如这个例子已经强调的那样，这个问题又带来了另一个问题，那就是环境保护可能与产品本身并不太相关，而与产品的生产过程相关。事实上，就贸易与环境之间的冲突而言，这是一般情况，尽管危险废物❶的贸易确实发生了，而且有些人认为这应该被视为任何其他产品的贸易，问题不在于污染商品的贸易，而是涉及以对环境有害或至少可能以有害的方式生产的货物贸易。

然而，对环境的保护很难在国际上进行规范，部分原因在于，任何规制的尝试都不仅是关于拟议条例的环境影响的可靠知识，而是假定政治理论家通常称为"善"的生活。相比之下，贸易管制更容易规范，至少从总体上来说，就是要在很大程度上规范自由贸易的手段，简单地摆脱贸易壁垒。一方面，因为自由贸易本身就是一件好事，所以就不需要太多的理由，一旦达成共识，所要做的就是扫除现存的障碍，同时防止新的障碍出现；另一方面，保护环境的形式是千差万别的，即使可能存在关于环境保护的普

---

❶ 危险废物是指列入国家危险废物名录或者根据国家规定的危险废物鉴别标准和鉴别方法认定的具有危险特性的固体废物。

遍共识，也可能遭遇到持续不断的争论。❶

（二）WTO 贸易体制

作为20世纪20年代和30年代保护主义的后果，自由贸易已被认为是防止国际冲突起因的一种手段，同时也是增进各国普遍福利的一种手段。因此，在1941年《大西洋宪章》中体现的丘吉尔和罗斯福的战时计划设想了自由贸易，而布雷顿森林体系在制定战后经济秩序时，为计划中的国际贸易组织（ITO）保留了一个显著的位置。事实上，导致其创立的谈判进展迅速，直到美国参议院在战后不久就支持孤立主义，由此形势变得清晰起来，才有可能试图拒绝GATT的创始文件——《哈瓦那宪章》。为了不影响自由贸易的目标，《哈瓦那宪章》的一部分被单挑出来，成为单独签订的《关税和贸易总协定》（GATT）。但GATT从未正式生效，而只是从1947年起临时运作。

鉴于这些不寻常的起源，GATT在实际运作中留下了一些不足之处，但这并不令人惊讶。毕竟，没有包括任何体制机构，在《哈瓦那宪章》中的其他部分已经占据了一席之地，争端解决程序也几乎是从头开始的。更重要的是，GATT几乎完全处理工业产品贸易。由于美国和欧洲普遍存在农业保护主义，而GATT包含了一些农业规定，因此很少有这样的规定。另外，新的服务贸易现象完全不受管制，或者也许是因为其固有的灵活性，GATT至少在其存在的前几十年里被证明是成功的。各种谈判已导致逐步取消关税和其他非关税贸易壁垒。而GATT的争议解决程序，由经双方同意任命的专家小组成员组成，只有当有关各方都能接受的报告才

---

❶ Trebilcock, M/Howse, R/Trebilcock, M/Howse, Robert. *The Regulation of International Trade*. Routledge. 1999, pp. 47–53.

能通过，这样才能通过外交和谈判解决许多贸易争端，而不仅仅依靠法律。

然而，在20世纪70年代和80年代，GATT已不再适合应对不断变化的情况，正如一位著名的经济学家在20世纪80年代中期非常简洁地提到的那样，"GATT已经死了"。宣布GATT死亡的原因之一是新兴贸易制度的兴起，其关注的是过程和机制，而不是产品本身。关于GATT的第20条一般例外条款在20世纪80年代后期首次成为专家组报告的主题并非巧合，第20条旨在通过保护知识产权、保护可耗尽的自然资源、保护人类和动植物的生命，使成员方能够自由地管理产品的生产过程。

现在国际贸易环境的变化很多，服务贸易急剧增加，欧共体为自己的农业实践所吞噬，知识产权保护和投资保护日益被认为严重地影响了贸易。表面上自由化纺织品的协议在实际应用中变成毫无希望的保护主义，也许最重要的是，GATT是一系列文件、文书、谅解、协议和决定组成的，从而无法达到传统上与任何法律制度相关的要求之一，即确定性。

到20世纪80年代末，重新启动GATT谈判的时机已经成熟。这是在所谓的乌拉圭回合贸易谈判期间进行的，该谈判围绕现有GATT的核心建立了一个全新的世界贸易框架，由此成立了一个世界贸易组织，纳入了旧关贸总协定的法律，并在世界贸易体制的范围内出现了一些新的问题，最明显的是服务贸易和与投资措施和知识产权有关的贸易方面的内容，并创造了一个复杂但更全面的包括争端解决机制在内的法律体系。

在GATT下，争端解决制度由松散建立的小组组成，只有有关各方接受，其报告才能具有法律约束力。争端解决机构（简称DSB）规定，专家组按照固定程序在固定时限内开展工作，并允许向所谓的上诉机构提出上诉。除非经过上诉，否则决定视为最终决定，并且该制度还允许授权进行更有效的制裁。

虽然 GATT 和世贸组织日益具有法律制度的特点，如清晰、透明，首先是可预测性，但过渡还没有完全完成。GATT 的许多不确定性已经被转移到新的组织当中，而且许多实体性规则被认为需要进一步的解释才能有效运作。虽然这些规则本身可能比较明确，但它们在复杂情况下可能并不总是不言而喻的。因此，由 GATT 专家小组和当今的争端解决机构决定的案件对于确定先例十分重要。

（三）环境保护

近年来，各国纷纷尝试单方面采取环保措施，在有些情况下，这些措施已经发生在 GATT、WTO 专家小组成立之前，形成了指导性意见。

禁止进口的做法有违反 GATT 各项规定的风险。一方面，任何进口禁令的定义几乎都是对贸易的量化限制，因此与 GATT 的第 11 条背道而驰。如果进口后根据被禁物质的原产国进行区分，如允许墨西哥的产品而不是危地马拉的产品，那么立法就很难与最惠国条款相一致。

通常情况下，与其他原产国区别并不太相关，而是在外国生产者和国内生产者之间存在，例如，如果国内的渔民使用更先进的捕鱼技术，并普遍弃置漂网捕鱼，则属于这种情况。在这种情况下，禁止漂网捕鱼的产品，虽然可能是由于担心海豚的安全问题，但却有保护国内捕鱼业的嫌疑。不论其来源如何，都不会像对待其他产品一样，因此违背了 GATT 第 3 条所谓国民待遇条款的规定。

正是在这里，GATT 基本规则的公认的例外可能会出现，而第 16 条则规定了最相关的例外。第 20 条规定，当国内措施偏离

GATT 的规定被认为是有用的时候，第 20 条规定则可以免除适用。因此，如果这种偏离的措施是为了保护公共道德的话，那么它们的使用可能是合理的，尽管它们与 GATT 的主要规则并不相容。同样，在保护专利、商标、国宝或者涉及监狱劳动产品的情况下，也是允许的。

在环境保护方面，有两个条款是特别重要的。根据 GATT 第 20 条（b）款，为了保护人类、动物或植物的生命或健康，采取了偏离措施，而第 20 条（g）款允许保护可能耗尽的自然资源。

第 20 条在相关部分的内容规定如下："在这种要求下，这种措施的适用方式不是在相同条件占优势的国家之间构成任意或不合理歧视的手段，或是对国际贸易的变相限制。

本协定中的任何内容均不得解释为阻止任何缔约方采取或实施措施：

b）保护人类、动物或植物的生命或健康所必需的；

g）如果这些措施在限制国内生产或消费的情况下生效，则与保存可能耗尽的自然资源有关；"

但是，根据第 20 条的规定，这种偏离的措施必须符合某些相对严格的要求。说到保护人类、动植物的生命或健康的措施时，这些措施都必须是"必要的"，意味着它们不应只是理想的或普遍有益的，而是传递更大程度需求的。因此，要么没有有效的替代方案，要么可能存在替代品，但选择的是对贸易的最小阻碍。❶

此外，有关保护可能耗尽的自然资源的措施必须与对国内生产或消费的限制相结合。因此，在刺激国内消费或生产的同时，

---

❶ Brackenbury, D Therese, Appleton, C C. *Use of a Plant Molluscicide*, *Apodytes Dimidiata*, *in a Preliminary Field Trial in KwaZulu–Natal. South African Journal of Science*. 1997, pp. 67–69.

禁止进口稀缺资源将不符合第20条（g）款的要求。

另外，第20条规定所谓的起首部分还有其他一些要求。采取措施保护生命或保护资源不得构成任意或不合理的歧视手段或对国际贸易的变相限制。如果确定这两者中的任何一个，那么无论是否符合其他要求，这个措施都将不起作用。

第20条还引起了许多解释上的困难，这并不令人意外，因为其措辞含混不清。因此，尽管任何例外都必须符合严格的要求，但第20条似乎也表明，这些严格的要求需要一个宽松的解释，起点似乎是GATT中的任何内容都不应被解释为阻止采用或执行理想的政策目标，从而将转向国内关注的问题，而不是转向国际承诺的问题。但是，这一点是错误的，因为第20条构成了一套基本规则的例外，因此根据传统的条约解释原则，将需要一个相当严格的解释，将其转向国际承诺问题。

简言之，关于贸易与环境之间关系，大部分辩论围绕对第20条的适当解释以及它在GATT的地位。许多案例有必要适用GATT第20条的规定，表明环境措施通常违反了GATT或WTO的规则，这样会寻找到属于第20条范围的唯一的合法理由。

自WTO生效以来，其法律效力有所提高。由另外两套规则的出台而复杂化。最初于1979年缔结的两项协定，只是吸引了GATT成员方的适当数量的批准，已经被纳入新的框架，以便为WTO所有成员方规定权利和义务。《卫生与植物卫生措施协议》就是其中之一，虽然它在总体上对环境保护有着显著的重要性，但它愿意这样做。此外，尽管是暂时的和有限的，但它允许进口禁令，而不是强迫各国采取其他创造性的方式来进行保护。

但是，这里更重要的是1979年签订的第二项协定——《技术性贸易壁垒协定》。因为许多环境措施是以技术性贸易壁垒的形式出现的，最明显的例子是在产品规格中列入强制性环境标准。WTO 的任何成员方制定规则，如只有可持续种植的木材才能进口，可能正在形成技术性的贸易壁垒，就像包装规则，或者用于转售的强制尺寸规则一样，或者录像机技术规格也都可能构成技术性贸易壁垒。

WTO 两个成员方之间只有一个是环境协定的缔约方，将继续受到 WTO 规则的约束，反过来也会对环境制度的可行性产生一些重要的影响，因为这与 GATT、WTO 法律规定的最惠国待遇难以协调一致。可以说，唯一合适的出路就是把环境制度作为一种贸易制度来组织起来，但这并不总是可行的。

此外，还有一些条约冲突在结构上是无法解决的。因此，从贸易的角度来看，贸易观点从定义上说是占上风的，但从环境的角度来看，环境观点很有可能会占上风，也许正是出于这种现象，1996 年 WTO 贸易与环境委员会呼吁各国作为世贸组织成员，也是《多边环境协定》的缔约方，考虑就涉及多边环境协定贸易条款的任何争端加入该协议，而不是 WTO。这明确地表示了《多边环境协定》的结论无论如何有用，但不一定会导致符合 WTO 的规定。

还有一个问题就是搭便车问题，例如，X 国不参与环保计划，不承担分摊的重担，而是从环境质量的提高中获益，它可以自由地利用别人的努力。而且，由于不参与，甚至可能享有竞争优势。在完成 1989 年《关于消耗臭氧层物质的蒙特利尔议定书》（以下简称《蒙特利尔议定书》）的同时，起草者仔细考虑了搭便车问题，并决定逐步淘汰与非缔约方的贸易，这些非缔约方可能成为，也可能不会成为 WTO 的成员方。虽然这与世界贸易组织的不歧视条款相冲突，但《蒙特利尔议定书》的起草者认为情况并非如此。他们认为，不歧视只适用于同样条件占上风的国家，几年之后，禁止消耗臭氧层物质的国家之间的差别变得如此广泛，以至于一些国家能够合理地声称占上风。因此，不违反世贸组织的不歧视条款，就任何议题达成条约，都预示着条约可取性方面存在着大量的政治协议。如果存在政治上的分歧，而且这个分歧是不可逾越的，或仅以牺牲明确性或确定性为代价来弥合该分歧，那么就不可能达成有意义的条约。而且在那种情况下，可能还需要其他选择。

其中一个选择是税务措施。在实践中对某些产品征收环境税似乎是可行的。尽管任何税收都可能属于 GATT 第 3 条规定的禁止范围，只要适用于所有同类产品，无论其来源如何，在 GATT 第 20 条规定下似乎都是合理的。毕竟，对产品 A 和所有类似产品征收的税收并不一定妨碍自由贸易，只要它是全面适用的。而且，所谓边境调节税，早已成为避免双重征税的公认的手段。

那么问题就在于政治层面，很少有政治家会在提高税收的基础上开展一个繁荣的事业，不管其动机有多么强烈。此外，一旦税收到位，将很难预测会发生什么事情，有可能导致更高的零售价格，消费者真的会改变消费模式吗？如果是这样的话，他们会用环保产品替代不环保的产品，否则他们可能会采取替代品。此外，产品和生产过程之间还存在着区别的问题，尽管 GATT 的大部分内容涉及产品，但很难找到不利于生产产品的方法，特别是当这些方法与产品无关时。鉴于上述种种困难，最近一些学者不再建议寻求全面的贸易与环境协调，这也许并不奇怪，但主张采用科学的方法。

（四）森林破坏

森林破坏通常被认为包括两个不同的现象：砍伐森林和森林退化，砍伐森林通常被定义为从森林到其他目的的土地利用的变化，这反过来又反映了森林土地利用的变化，但不反映整体的土地利用情况。

虽然森林破坏导致的后果仍不清楚，但有些后果可能会合理预期发生。因此，森林破坏将导致物种多样性的丧失，这是一个不可逆转的过程，而这又可能影响发现新的或未知的可能性。此外，森林破坏可能会导致流域问题和侵蚀问题，影响天气状况，并有可能促进温室气体排放和全球变暖。❶ 此外，还有其他后果，从人类栖息地的消失到资源的丧失都可能产生。

目前，森林破坏的原因已达成共识，因为有许多因素同时发挥作用。因此，至少在世界上较贫穷的地区，森林产品被用作提供能源的燃料，商业采伐也破坏森林，温室效应导致酸雨。另外，造成森林砍伐的体制原因可能是腐败，或者更普遍的是政府监管薄弱。但是，最重要的一个因素是森林向农地的转化，或者成为政府的森林政策或"刀耕火种"农业的结果。林产品贸易似乎起到相对较小的作用，至少在涉及热带木材时。❷

也许部分原因是森林破坏，其破坏的后果和谁应该承担责任是根本分歧，迄今为止，国际社会未能就防止森林破坏达成一致协议。虽然在 1992 年联合国环境与发展会议前夕审议了相关协议，但因各种谈判立场仍然分歧很大，最后商定的是一套不具约束力的原则。

---

❶ Brunnée J. *A Conceptual Framework for an international Forests Convention*: *Customary Law and Emerging Principles*. in Canadian Council on International Law (ed.) , Global Forests and International Environmental Law (The Hague) [M]. Berlin: Springer, 1996, pp. 41 –77.

❷ David Stern, Michael Common and Edward Barbier, *Economic Growth and Environmental Degradation*: *The Environmental Kuznets Curve and Sustainable Development*, World Development, 1996, p. 1151.

事实上，谈判立场似乎锁定在发达国家对发展可持续林业的需求之间，许多发展中国家担心这是限制它们进入市场的手段，迫使它们采用更昂贵的加工方法，从而使其竞争力下降，或避免采取强硬措施来减少温室气体排放。包括世界贸易组织在内的其他论坛也遭遇了同样的僵局。因此，美国认为，生态标签即使涉及生产方式而不是产品，但在《技术性贸易壁垒协议》下有法律依据，而发展中国家则普遍持相反的意见。

（五）森林认证和 WTO 法

在当前的情况下，主要举措可能来自所谓的私人或半公共部门，❶ 这也许并不奇怪。森林认证在几个机构的主持下进行，最显著的是国际标准化组织（ISO）和森林管理委员会（FSC）。虽然两者都在不同的场所工作，如 ISO 标准涉及管理，而 FSC 更多地涉及绩效，但二者都具有一个共同重要的特点，即它们都在自愿的基础上工作。

世贸组织自愿认证计划的合法性尚未经过测试。有几位评论员指出，自愿认证计划应该被认为是按照 WTO 规则推定的。然而，有力而鲜明的证据的可能性微乎其微。这样看来森林认证应该是自愿的。因此，争论依然在世贸组织框架范围之外。

迄今为止的一个例外是，尽管是生态标签而不是森林认证，因为它的自愿性质，所以生态标签提供给那些有能力的人。毕竟，获得生产所需的机器可能是昂贵的，也可能是生态标签的申请成本比较高。而且，通过与国内生产者进行磋商，往往会达到一定的标准，这可能会导致选择难以满足外国竞争对手的标准。那么

---

❶ F Yamin, *The CSD Reporting Process: A Quiet Step Forward for Sustainable Development*, Routledge, 2019, pp. 51 – 62.

最终的结果可能是对外国生产者的歧视，特别是针对一些欠发达国家的生产者。

正如文献中所暗示的少数讨论，很大程度上取决于特定情况。举一个假设性的例子：如果坚持认证的热带木材本身的 X 国就是木材生产国，那么与没有任何国内木材生产情况的 Y 国相比，情况可能明显不同。在前一种情况下，坚持认证证书可以保护国内产业，而在后一种情况下，这样的定义被排除在外。

在这种情况下，试图对认证方案的合法性提供单一的最终结论是徒劳的。充其量，很多因素可能会勾勒出来，这可能会影响到合法性问题。那么接下来就是这样一组因素，其中一些涉及一般特征，其他与特定的法律文书有关，无论是《技术性贸易壁垒协议》还是 1994 年的 GATT。

1. 自愿

显然，影响事物的一个因素是生产者被说服认证的方法。如果国家制定强制性认证要求，如坚持认证是进口或其他待遇的先决条件，那么结果最终可能是违反了 GATT、WTO 的规定。这是因为以下几个原因，其中一些将在下面进行更深入的讨论。强制性计划毕竟是区分不同来源的同类产品之间的法律对待，虽然它们可以为公认的政策目标服务，但它们可能比贸易限制性措施更强，成为服务于相同政策目标的替代手段。

这同样不会自动适用于自愿计划。然而，如前所述，这种危险可能存在，认证并不是地球各个角落的生产者所能达到的。因此，对于一些生产者来说，不仅有可能认证过程本身太昂贵，还可能有与国内生产者一起制定国内标准的情况，并因此向国内生产者倾斜。

但有一点需要注意的是，生产者自愿承担认证的问题不会自动使认证超出 GATT、WTO 规则的范围。即使是最少量的政府参与，也会导致在 GATT、WTO 规则范围内进行私营部门认证。一旦它们被覆盖了，它们就必须是合理的。

2. 标准的起源

《技术性贸易壁垒协议》对国际标准提出了更高的要求，根据这个理论，我们可以推测，当采用国际标准的国家达成一致时，单方面行动的可能性就大大减少了。尽管 ISO 标准和 FSC 标准源自私人与公众之间灰色地带的机构，但毫无疑问，所有的意图和目标都是国际性的。

其中一个问题就是标准和认证方法的泛滥，如果一个国家采用 ISO 标准，另一个国家则选择 FSC 制定的标准，另一些国际组织则可能落在更为有限的范围内，如国际热带木材组织，那么尽管有国际标准的存在，但为了防止贸易扭曲，要求它们必须协调一致。

3. 过程或产品

传统上认为，关贸总协定、世贸组织的规则只适用于产品，而不会影响这些产品的生产方式。因此，针对污染产品所采取的措施将在 GATT 和 WTO 规则范围内。然而，对强烈污染手段所产生的清洁产品所采取的措施仍然不在 GATT、WTO 规则的范围之内，至少使各国自由，甚至是激励，不能确保无害环境的生产方法和程序。

在某些情况下，这种立场是有道理的。显然，进口产品在进口过程中可能会导致进口环境的恶化，但在生产工艺或生产方法上也是如此。毕竟，这些产品通常不会随产品一起移动，而是由生产产品的国家决定是否愿意忽略某些生产过程。

事实上，因其遵循 GATT、WTO 法律的大部分内容，这种以产品为导向的解释是可以理解的，因为这些规则中的许多内容具体指的是产品的处理。在第 20 条中可以找到少数有争议的例外之一即（d）款"为了保护专利、商标和版权，允许偏离一般规则"。即使在这里，这个例外是否涵盖专利生产流程以及专利产品也一直备受争议。

然而，最近的争端解决程序似乎越来越倾向于将处理过程和生产方法置于 GATT、WTO 规则的范围之内。两个未采纳的"金枪鱼"专家小组报告就是一个例子，专家小组拒绝接受这样一个论点，即由于漂网捕鱼仅仅涉及捕捞金枪鱼的过程，它应该停留在关贸总协定之外的范围。这一思路已经在最近的虾类报告中得到了证实，上诉机构并没有专门针对它，正在处理的是一个过程而不是一个产品本身的情况，这表明某种增加的生产方式属于 GATT、WTO 的范畴。

当涉及森林认证时，森林认证通常不太适用于最终产品，而是应用于生产过程或生产方法，这必然暗示它不受监管。WTO"金枪鱼"和"虾"的案例创造了一些违背传统思维的行为，因此，如果活动属于关贸总协定、世贸组织规则的范围，也可能违反这些规则。

4. 以环保为目的

根据《技术性贸易壁垒协议》，某些限制贸易的规定是允许的，只要它们服务于有价值的事业，如保护国家安全目标或保护人类健康或安全，动植物的生命或健康，保护环境，这仅适用于强制性技术规定。关于自愿的标准，没有列出具体的目标。因此，强制性计划必须为环境或人类，动植物的健康和生命提供保护，同时还要满足一些其他要求。当然，在森林认证方面，可以提出一个合理的例子。

5. 限制性措施

《技术性贸易壁垒协议》下有合理化方案的问题，但更为严重的一个问题是，技术性法规和自愿性标准都不应该被制备、采用或应用，以便为贸易造成不必要的障碍，或者造成不必要的阻碍。就强制性技术法规而言，就是指限制性措施"不得超过必要的贸易限制"以实现其目标，同时适当考虑到未达到目标所涉及的风险，如环境保护。换句话说，如果存在替代办法，而这些替代办法同样有效，但贸易限制性较小，则优先采用替代办法。

毋庸置疑，在任何情况下，这种替代方案是否可以被视为存在，取决于这些情况，但一些评论者已经对强制性生态标签计划表现出了悲观态度，即在《技术性贸易壁垒协议》中，正因为没有任何有用的选择可以找到，所以不言而喻该计划推行中阻碍重重。

6. 产品

《技术性贸易壁垒协议》和 1994 年 GATT 都规定，在"同类产品"方面，不歧视待遇是合理的。

当产品足够相似时，就可以适用非歧视条款。在这个问题上，意见可能是多方面的，因为有可能的事实情况，也往往诉诸经济理论。

当两种产品相同时，显然没有什么问题，如 X 国的一辆汽车与 Y 国的一辆汽车直接竞争。然而，在这两种情况下，可能会出现问题。首先，如果这两种产品在接近同一类产品的情况下，将不同于其他产品，那么它们是否仍然可以被视为同类产品呢？在这里，最近的发展表明，看似相似的产品之间的差异可能会被考虑进来。因此，1992 年麦芽饮料案例的专家小组区分了低酒精含量和高酒精含量的啤酒，理由是不同的国家啤酒法规并不打算区分进口啤酒和本地啤酒。事实上，专家小组的结论是"第3条中的同类产品的确定，必须以不会且不必要地违反合同当事方的监管当局和国内政策选择的方式进行"。反过来又表明了，至少在第3条的范围内，必须在国民待遇的要求和国内政策目标之间寻求平衡。

另一种可能出现"同类产品"问题的情况是产品不同，但可能不会适用于类似的目的。换句话说，它们是竞争性的还是可替代的？在这种情况下，不歧视是必要的。无论如何，决定相似性的通常方法是看物理性质、最终用途、关税分类，甚至是制造过程等。

在为了产品的相似性而讨论制造过程的情况下，明确的森林认证可能会成为一个问题，即如果认证木材被认为不与非认证木材竞争，则第3条不予适用。每当国家对认证木材进行溢价时，就不被侵犯。同样，如果热带和温带木材不被视为"喜欢"，那么第3条就不会被侵犯。

然而，也有一些例外情况。因此，通过使用与来源有关的特征作为区分标准，在区分产品方面存在人为因素，同样，区分有证和无证的木材似乎也是有道理的，不过，有人认为，日本酒精饮料小组可能已经超出了制造过程中的严格条件，但又有人认为，这样的测试在生产方法没有直接影响的情况下是不合理的，在最终产品上并不改变其外观、味道、寿命或任何此类因素。如果有一件事情是明确的，那么确定构成同类产品的个别情况下，总是必须以案例的方式进行，在某种情况下可能是不一样的产品，也可能是在不同情况下的产品。

7. 无利可图

GATT第2条第1款、第3条以及第4条"良好做法守则"的另一个要求是，对外国产品的处理不得低于国内产品。显然，这个想法从来不是禁止不同的待遇，而且对外国产品的更优惠待遇。

虽然这在很大程度上取决于每个案件的确切情况，但"不逊色"一词意味着包括正式的和重大的歧视。更为重要的是，正如1996 年的 WTO"汽油案"专家小组所说的那样，"进口产品机会的有效平等"。

在这种情况下，即使是自愿的标签或认证计划，也可能会遇到很大的障碍，因为如前所述，自愿计划所涉及的费用可能会使一些生产者，特别是较贫困地区的生产者获得认证。如果是这种情况，那么结果可能是有效的，如果不是有意的话，那些生产者就会被禁止进入某些市场。在这种情况下，其很大程度上取决于对可持续林业的政策目标的权衡，以及对发展中国家的生产者可能造成的不利影响。

8. 必要的或不必要的

即使措施违反 GATT 第 3 条的规定，也可以参照 GATT 第 20 条的例外情况予以补救。GATT 第 20 条（b）款规定了"保护人类、动物或植物生命或健康所必需的例外"。这里比照《技术性贸易壁垒协议》的"无不必要的障碍"的上述说法也是相同的，这个要求意味着不能采取与 GATT 相一致的替代措施，并且采取的任何措施都是尽可能地与 GATT 的条款保持一致。

9. 可纳入

如果国内生产或消费同样受到限制，则 GATT 第 20 条（g）款可以偏离与保护可耗尽的自然资源有关的措施。这就为森林保护创造了机会，因为很少有人会否认森林是一种可耗尽的自然资源。因此，这可能会违反 GATT、WTO 规则的森林保护措施，但是可以在 GATT 第 20 条（g）款下获得许可。

然而，实践中可能出现的情况是，必须采取类似的国内措施。这并不一定意味着享受同样的待遇，因为 1996 年的 WTO 案例中专家小组明确表示，某些"公平"是无法实现的。GATT 第 20 条（g）款中还有一个重要的要求，即措施必须与"保护"有关。在传统意义上，这些措施的含义是，措施必须"主要针对"保护，这要清除很大的障碍。显然，可用的自然资源这一要求已经放宽。

事实上，一般认为，GATT 第 20 条（g）款似乎比较宽松，在涉及环境保护方面可能会提供有用的服务。因此，森林认证可能完全属于 GATT 第 20 条（g）款的保护范围，因为它通常涉及与保护不可否认的资源相关的措施。但是，满足 GATT 第 20 条（g）款的具体要求，并不能说明是否符合 GATT 第 20 条的一般要求。

10. 任意或不公正的歧视

最后，在 GATT 第 10 条的所谓起首部分或序言部分中，措施的实施方式不得构成在相同条件下占上风的国家之间任意或不合理的歧视手段，也不得变相地限制国际贸易。

在 GATT 第 20 条的起首部分中，隐藏着三个需要注意的事项：什么是变相的限制？什么是武断的或不合理的？那些情况相同的国家又是什么意思？奇怪的是，其中第一个，过去就有一些解释，比如如果发现这个东西是人们所宣传的，就不能构成变相的限制。在后来，隐藏并不是什么而是贸易措施的影响，反过来又促成了"变相限制"和"任意或不合理的歧视"这两个词的发展。

有一些环境措施是根据 GATT 第 20 条的要求，仅适用于"相同条件占优势"的国家产品的条款。已经签署了《蒙特利尔议定书》的国家不再被视为非缔约方。

这是一个合理的路线，但前提条件是《蒙特利尔议定书》的缔约方实际上履行了义务。"条约"取决于《蒙特利尔议定书》的执行情况，而不仅仅是成为缔约方。换句话说，如果《蒙特利尔议定书》的缔约方违约了，那么就无法证明任何贸易限制。

总之，从上面的大部分内容来看，似乎任何单方面的措施在GATT、WTO的框架下都很难被证明是合理的。按照普遍的国际主义精神，无论是贸易商还是环保主义者，唯一可行的选择似乎是多边的。

专家小组经常提到的一个选择就是缔结一项有关林业的多边协定。然而，从政治上讲，这似乎还有很长的一段路要走，即使如此，多边协议也并不意味着会得到GATT、WTO的批准。此外，还有一个考虑就是WTO进行谈判，似乎并不认为自己是合适的论坛，这就使得在一套规则和另一套规则之间弥合认知差距变得十分困难。

其余的选择是进一步发展自愿性的认证标准。鉴于各国之间存在的分歧，目前很难以政府间协议的形式进行设想。相反，私人或半公共部门制定的认证标准似乎更容易实现。由于上述原因，这些标准最好是自愿的，任何强制性的标准都很难与GATT、WTO的规则相一致。此外，根据"良好实践守则"，尝试制定统一的标准将是有益的。在几套标准竞争的情况下，"治疗"最终可能会比"疾病"更糟糕。

具体而言，对于允许对不可持续采伐的森林实行进口限制的世贸组织规则的修正案，或国家之间就森林保护达成全球协议而言，最切实可行的办法就是把重点放在将自愿标准作为森林认证的基础。这反过来又意味着森林产业从最广泛的意义上，将不得不集中于做好准备采用新的标准。

五、能源和林业贸易

WTO发起了一场能源与林业贸易的辩论，联合国欧洲经济委员会（UNECE）处理国际贸易与自然资源之间的关系。联合国欧洲经济委员会通过若干不同的计划，如联合国欧洲经济委员会通过国家环境绩效评估等处理自然资源的管理问题。但是，我们的关注点将主要集中在两个领域，即能源和林业。

（一）可持续能源

UNECE可持续能源部门就能源安全风险及其缓解进行了对话。尽管目前仍然缺乏普遍接受的定义，但"能源安全"可以这样定义：在最终消费时以及在经济价格水平、数量足够和及时的情况下，可以进行能源供应，因此，在适当考虑鼓励能源效率时，一个国家的经济和社会发展并没有实质性的制约。

由于各种因素的影响，全球能源安全风险急剧上升，其中包括石油进口需求大幅上涨，油价波动，全球少数地区碳氢化合物储量比较集中，以及开发新能源耗材的成本上升。

能源生产国和消费国可以通过提供适当的法律框架，监管环境和税收激励措施，以及公平和透明的流程，来促进和保护能源部门的投资，加强公私伙伴关系，从而减轻这些风险。

此外，还需要政府采取措施来提高能源安全，以补充、侧重和便利市场的运作。能源安全风险可通过一些旨在促进能源系统多样化和灵活性的其他政策予以缓解；增加本地或国内的能源供应；提高节能和效率；扩大消费者可获得的燃料组合；多样化的能源来源；在必要时建立和维持战略和商业库存；鼓励绿色化石燃料能源供应链的研究与开发；开发新能源和可再生能源；改善能源基础设施，对可能的恐怖主义行为进行安全保护；加强国际合作。UNECE可持续能源工作计划的许多要素与这些问题都有着直接或间接的关系。

(二) 林业和木材市场

森林资源的可持续管理并非林业的一个新概念。几个世纪以来，林农利用他们的技能来参与对森林的竞争，既确保其生产木材和运送其他森林产品的能力，也不会侵犯生态系统的复原力。

近些年来，气候变化问题和对绿色经济的呼吁已经重新转向寻求经济增长与经济约束之间的平衡。森林，作为碳汇和可再生材料的能源来源，其关键作用已得到了明确的认可。作为温室气体排放的主要贡献者之一，世界范围内森林砍伐的严重性已超过了包括运输在内的所有其他部门的影响，这已得到了广泛的认可。

在此背景下，贸易措施与森林经营之间的关系是非常重要的。影响木材和木制品贸易的监管框架，在联合国欧洲经济委员会地区以及世界其他地区，正迅速发生演变，而且变得更加复杂。

联合国欧洲经济委员会、联合国粮食及农业组织和联合国世界贸易组织经济研究和统计司于2010年3月23日在日内瓦举办了"木材市场新兴贸易措施"讲习班，讲授关税、出口税收和补贴等问题，以及旨在解决非法采伐和防止病虫害传播的非关税措施。在第32届联合国粮食及农业组织、欧洲经济委员会森林经济与统计工作组会议期间，于2010年3月24日和25日又举行了研讨会，介绍和讨论了森林产品及价格。

以下是与这些会议有关的一些主要内容：

许多不同类型的森林提供了除碳储存以外的各种各样的好处，包括生物多样性，提供生态系统服务，如保护水资源和防止水土流失，以及社会和文化功能等，但这些功能基本上被低估了。对这些服务的评估仍然是一个悬而未决的问题。在处理自然资源保护与贸易的关系时，我们应该考虑到这个问题。

如何采取各种法律形式的所有权、使用权和管理权，或者相反，阻碍森林的可持续管理，并影响可持续木材生产的能力，这也是至关重要的问题。在整个联合国欧洲经济共同体地区，森林所有权仍然主要是公有的，但是在俄罗斯以外的欧洲，大约一半的森林是私有的。

过去十年里，包括增值产品在内的世界木材和纸制品贸易增长了一倍。中国是全球木材贸易的主要国家，目前已成为木材的主要进口国，木制家具等增值木制品的主要出口国。目前的木材市场正在快速发展，因为对木材能源的需求不断增长，特别是木质颗粒物。绿色建筑使用木材的增长也可能刺激需求，对木材需求的增加可能会引起与纸张和纸板等其他木材用户的竞争，并可能对其贸易格局产生重大的影响。

和其他自然资源一样，木材市场的特点有显著的波动性。例如，根据《木材资源季刊》，木材资源国际有限责任公司，全球软木价格全球指数（2000 年指数 = 100）从 2001 年的 85 点上涨到 2007 年的 140 多点，之后又下降了。

森林是一种可再生的自然资源，以反映其各种产品需求的速度得到收获。因此，森林资源的可持续性主要取决于采伐的规模和强度。然而，人类行为可以通过其他方式影响森林资源。森林面积可以通过自然延伸扩大，也可以积极建立新的种植园。例如，人工林和天然林之间的界限比水产养殖和天然鱼类之间的界限要明显。最后，但并非不重要的是，管理森林的方式也有很多，这也会影响到森林资源的数量和质量。在这方面，可以采取各种公私贸易措施，以保护和促进良好的森林资源管理。一些国家或国家集团，特别是美国和欧盟，在打击非法采伐方面，采取的措施或正在采取的措施尤为重要。现在还应考虑森林认证计划（PEFC）和森林管理委员会（FSC）等私人的可持续林业认证计划，以及其与公共措施之间的联系。

为实现不同目标而实施的出口税，如保护资源或鼓励本地加工业，往往在不同的森林产业部门和国家之间产生一些不平等现象。在俄罗斯联邦地区，特别重要的是俄罗斯的出口税。但是，由于这些是在全球经济危机时期实施的，现阶段很难准确地衡量其经济效果。

到目前为止，补贴如何影响市场的问题似乎并没有引起人们多大的兴趣。可以采取许多不同的方式来补贴一个行业，如上游补贴，支持中间消费或支持最终消费。考虑到外部因素和可能出现的市场失灵，补贴问题以及随后对其市场效应的分析将需要进一步深入的研究。

联合国欧洲经济委员会和联合国粮食及农业组织的木材部门，将在其职责和工作计划范围内，特别是在其年度林产品市场评估和年度木材委员会的会议上，继续为监测贸易措施的演变以及对市场的影响作出更大的贡献。

CHAPTER 04 >> 第四章

全球森林治理的理念

当前的全球森林治理,使适用的国际标准、规则或国际森林规制目标纷纷出台,但是也出现了重叠和混乱的情况。然而,尽管全球森林治理安排比较零散、碎片化,但还是可以分析出渗透在所有国际森林政策的共同理念,虽然还不够成熟,但是已经获得了相当多的认可,并在一定程度上为国际社会所遵循。我们归纳出可持续森林管理与多元森林管理这两种理念,并对二者分别作出如下阐述。

第一节 可持续森林管理

一、可持续森林管理概念的产生与内涵

可持续森林管理本质上考虑的是人类中心主义的竞争性经济,以及森林的生态和社会价值,以此来管理林区。可持续森林管理的概念确认了这样一

个事实：森林能提供多项服务。正是因为人们认识到森林的多重服务性，才需要管理森林，以确保所有的森林价值都能得以实现，森林服务能够蓬勃发展、永续发展。

从文献上看，可持续森林管理目前还没有一个统一的定义，人们对其还没有达成一种法律上的共识，这是它与"可持续发展"这样的国际话语的差距。可持续森林管理的要求既不统一，也没有执行机制，人们感到可持续森林管理的理念有些抽象。尽管这个概念不够清晰，不够明确，也不够确切，但它至少有一个原则性的协议，同时也达成了一定的共识，全球森林管理的总体目标应该是实现可持续的森林管理。

可持续森林管理现在已成为全球森林治理的总体目标。[1] 这个概念是不断演变的，它包括和承认与森林有关的所有价值，而且试图平衡这些不同的且有着内在冲突的价值。森林区域共同的价值包括：生态和环境价值、社会和文化价值以及贸易和发展价值。假使在法律框架内承认、嵌入所有这些价值，对全球政策的制定者来说也是困难的，在国内法律政策层面也是如此。与森林相关的多种价值，如何体现、融合在一个法律体系内对可持续森林管理的法律规制是一个巨大的挑战。

对林区的管理，如同对其他自然资源的管理一样，在本质上都是政治性的。但是，森林不像其他自然环境元素，如水、空气和动物等，森林在一段时间内允许对其享有所有权。特定区域的森林的所有者，享有一定的受到严格限制的财产权利和责任，这使得森林的管理及其法律制度既极为复杂，又与其他领域的法律

---

[1] Guillermo Mendoza and Ravi Prabhu, *Development of a Methodology for Criteria and Indicators of Sustainable Forest Management: A Case Study on Participatory Assessment Environmental Management*, 2000, p. 659.

有所不同。

在国际上，人们普遍认为可持续森林管理概念的核心，是承认和促进森林领域所有权和利益的平等。1990年在斯特拉斯堡举行了第一次以保护欧洲森林为主题的部长级会议，涉及约40个欧洲国家，讨论了"森林保护跨境机制的启动"。1993年6月在赫尔辛基举行第二次会议，在谈判进程中为可持续森林管理制定了一个可行的定义，载于决议H1的一般准则D段中：森林的"可持续管理"是指森林和林地的管理和使用的方式和速度，保持其生物多样性、生产力、再生能力以及活力和满足他们的生态、经济和社会方面的潜力，无论现在还是未来，在地方、国家和全球层面，都不会造成对其他生态系统的破坏。

在1994年的后续会议上，进一步确立了可持续森林管理的基于赫尔辛基会议决议H1和H2的标准和指标，旨在确定国家的森林条件和管理模式。

赫尔辛基会议制定出了可持续森林管理的六条标准：

一是维护和适当提高森林资源及其对全球碳循环的贡献。

二是维护森林生态系统的健康和活力。

三是维护和鼓励森林的生产功能（包括木材和非木材）。

四是维护、保护和适当加强在森林生态系统中的生物多样性。

五是维护和适当提高对森林的保护功能的管理（尤其是针对土壤和水）。

六是维护其他社会经济的功能和条件。

可持续森林管理的这些标准和规范并不是国际法准则，不需要法律意义和其他意义上的执行，其重要意义在于将其基本要求、要素引入了可持续森林管理的理念。

可持续森林管理的理念，通过各种形式渗透在有关全球森林利用和管理中。尽管这样，可持续森林管理因其在国际层面上缺乏清晰的概念、意义和目的，还没有一个明确的定义，各国在解释概念以及在实施、贯彻这一理念时有相当大的灵活性。

围绕可持续森林管理的概念主要有以下主题：平衡森林区域的经济利益和生态利益；代表和认可森林的所有利益和价值；认证和促进可持续的砍伐木材程序。在本质上，这个概念被理解为管理森林资源所采取的方法和程序，来满足现在和未来社会的多样化需求，而不损害生态承载力和更新森林资源的基本潜力。

二、实施可持续森林管理的体制性缺陷

国际林业规范在形式上是极其分散的，除了零散的可持续森林管理的要求，基本上属于自愿性质。许多发展中国家既需要建设援助，又需要外商直接投资。一些国际公共机构，如联合国森林问题论坛、联合国气候变化框架公约和世界银行，都形成了自己的可持续森林管理的标准和要求。国际私营林业机构的标准和指标制度、林业认证体系和林业市场形成了实现可持续森林管理的新流程和新机制。

除了法律、规则、标准的分散和不成体系以外，治理机构的分散也是一个重要问题，没有一个全球性的机构负责、承担、管理与可持续森林管理相关的业务。目前的状况是，一些公共和私营的林业机构在一个支离破碎的系统中运作。各国在这些相互竞争的国际机构中能形成的是典型的"论坛"，清谈、议论众多，达不成共识，形不成规范，当然就谈不上共同采取行动。

促使各国参与国际森林制度的动因，是他们必须看到、得到某种形式的利益、福利或回报，或有新的商业机会出现。当前，国际公共机构并未对各国政府保护森林的行动提供重大的激励措

施，也未对可持续森林管理方面提供有力指导。联合国森林问题论坛的作用是有限的，正因为如此，它在解决全球森林问题方面是否有效，有多大力度与效果，还值得进一步商榷。

目前必须克服全球森林治理与运作中的缺陷，提供明确的规则和清晰的衡量标准，进行适当融资，提供激励措施与政策。技术转让，自下向上的方法，各级机构和政策之间的协调，常设的对话形式，公正地解决冲突，都是需要重新建立起来的制度与规则。

总的来说，国际森林谈判真正需要解决的问题，包括根据既定的目标增加受保护的森林面积，以可持续的方式管理生产林，以及促进发展中国家森林保护和管理的能力建设。

我们需要进一步分析、理解法律在实施可持续森林管理理念中的作用。森林和林地的管理和使用的方式及速度，其保持生物多样性、生产力、再生能力以及活力和潜力，相关的生态、经济和社会功能，在地方、国家和全球层面的施行，都是可持续森林管理的重要内容。

一是生物多样性价值，生物多样性水平高的林区需要法律的保护。

二是生产价值，需要法律定义若干林区为富有生产力（productive）的地区，并规定这些区域内森林如何经营。

三是再生能力，需要法律来界定什么是"再生"，并提出一定的标准和指导方针。

四是活力，法律也必须定义活力，需要有一定的标准和指导方针。

五是生态价值，法律必须承认所有林区提供的生态服务，这些服务一旦被确认，法律必须确保这些服务持续，必须禁止对这些服务进行干扰。

六是经济价值，法律必须承认所有森林的经济利益，包括生态系统服务（PES）等新兴的森林价值，传统的木材和非木材的经济价值。

七是社会价值，包括土著团体、社会团体、土地所有者和其他有关各方的利益相关者的参与。社会价值一旦被确定，法律必须承认。在必要的情况下，建立具有较强社会价值的森林保护区域。

八是地方利益，法律必须确定林区的局部利益，这需要积极的利益相关方的参与。一旦确定了地方利益，法律必须给予承认，而且在必要的情况下要保护当地的森林权益。

九是国家利益，法律必须确定林区的国家利益，这将需要从国家层面对森林进行研究；一旦报告完成，可能需要修订法律来承认和保护国家的森林权益，国内法和国际法都有这样的需要。

十是全球利益，法律必须确定林区的全球利益，全球森林报告、相关的国际环境多边协议也表明了国际社会在林区享有相关的利益。

十一是未来利益，法律必须认识到子孙后代与森林之间的利益关系，必须在理念上、法律话语中和法律概念上确保子孙后代的森林权益。在这一问题上，"可持续发展"概念与内涵的法律和法学上的界定、解释、演绎和发展是一个范例，国际法的大师级学者，如韦斯对此作出了杰出贡献，代际公平、代内公平等话语，既出于法律传统（信托法），又出新、创新，令人耳目一新；既有解释力、理论说服力，又有对环境保护实践的指导力。

以往人们主要把森林区域看作"生产性的"财产，现在人们越来越认识到森林管理要满足生态、经济和社会发展的需要。以前，森林认证计划关注的主要是森林的生产性价值，现在需要在木材生长和收获中遵循一定的生态标准。国家应对森林进行可持续性的管理，以达到森林提供生态系统服务的目标。

三、可持续森林管理的法律要求

实施可持续森林管理涉及许多方面的法律，用单一的法律进行各方面的可持续森林管理、监管、规制是不可能的，需要包括法律、法规、政策、标准和行为守则等各种法律和非法律的形式。在普通法中，司法判决将有助于可持续森林管理法律的发展。所有的森林法律应该是彼此一致的，避免重复或缺乏明确性。管理部门必须明确自己在森林管理与规制中扮演的角色，应该向公众提供易于理解与遵循的形式。以下几个方面的法律都涉及可持续森林的管理及其实施。

（一）环境法

环境法的主要功能是管理自然资源，保护生物多样性，管理污染、废物和受污染场地以及规范能源生产和应对气候变化。政府争取确保自然资源的使用和管理是符合可持续发展原则的，虽然可持续发展的法律地位还不是很清楚，但是，可持续发展的原则最终被定义为有责任保护和恢复地球生态系统的完整性。具体依据以下三个角度：经济——资源开发的角度，生态——环保角度，社会——保护当代和未来人类需要的角度，森林规制可以分解为两种主要类型：森林保护制度和森林生产制度。这些制度都试图包含可持续发展的经济增长、环境保护和社会发展这三大支柱。

（二）规划和发展法

全球森林砍伐的最主要原因是为了农业生产而清除森林区域。

规制城市或农业发展的法律是规划和发展法，这可以防止被认为有较高保护价值的森林地区遭到破坏。这方面的法律机制包括环境影响评价（EIA）、战略环境评价（SEA）、公园及保护区区划调整等。其他比较突出的还包括：官方计划、建筑法规等。环境影响评价的目的是告知决策者和公众有关预测结果及建议，以及对环境、发展的影响等。规划和发展法是施行可持续森林管理概念的一种方式，是要求政策法规制定者在政策法规的制定、实施过程中，贯彻森林的所有价值，这通常要求重新造林或在林区再造林。

（三）物权法

对森林的大部分规制包含在物权法中。所有权和控制权是自然资源被管理的最基本的基础规范。[1] 物权在两个主要方面具有重要意义，首先，是对森林地区的占有，即如何合法拥有森林区域，包括公有制、私有制、社会所有权、临时所有权（如租约或许可证）等各种形式。所有权的类型直接影响管理不同森林区域的规范的性质。

其次，一块林地上有多个与物权相关的利益。例如，一个人可能拥有土地所有权，另一个人可能拥有树木的所有权，第三个人可能享有树木所提供的环境服务（如森林吸收二氧化碳）的所有权。物权法需要认识到这些权利，并对所有的森林物权提供保护。

（四）宪法

"宪法的重要性仅仅是因为其地位和影响力。从这个意义上

---

[1] Douglas Fisher, *The Law and Governance of Water Resources: The Challenge of Sustainability*, 2009, p. 192.

说，它不仅代表了一系列原则，甚至意识形态，还代表了一些法律制度的基本价值。"[1]

宪法对各个领域的法律都有很大的影响力。宪法规范使各国政府赋予公民享受清洁、健康环境的权利。然而，宪法规定的可执行性，在许多国家还是存在问题的，需要在法治建设的进程中不断完善。

（五）土著居民法

土著居民法是基于习惯法和传统的法律。大多数土著文化的特点是与自然紧密结合的。因此，土著居民法能够且已被纳入环境与资源保护法的领域内。土著群体往往与自然环境（包括森林区域）有着紧密的联系，这方面的法律能够改变森林管理。例如，在澳大利亚，原来居民火烧森林的做法已成为国家公园的管理实践，这些实践做法已被广泛用于改善生物多样性。

《联合国土著居民权利宣言》制定了旨在提高承认土著居民法律权利的原则，这些原则有助于森林土著居民拥有并参与森林管理。

（六）国际法

环境保护是国际性、全球性的问题，环境问题已超越了主权国家和国家管辖范围以外地区的传统的全球政治分裂的地理概念。生态系统是以深刻和复杂的方式相互关联的。由于这些相互关系，其对环境的影响是广泛的和长远的。全球性问题，必须全球性地解决。通过国际法解决环境问题，是必然的也是必要的。

相比于其他领域的国际法，如国际人权法、国际劳工法、国

---

[1] Douglas Fisher, *The Law and Governance of Water Resources: The Challenge of Sustainability*, 2009, p. 192.

际贸易法，国际环境法还欠发达。其没有全球性条约即国际环境公约来建立国家的基本环境权利与义务，而是专注于特定的环保价值或具体问题。可持续发展的国际法原则为国际环境法提供了指导，并要求采取一种经济、社会和政治的、全面且综合的方法来保护环境。在生态与环境保护领域，有一些国际环境法律原则，如预防原则、风险预防原则、污染者付费原则等。

国际森林法能够直接或间接地影响各国的国内森林法。国际森林法的全球森林目标代表着全人类的利益甚至是全球利益，而不仅仅是各个国家的利益。因为存在一些不同的国际森林标准和政策，导致国际社会缺乏一致的国内森林政策。但是，一个广泛实施的国际机制已经挖掘出森林政策的基本内容、基本内涵，用标准和指标来衡量可持续森林管理的进展情况，这是非常重要的。

要检验、评估全球森林治理是否取得了预期的成果、成效，会适用以下标准、指标：是否存在明确的全球森林目标；良好的全球森林治理安排；可持续森林管理的实施程序、进展和未来需要；森林条件的改善；森林生态系统服务的质量和数量等。

可持续森林管理概念的形成、界定和衡量虽然取得了一些进展，但当它涉及实施时，仍然还有很大的差距，森林资源的可持续利用和管理的全球治理安排非常分散，导致了国际森林规范和标准的重叠和低效。森林资源的全球治理安排亟须改革，规则、标准和机构都需要精简，义务也需要加强。为实施可持续森林管理，必要的治理安排又是非常复杂的。与森林相关的经济、社会和环境价值意味着不同的法律领域都需要接受可持续森林管理这个理念，而且需要采取一种综合的治理方法。

第二节　多元森林管理

一、多元森林管理的定义与内涵

国际森林文件的发展中尽管有 1992 年《关于森林问题的原则声明》、2007 年《关于森林问题的原则声明》等，但都不具有强制性的法律拘束力。而且，法律通常在狭窄的目标范围内起草，与有限的部门对话，跨部门对话很少，还往往缺少社会包容性与包容度。所以，仅以法律来进行森林管理，不足以满足当前的社会、经济、生态、文化和精神需求。我们似乎仍然远远未实现以真正的、全面的和多元的方法来管理森林，也未达到持久地保护森林的目的。然而，这也为多元森林管理提供了空间，开辟了通道。

1985 年，联合国粮食及农业组织（FAO）出版了一个报告——《热带地区加强多元森林管理：印度、非洲、拉丁美洲和加勒比地区案例研究分析》，提出增长迅速的需求和人口的高密度使得有必要加强多元森林管理，然而，这需要更多实践的经验知识。2013 年 FAO 基于亚马孙盆地、刚果盆地和东南亚的案例研究，以及基于网络调查，又作出了一个报告——《热带雨林的多元森林管理：可持续森林管理的机遇和挑战》。该报告对多元森林管理计划和实践提出了新的认识，要促进与利益相关者在一系列的政策、体制、技术和社会问题上的对话，增加多元森林管理的实践，可以采取一些具体的措施。政府要在创造有利环境及配套的森林管理措施方面发挥关键作用，以实现多元森林管理。

热带雨林为人类提供了多种多样的森林产品、生态服务，并增强了社会效益与经济效益。森林的多种价值早已为以森林为生的人们所享用。多元森林管理的目标在很多国家的法律中都有规定，也成为 1992 年里约地球峰会的原则。

多元森林管理的概念和实践起始于北美和欧洲。其被定义为"为一个以上的目的管理土地或森林，如木材生产、水质、野生动物、娱乐、美学或清洁空气"。这是"一种森林管理的概念，结合两个或更多的目标，如生产的木材或木材衍生产品，饲料和保护国内野生动物，景观维护，保护家畜，适当的环境条件，娱乐及保护水源等"。[1]

多元森林管理是热带雨林地区森林管理实践的一部分，如在印度的热带雨林地区。然而，利益相关者之间关于多元森林管理的范围和定义的协议却很少见。与该术语相关的词语，如多元、多用、多功能、多元化和综合森林管理，都有助于采用不同的方法定义和理解多元森林管理这一术语。联合国粮食及农业组织报告中的多元森林管理，被定义为在一个特定的林区、在特定的时间段，管理各种森林产品和服务，这个定义意味着森林用途的多样化。

虽然多元森林管理越来越被设想为一种可行的、替代单一关注木材生产的热带森林管理方式，但评估相对经济价值以及各种森林产品和服务的需求还是很困难的，因为许多这样的服务都是非市场商品或有未开发的市场。

大多数林产品，包括木材产品和广泛的非木质林产品，其买卖主要是为了赚钱以维持生计，其经济价值能够体现出来。而森林的生态服务功能，如生态旅游、水和土壤保护、生物多样性保

---

[1] D Nix, *Checked into Abbaye de Forest (Abdij van Vorst). Engineering.* 2017, pp. 45 – 48.

护和碳汇，市场仍处于起步阶段，远远还没有发育成熟，所以其经济价值难以体现出来，森林的主人、经营者也得不到多少收益。这是森林的两种功能与价值的根本区别。

在热带雨林国家，多元森林管理并没有取得多少效果，甚至无效，其原因包括森林经营的高固定成本，如基础设施规划等，以及多元森林管理本身的技术复杂性，如缺乏造林知识和专业技能、缺乏管理多种林产品的知识与能力等。

多元森林管理可以多样化地利用森林，扩大森林的生产力，减少森林资源退化，保持森林覆盖率。它也可以让更多的利益相关者获得森林效益。多元森林管理还可以减少社会冲突，并有助于建立REDD＋项目。此外，能够降低风险是人们推崇多元森林管理的另一个重要原因，而且这越来越重要，因为当前与气候变化相关的风险正在显著增加。

二、多元森林管理的主要限制

对实施多元森林管理的限制很多，涵盖了经济、技术、环境、社会和制度等各个方面。受访者在这些方面的观点基本一致，影响、限制主要集中在木材生产上。

对限制因素的具体分析如下：一是经济因素，森林生态服务的低价格；缺乏吸引力，无法进入市场；多元化管理的高成本；缺乏知识的盈利能力。二是技术因素，缺乏森林资源及其整合技术的信息及管理；较少受过训练的人员；缺乏良好的事例，较少披露已知信息。三是社会文化因素，较弱的组织能力，生产商软弱无力的业务管理；项目、方法相互冲突。四是政治与机构因素，多元森林管理缺乏政策支持；缺乏财政激励；法律框架不完善；使用期和使用权没有保障；缺乏足够的技术支持等。

许多受访者确认产品市场有限,这是最实际的限制。非木制林产品是次要的边际收入,许多低水平的森林产品,主要是非木制林产品,因为规模不够,阻碍了其商业化。同时由于市场不好,结果通常主要是通过中间人,以非常低的价格非法出售,而不是进入正规市场。许多通过多元森林管理生产的产品,以成本出售或根本没有出售,这不仅大大减少了林业从业者的利润,也降低了多元森林管理的竞争力。

一般来说,林区的生产商生产的木材等林产品在市场上是有吸引力的,问题主要是缺乏基础设施来存储和运输这些产品。尽管人们期望能够补偿林区居民提供的生态服务,但仍然很少有当地社区和企业之间的合作协议。对林区提供的生态服务支付也几乎没有,致使对改善林产品盈利能力的影响也很小。

管理能力低下是对多元森林管理最重要的限制之一。农村生产者的组织缺陷,严重限制了他们使用资源和进入新的市场的能力。现在仍然没有具体的、适当的政策来支持基于多元森林管理的农村发展。现行法律对森林产品,特别是非木制林制品的支持与规制都是不够的。多元森林管理的法律障碍确实存在,其妨碍了来自社区管理的产品的营销,同时鼓励、纵容了这些产品的非法出售。

政府行为的碎片化、不成体系和相互冲突是制度方面的问题。政策的设计和实施相分离,政府部门之间也不协调,甚至在林区生产者之间产生冲突。例如,在巴西亚马孙地区,在培养社区年轻人使用森林资源可持续方法方面付出了不少努力,但对建立小规模的、以社区为基础的农业综合企业,使这些年轻人获取知识并付诸实践方面并未重视。为社区森林生产或家庭项目提供激励的要求也太烦琐。因此,需要克服明显的官僚主义障碍,以促进采取激励措施。

由于人力短缺、金融资源匮乏，机构之间缺乏协调，政府机构发挥的作用也较弱。最大的一个缺点是政府机构缺乏提供技术援助的能力以及用技术提高农村生产力的能力。此外，农业和林业技术人员也明显短缺，不能对社区的生产者提供足够的培训。

在多元森林管理的准备和执行中，还存在缺乏相关技术知识的缺点。在社区层面传授的技术方法主要是基于学术概念，不适应当地的现实与条件。林区推广经营的项目所使用的商业模式也存在对当地环境、条件的适应性问题。森林管理方法上的信息应用与整合也有类似的问题。

三、多元森林管理的实施

鼓励多元森林管理实施的因素和机会有很多，具体分析如下：

一是生态化的新市场。人们对天然产品的需求日益增长，多元森林管理也日益显示出其魅力与发展潜力。生态化市场的发展不仅与消费者不断变化的偏好直接相关，也与消费者的生态与环境保护的意识不断增长相关。生态化市场的发展，当地产品的名声与影响越来越大，都是对当地经济和人民生活的重要贡献。

二是保护森林的国际压力。国际和国内关于热带森林的争论，特别是关于亚马孙地区森林砍伐因出口经济作物和能源而扩张农业，要求更严格的保护措施，以更有效地利用剩下的森林。

三是技术进步。技术进步正在为使用先前未被发现的资源开启新的可能性，产品用于各种目的，如植物疗法和营养。生产高附加值的森林产品，如高效的净化处理设备等。

四是吸引依赖林业、森林为生的人。考虑到当地社区和多元森林管理的密切相关性，实施这样的管理是一个机会，使当地居民、土著居民和社区拥有的资源和传统知识得以利用和提升,这些人应该被视为森林最好的托管人,因为其与森林的宝贵价值和利益密切相关。

五是强调多元的新立法。例如,在玻利维亚,其立法确保在正式的管理计划中包含木材和非木材使用的指导方针。

国际社会需要以更大的努力,来消除木材运营商之间的不公平竞争。运营商很少或根本没有考虑森林的多种用途,诸如非木制林产品的生产、社会福利和森林提供的生态系统服务等,这些根本不在他们的考虑范围之内,他们一心想通过传统的木材生产与贸易来赚钱,给森林造成了很大的浪费。而且,这类市场一般未经规范,所以在该类市场上充满了不正当的、野蛮的竞争。

这种不公平竞争可以通过法律手段来解决。例如,经营林业、林产品和伐木都需要加强认证,强制实施标准及有关指标等。在大多数国家,实施多元森林管理,以及国家对土地利用的规范与发展,会吸引到更多的投资,也会提升森林的价值,提高当地人的收入,带动社区的建设与发展。

为促进多元森林管理制度的实施,建议如下:

一是制定和实施连贯的政策,协调政府部门,创造有利于林区生产者与居民能够在多元森林管理下生产、生活的良好环境。例如,可以考虑推出来自当地社区的、受到政策优惠和物美价廉的产品。

二是制定和实施与多元森林管理制度一致的法律,促进它的采用和可持续发展。

三是加强社区和小农的组织和管理能力。

四是设计和实施激励措施,来增加这类管理下生产的森林产品的价值。

五是在多元森林管理下促进和支持发展森林碳库存。

六是整合多学科技术团队，支持多元森林管理的实施。

七是促进获得足够的信贷额度，支持多元森林管理下的可持续发展活动。

八是通过交流经验，促进对与森林有关的传统实践和传统价值的认可。

九是在多元森林管理下增加木材和非木材森林物种的生态学研究。

十是减少产品的税收，尤其是在社区和由小农生产的产品。

十一是为了多元森林管理，加强公司和社区的合作伙伴关系。

十二是更广泛、更有效地传播有关技术、经济和法律信息，以协助多元森林管理的实施。

十三是促进多元森林管理经验的成功复制。

十四是加快传播和使用多元森林管理的数据库和案例，通过网络扩大数据库和促进信息交流，并促进实地考察和经验的系统化及推广应用。

第五章

全球森林治理的前景

第一节 全球森林治理的新趋向

一、气候变化对森林政策的影响

国际气候变化法律制度在国际环境法领域已经成为一项非常重要的制度。全球气候变化给地球和人类生活带来了巨大的影响，其影响到国际社会的所有成员和全球所有的经济部门，无一能够幸免。因此，气候变化问题已经成为全世界关注的焦点。国际气候变化制度主要从源和汇的角度解决全球温室气体的排放问题，森林砍伐所致排放约占全球温室气体排放量的20%，减少森林砍伐是能够显著减少全球温室气体排放的，这种减少的功效依赖于各国以及国际社会的政策、管理及政治承诺。

人们可以通过改进森林实践来减少砍伐森林所致的温室气体排放量，如采用可持续的采伐和造林。森林因具有"碳汇价值"，即具有吸收二氧化碳的能力而受到制度的激励,当然也受到制约。国际气候变化制度不像国际森林制度那样,得到相当多的国际财政支持,为国际森林项目降低温室气体排放提供项目资金。

科学和政策通过多种方式影响着国际森林政策。国际气候变化制度对森林在减缓气候变化中的角色与作用有直接规制。清洁发展机制(CDM)中的造林和再造林指导方针,允许发达国家在发展中国家投资森林项目,以抵销超过其配额的碳排放量。减少森林砍伐和林地退化造成的碳排放计划(REDD),允许发达国家通过投资现有项目来保护古老的森林,以抵销超过其配额的排放量。希望此机制最终能为发展中国家提供森林保护的支持。土地利用、土地利用变化和林业指引(LULUCF)计划,可以使发达国家用它来衡量林业和土地管理实践中的碳储存。

有学者认为,应该将储存在木制品中的碳包括在未来的碳核算内,[1] 这证明同时也提升了森林产品的环境保护价值,如建筑和木制家具的碳储存功能。我们因此需要对木材产品的制作提供强有力的支持,将木材家具视为一种低碳资源。

国际气候变化制度鼓励可再生、可持续能源的应用和发展。森林现在也被看作是通过生物能源生产可再生能源的一种来源。然而,人们担心林产品的生物能源需求增加对世界能源的消耗,成为进一步毁林的驱动力。联合国粮食及农业组织预测,全球对木材的需求将会大幅度增加。在欧洲,这种需求的驱动与欧盟的生物燃料政策有关;在亚洲,林产品的人均消费也提高了,尽管欧洲和北美的人均消费仍然维持在较高水平。预计到 2060 年,全

---

[1] Ian Fry, Twists, *Turns in the Jungle*: *Exploring the Evolution of Land‐use*, *Land‐Use Change and Forestry Decisions within the Kyoto Protocol*, *Review of European Community and International Environmental Law*, 2002, p. 341.

世界的需求将会增加六倍。这将导致木材价格的提高,先前用于制造锯木、面板和纸浆的林产品会用于能源生产。用木材产品生产能源,将会对森林利用造成更大的威胁,用木材产品生产生物燃料会导致木材价格上涨,最终将损害森林。人们希望这些问题能由生物燃料法规来加以规制,对森林以及一切森林产品施行可持续管理,其重要性就凸显出来。

人们越来越多地关注气温上升和干旱等气候变化对森林生态系统造成的影响。干旱和高温持续的时间和严重程度增加了,就必然会从根本上改变生物的生存、生长的环境与条件。对与气候变化有关的森林灾害,如虫害和山火等需要特别注意。

研究发现,有88例森林死亡事件是由于1970年以来受气候影响的降水或温度造成的,[1] 这表明气候变化适应技术和方法需要应用于森林管理制度中。但这种管理方法仍处于发展阶段,后续将开展如何将森林管理应用于解决气候变化产生的问题的研究。

气候变化已经开始影响到木材行业。例如,自1999年以来冬季气候异常温暖,导致加拿大不列颠哥伦比亚省山松甲虫疫情暴发,对加拿大西部松树林产生了严重的不利影响,同时引起了对木材行业以及其他行业的普遍关注,木材工业界和政府正在投资解决这一严重问题。此例凸显了气候变化的严重后果,因此迫切需要进行适应性森林管理实践。

二、禁止非法木材贸易

当前国际社会重点关注的问题之一是禁止非法木材贸易。规

---

[1] Craig R Nitschke, John L Innes, *Integrating Climate Change into Forest Management in South – Central British Columbia: An Assessment of Landscape Vulnerability and Development of a Climate – smart Framework*, Forest Ecology and Management, 2008, pp. 256 – 313.

范木材贸易最早的机构是联合国国际热带木材组织（UNITTO）。该机构于 1986 年成立，试图通过规范贸易进行热带森林保护。这个机构的最终目的是保护国际木材市场健康长久地发展，因此特别关注可持续管理热带森林保护区的问题。UNITTO 制订了一系列森林贸易计划，包括欧盟森林执法、施政和贸易（Forest Law Enforcement Governance and Trade，简称 FLEGT）行动计划。其在处理森林认证体系与国际贸易的关系中，也有不少作为。

欧盟 FLEGT 与木材消费者和生产者所在的国家订立了自愿伙伴关系协议，协议条款要求所有用材必须符合法律及可持续采伐的做法，部分条款涉及能力建设和援助问题。目前已与加纳和刚果分别签署自愿伙伴关系协议；此外还与印尼进行了谈判，印尼于 2009 年 7 月通过了木材合法性保障体系的国家法令。森林认证机制努力防止非法来源木材的交易，通过核实标签产品是否来自可持续森林管理的区域来开展。

美国颁布了雷斯法案（Lacey Act），从 2008 年 12 月 15 日开始实施，通过规范木材的进出口来遏制非法木材贸易。其对非法采伐木材、进口非法采伐木材以及出口非法来源的木材产品设定了一项罪行，并制定了一个客观的标准，适用于确定责任。如果当事人知道或者应当知道这些木材是非法的，那么他们将被裁定为犯罪，量刑也较重，包括有期徒刑五年，50 万美元罚款，以及没收商品等。合法性要求是所有木材、木制品的进口都必须具有的，木材的正式名称、价值和数量，采伐国家的名称等，报关时都要申报。美国之所以推出这项法律，是为了对减少全球温室气体排放作出贡献。该法也对美国国内木材行业产生了积极影响，使国内木材比非法来源的木材更具有市场竞争力。

澳大利亚政府也有类似的立法和立法意愿，还探索引入政策以防止非法来源木材交易的可能性,具体有五个主要目标:增强政府的能力以防止非法采伐;支持在澳大利亚销售的木材产品的森林认证计划;识别非法采伐的木材,限制其进口到澳大利亚;要求披露销售品种、国家参加的产地和认证状态;推广使用以市场为基础的激励措施,以此在未来的国际气候变化谈判中减少毁林所致的排放。

三、非国家治理

"非国家治理(non-state regulation)"在本书中是指不同于传统的公共或私人国际规制,是在其以外的国际森林规制。这种国际森林规制是很难被定性为规制的,其规制的某些方面基于国际公法,某些方面基于国际私法。因实施森林政策的国际公共森林机构缺乏进展,导致形成了以非国家为基础的国际森林规制方法,这些结构效应类似于国家和政府的公共治理功能。基于这个原因,治理的概念一直适用于私营部门。这表明非国家规制一直被赋予政治的合法性,并获得了广大的利益相关者的支持。

这些利益相关者包括林业部门、中央政府机构、地方政府机构、公司、国家非政府组织、消费者、学者、研究人员、发展援助捐助者、顾问、国际非政府组织、社区组织、伐木业的森林生产商、社区、农民以及其他政策目标群体等。范围广泛的利益相关者能够直接参与治理机构,这与参与代表机构不同,因而参与私有林制度相对容易,也可以参与公开的国际谈判。

目前国际上主要有两种非国家的规制方法进行可持续森林管理:一是森林认证机制;二是生态系统服务机制(森林市场)。这两种机制的共同点是:行业起到了驾驭、规制的作用;二者都涉及以市场为基础的规制;在很大程度上是自愿的;二者都是跨国性的。这两种机制影响国内森林法规，森林认证机制对国内生产林标准的制定有益，生态系统服务机制通过提供经济激励措施强制执行其要求，使某些可持续森林管理标准可以得到满足。同样，森林市场机制的许多方案已发展到生态系统服务机制，同时，非国家规制还直接影响到这些林区的管理和使用。

非国家可持续森林管理的标准比国际标准易于执行。非国家规制是自愿的，当事人选择了参与和遵守制度。森林认证为成员提供了生态标签，可以用来区分市场上的产品。而规制下的森林市场提供经济激励，鼓励合规性，有利于认证产品的销售与占有市场份额。国际环境法的本质是作为法律，要求各国遵守国际承诺并予以执行，各国考虑参与、执行国际森林标准时要权衡很多因素，非国家标准有时比国家标准的执行力更强。

第二节　全球森林治理的挑战

一、全球森林谈判

目前，国际社会还没有一部统一的《国际森林公约》，而《国际森林公约》的谈判是具有挑战性的，因为这个谈判过程非常政治化，充满了各国的政治争斗与利益博弈。谈判需要创建有法律约束力的国际森林义务，各国对这样重要、根本的义务很难达成共识。国家主权、能力建设和技术转让是最主要的争议问题。1992年和2007年的两部无法律约束力的森林原则经过漫长而激烈的谈判后才制定出来。对缔约国来说，"原则"是可以接受的，因为森林原则的法律措辞被淡化了，因此才获得全球共识。但是，如果是"义务",现实已经证明,要形成法律文件非常困难。

为继续推动国际森林问题谈判,联合国经社理事会经过艰苦努力才设立了联合国森林问题论坛,举行多次会议进行谈判,但由于森林问题的复杂性,发展中国家与发达国家意见分歧巨大,最终未能达成统一的有法律约束力的《国际森林公约》。现在国际社会已形成了更先进的管理方法,对如何设法保护林区的各种森林价值提供指导,可持续森林管理及多元森林管理的概念和标准,因其重要性与主导性,也需要涵括在国际和国内森林规制的框架中。

二、国际森林文件的目标、执行和遵守

实施和遵守国际森林文件是全球森林治理另一个巨大的挑战。文件得不到很好的执行和遵守,主要有两种情形。首先,文件中缺乏具有法律约束力的国际森林义务的规定,因此国家遵守文件受到的激励很小。其次,发展中国家非常需要进行能力建设,文件中也有这样的要求。但是在国际森林体系中,能力建设、技术转让、金融转让工具都没有创建和发展起来,这形成了发展中国家与国际机制、体制之间的巨大反差,对发展中国家追求发展非常不利,对森林的全球治理也不利。主要表现为:缺乏共同的全球目标;缺乏政治支持;缺乏各国政府对可持续森林管理和多元森林管理的承诺;缺乏国际金融和其他援助来实施这些管理方法,同时也有损于可持续森林管理和多元森林管理的原则和实践。

全球森林治理的主要目标应该是:大幅减少全球森林砍伐率,实施可持续森林管理和多元森林管理。减少森林砍伐需要解决的问题包括:缺少森林数据和森林监测能力,缺少抑制不可持续砍伐的办法。森林砍伐的主要驱动因素包括伐木、能源开发、矿业、新的基础设施开发、清理土地农业用途、过度去除植被和物种灭

绝，这些都改变了林区的生态构成。砍伐森林的另一个驱动因素是非法砍伐，当法律程序不健全时，这更可能会发生。众所周知，法治的一个基本要求是法律面前人人平等，任何人都不能凌驾于法律之上。

当前的国际森林体系并非有效运行，虽然存在明确的全球森林目标，但现实并非如此。良好的全球森林治理安排应是整合的、实用的和负责任的、公平的。可持续森林管理和多元森林管理的概念包含了理念与原则。

联合国森林问题论坛设立了四个明确的全球森林目标：

一是通过可持续森林管理，扭转全球森林面积较少的趋势，包括森林保护、修复、造林和再造林，努力防止森林退化。

二是增强与森林有关的经济、社会和环境效益，包括改善林区居民的生计。

三是增加全球保护区的面积、可持续管理森林的面积和可持续林产品的比例。

四是扭转森林可持续经营官方发展援助下降的趋势，大幅增加新的额外资金，用于实现可持续森林管理。

这些全球森林目标确立了一个国际森林政策与国际森林法律的支点，是其积极进展。从中我们得到了清晰的指示，即减少森林砍伐、促进森林的经济和社会价值以及发展森林金融。为了使这些目标成为具有实际意义的目标，建议如下：

一是目标的定向与量化。例如，在一定期限内达到量化森林消失率，这需要确定现有的森林消失率，然后降低消失率，确定当前需要的森林砍伐率，并且作出报告。这需要国家报告森林砍伐的情况，并积极采取政策措施进行预防，但目前的目标还不够明确。

二是需要整合所有的全球森林机构及其目标。目前，每个国际森林机构都有许多目标，其中许多目标也结合了上述四项全球森林目标。如果所有采取森林政策的机构确定一个共同的目标，那么国际森林政策将会得到更好的整合，在指导森林实践时将发挥更加切实有效的作用。

三是联合国森林问题论坛的法律地位不明晰而且疲软，与其他国际环境组织、机构的关系也不够明确，所以二者目标的地位和意义就受到了很大的质疑，尤其是是否具有法律约束力的法律性质问题。建议使用现有机构的目标作为谈判起点，每个机构都应该确保它们的森林目标与全球的森林目标是兼容的，这有助于衡量为实现这些目标而取得的进展。除了明确的全球目标，可持续森林管理、多元森林管理、各种标准和指标，这些概念都应该作为全球森林谈判的基础来使用。

三、全球森林治理的善治

（一）治理与善治

当前，全球森林治理制度的碎片化导致了全球森林使用和管理的目标重复和混乱。承认所涉及的所有规制森林的国际组织是一项艰巨的任务，更不用说确定它们的森林政策以及确定与其他机构和程序之间的关系。

全球森林治理的安排极端碎片化，当前森林政策及实施的不成功，严重影响了该制度的有效性，这就需要进行全球森林治理的善治。善治通常包含若干因素，比如法治、参与、透明、基于一致同意的决策、责任、公平无歧视、回应及其参与等（俞可平，2003）。

法治是善治的要素之一，国际法治即在国际法律规制框架下开展治理。然而,无法律约束力的国际森林体制,使其不能以权利、义务这样的硬约束来解决森林管理所面临的基本问题。与森林相关的固有的政治问题也减少了对该制度的资金资助和能力建设。

目前的国际森林政策是不明确、不一致、不统一的,其实践性也不强。还需要努力制定出切实可行的国际森林政策,改善国家的治理能力,实施可持续森林管理和多元森林管理。在设计这种类型的政策时,发达国家将需要承担较多的义务以积极协助此类活动。

当前全球森林制度是不公平的,因此建议将环境正义的概念纳入全球森林制度中。这将确保给那些有能力、有责任的国家规定重要的义务,要求它们帮助那些无法行动的国家。

森林产品对许多国家的经济发展作出了重大贡献。对国家经济利益有不利影响的国际森林政策,自然会引起这些国家的质疑,有争议也是理所当然的。

国际森林制度和国际森林政策提供激励机制很重要,有时需要提供双重机制,如此既能改善森林状况,又能取得改善生计的结果。

基于上述认识,人们有时不得不转向全球森林治理的善治。法治、治理、善治,似乎是一条线索,反映出国际森林安排的行踪和路线。

(二) 全球森林规划

全球森林规划由多方合作形成,通过工作加强森林对减贫、可持续发展及保护环境服务的贡献。

全球森林规划通过在四个主题领域的融资活动,以支持新知识的创造,这基于申请者提交的建议,或源自在项目中学习的想法。

森林基金研究项目的捐赠者是英国国际发展部门、芬兰国际发展部、日本国际林业合作机构、瑞士发展合作机构和德国政府，而且是实物捐赠。联合国开发计划署最初管理这个方案，2002年该项目的森林部分由世界银行管理。全球森林规划与世界银行合作共同来实施银行的森林战略。

全球森林规划针对问题进行成本效益安排的分析。这项研究是需求驱动的，与当前的森林挑战高度相关。如果采纳下面这两个建议，这个项目将可能有更广泛的影响。首先，它应该更多地使用现有的机构与世界银行集团、世界自然基金会和欧盟森林执法、治理和贸易行动计划合作的协同效应。与这些机构更务实的合作意味着，可以通过由其他机构的实践活动获得相关知识。其次，尽管该计划的目标与世界银行的战略一致，但这两个机构之间的进一步整合是可能的。项目可以提供工程设计和相关案例研究。这个项目的工作类似于国际林业研究中心组织的工作，即一个研究机构由许多国际环境机构资助。如果有机构参与分享知识和经验，这三个与森林相关的研究机构将会有更广泛的影响。

森林基金研究项目的分析工作，围绕以下四个主题领域展开：

一是用"生计"的方法来减少贫困，关于这一主题的工作集中于森林的贡献，即通过提供就业和收入，可以为贫穷的农村作出贡献。此外，还要在社区和家庭层面进行研究。

二是森林治理，这个主题的工作是由政府和其他森林的利益相关者作出，这是关于森林的规定的。它试图改善决策过程及规制和制度框架，以确保良好的治理，包括更好的执法监管、改进激励和增强透明度及问责制。

三是对可持续森林管理进行融资的创新方法，旨在提高认识手段，为了增加可持续森林管理的盈利能力，同时改变其不可持续的做法。

四是跨部门对森林的影响，这个工作主要是设计和分析管理森林的可持续管理，以及和其他部门之间的联系，具体采用的是宏观经济政策的方法。❶

四、全球森林治理应该采取的改革举措

（一）以林业科学为基础治理森林

森林政治的国际化趋势给林业科学造成相当大的挑战，旨在将其专长融入非国家行为者的政治进程中，在国际上已出现了与森林相关的多种进程。下面将分析国际上与森林相关的主要进程，通过利用两个不同的国际森林政策的理论模式研究对政策的影响，以及对森林科学的影响。有人认为，对"治理"的理解是基于对政策领域的理解和新兴的国家和非国家行为者的理解。借鉴这一观点，下文主张在森林治理的过程中，林业科学将会发挥主导性的作用。

林业科学在不断变化的社会环境中运作，因为森林越来越受到全球政治层面的关注。虽然国际社会未在1992年的联合国环境大会上通过一项具有法律约束力的森林文书，但是森林已经成为国际层面的核心问题。林业科学的发展或林业科学体制的影响是什么？林业科学作为应用型的基础科学，怎样将它们的专长融入政治进程中？这是需要回答的两个问题。与此同时，全球环境问题又是非常复杂的，政治决策者越来越依赖于科学的建议。因此，人们应该期待政策对林业科学的影响。但林业科学似乎并没有从

---

❶ Arnoldo Contreras Hermosilla and Markku Simula, *The World Bank Forest Strategy: Review of Implementation*, 2007, p. 83.

这些发展中获利，相反被边缘化了。有研究者调查了这些发展对林业科学的影响。它是在两种不同的国际政治理论模型的背景下进行的，后来被用作理论框架来重新制定全球化的森林政策。第一个概念侧重国家间讨价还价的过程，这些国家追求"国家利益"的单一化。这种基于利益的方法，似乎是能够解释森林核心进程的无效性，但不足以捕捉整个国际范围以及自里约会议发展起来的跨国森林政治会议。为了把握整个国际与森林相关的进程和机构领域，不得不提到和借鉴另一个影响广泛的"全球森林治理"的概念，这也是本书研究的重要主题。

我们在指出森林政治国际化的含义之后，将总结出林业科学的影响及其对国际社会政治环境的作用。这就涉及与森林相关的国际进程和机构的多样性，会导致从国内到跨国和国际层面重新定位、规范制定的程序。这改变了政府和非政府行为者的渠道和先决条件，影响了与森林相关的决策程序。但现实是，林业科学在重新定义规范和程序的过程中表现得很弱，从而存在被边缘化的风险。

1. 国际森林政治的理论模式

国际森林政治可以基于两种不同的理论模式对国际政治的理解进行概念化。首先，根据第一个理论，国际森林政治主要是根据国际再分配理论来理解的。例如，各国政府，作为理性的效用最大化者，它们在明确有限的政策范围内将其视为国家重要领域。在这方面，科学建议的目的就是帮助政府明确自己在国际谈判中的效用。这种国际森林政治"理性"的概念化将被应用于森林进程中，在这里森林构成主权国家的重要资源。其次，国际森林政治可以依照"全球治理"的理论来进行设想。这种理解挑战了以国家为中心视角的理性治理。它的范围扩展到国家之间的合作，不仅产生了"全球公共产品",还产生了包括"广泛的政治、经济以及塑造和约束行为者对环境行为的社会构造和过程"。根据这个概念,森林是依照"人类共同关切"的理念作为框架基础的。

这里"全球治理"将被用作启发式的理论框架,为了林业科学在行为中改变社会政治环境,而不是其作为一个基于规范的政治项目的意义。案例研究将体现出"全球治理"的三个方面:一是非国有化进程和"出现超越国家领域的全球公共领域";二是在新领域非国家的角色转变,非等级的出现不依赖于国家正式的权力和责任的转向模式;三是要求不同形式的合法性。政府可能不一定被视为国际上的政治中心角色,但至少是通过公民、非国家的角色如非政府组织、说客、知识经纪人和科学家等体现出来。与森林相关进程的范围从法律上是具有约束力的国际公约,如《生物多样性公约》或《联合国气候变化框架公约》,没有约束力的政府间谈判,如联合国森林问题论坛,直至私人准则制定举措 FSC 和 PEFC。非国家角色没有正式的权威支持,他们只能寻求"私人权威"。据 Suchman 论证,合法性"……是一种广义的认知或假设,即实体规范是一些在社会上是可取的、适当的或构建的规范,价值观、信仰和定义体系也是适当的。"❶

因此,合法性不是内在的质量,而是一种相反的概念,这取决于这个角色的行为具有严谨的规范,以及对政策领域的理解和问题定义。参与者可以使用这种"合法性模式"以加强其在战略资源政策领域中的地位。因此,它们虽然不稳定,但是社会结构的结果。因此,全球治理就意味着要提出恰当的问题,竞争关于

---

❶ MC Suchman, *Managing Legitimacy*: *Strategic and Institutional Approaches*, *Academic Management Review*, 1995, p. 571.

"谁的知识重要和哪种形式的知识被边缘化。"❶

在其随后提出的研究论点将是，一方面，虽然可以在国际层面建立一个全面的国际森林体系，专门处理森林的进程，即核心森林过程，但实践中可能仍然是无效的；另一方面，在森林治理范围内考虑要达成的国际环境协议，在处理森林问题上可能更为有效。森林被视为全球环境系统的一部分，构成森林有效性的相关程序的差异主要是由于定义的分歧，这是由不同的科学家和知识经纪人在各自实践的基础上提出来的。

2. 关于研究的方法学

为了在国际森林政策领域进行研究，我们可以借鉴国际上的环境政治学文献，在这里国际森林政治依然存在着代表性不足的问题。但是分析其主要来源，如国际组织的官方文件、"地球谈判"公告或利益集团、环境非政府组织发布的政策文件。此外，有关林业科学的数据源于一个在英国2007年7月到8月进行的调查执行变更项目的过程，调查的人员是来自英国的155名林学专家，开展了由德国联邦教育和研究部资助的"可持续林业"的计划。问卷调查包括四个方面的内容：一是林业科学知识产品的种类；二是林业科学对政治进程和角色的影响；三是林业科学家参与政治的进程；四是林业科学家对林业科学的态度，其应在政治进程中发挥积极的作用。

3. 森林核心进程

在1992年联合国环境与发展会议（UNCED）上，地球上的森林问题在全球政治议程中占有一席之地。但是，与其他问题相反，

---

❶ Newell, Peter J. *Business and International Environmental Governance*: the State of the Art. In Levi, David L., Newell, Peter J. (Eds.). The Business of Global Environmental Governance [M]. Cambridge: The MIT Press. 2005, p. 26.

如气候变化、荒漠化和生物多样性丧失，在环境会议上森林领域的规范仅仅是一个不具法律约束力的森林宣言，其呼吁对森林的管理、保护和可持续发展贡献力量，以提供森林多方面的功能和应用，这已被列入了全球气候变化进程中。

尽管如此，根据森林原则，国际森林谈判进程发展到20世纪90年代后期，在一系列政府间森林论坛之后，1999年形成"联合国森林问题论坛"。在2007年，联合国森林问题论坛第7届会议通过了《关于所有类型的无法律约束力的森林文书（NLBI）》。作为核心森林的少数成果之一，"可持续森林管理（SFM）"的概念在《生物多样性公约》的范围内得到承认，并作为实施森林生态系统方式的可能手段（CBD第七届缔约方会议第Ⅶ/11号决定）。这个概念是一个由"传统"的森林可持续产量演变的观点。

尽管通过了NLBI，2006年也采用了四个"全球目标"，但森林核心进程仍然是缓慢的。最重要的是，该森林文书不具有法律约束力，即参与和遵守都是自愿的，"全球目标"不能够被量化。森林核心进程，还没有对"角色行为、行为者的利益或机构的政策和成就的变化"产生影响。[1]

通过分析国际森林谈判的文献资料，我们可以探究出为什么会出现这种情况，作为主权资源的森林促进了国内经济，在许多国家和地区都占据重要的地位。因此，很多森林丰富的国家采用了公正的标准依照国际森林的标准来生产木材。森林核心进程重复了"传统"（即主权）的森林话语和国内的角色联盟。但是，它不能回答为什么森林未被同等对待，如在气候变化制度、生物多样性公约或私人认证计划中。

---

[1] Young, Iris, *Justice and the Politics of Difference*, 1990, p. 1.

4. 全球森林治理

尽管政府间森林谈判无效,但森林领域仍在继续着一系列的进程,这被称作"全球森林治理"。全球森林治理谈判不仅包括国际公约和政府间的谈判,而且还包括许多跨国公司以及非国家实体,如非政府组织等的谈判。

(1)《生物多样性公约》。《生物多样性公约》产生于科学的协议,即全球物种的灭绝远远超过了自然的速度,其在序言中明确指出"生物多样性正是由于某些人类活动而大大减少了"。生物学家和生态学家一直主张将生物多样性保护纳入全球政策的行为者议程中。[1] 科学家虽然没有采取行动,但与其他非国家行为者之间结成了联盟,而且在国际层面的自然对话中促进和影响了"全面的生态系统方式"。因此,《生物多样性公约》的"森林生物多样性工作计划"中提到的生态系统方法有助于森林的保护和生物多样性的可持续利用。显然,这个观点是基于与传统森林行为者的理解根本不同的森林形象,为了实现森林所有者的目标,有针对性的干预行动是自然而必要的过程。CBD第七届缔约方会议第Ⅶ/11号决定,"生态系统方式"和"可持续森林管理(SFM)"的差异已经得到了解决,它宣称"有效的森林管理可被视为将生态系统方式应用于森林中"。可持续森林管理产生于"可持续林业产量"这一概念,是指"满足当前森林产品和服务的需求的同时,确保其从长远来看的持续供应"。隶属于《生物多样性公约》的"生态系统方式"支持环保议程并强调广泛的社会参与的重要性。它强调"土地、水和生物资源的综合管理,促进其保存和可持续

---

[1] Epstein, Charlotte. *The Making of Global Environmental Norms: Endangered Species Protection* [J]. *Global Environmental Politics*, 2006, pp. 32 – 54.

公平利用的方式。因此，应该管理森林生态系统的内在价值和其提供的实际利益"（FAO（联合国粮农组织），2003）。《生物多样性公约》下的森林框架仍然与公约的环保议程保持一致，它是指所有形式的森林财产，包括私人森林都应该有一个全球性的目标，不仅是依据地理条件，而且是按照参与的要求。基本上，森林在认知上脱离了当地的主要环境，被迁移到"全球生态系统"中。

（2）《联合国气候变化框架公约》。自20世纪70年代以来，植物和土壤已被纳入科学碳的全球循环模型中。科学家们指出森林对全球气候变化制度的重要性，从而第一次确立了全球范围内的森林管理。人类活动，如林业，影响"大气和陆地生物圈碳汇的自然兑换率"。[1]《联合国气候变化框架公约》在第4条第1（d）款中，呼吁签字国促进可持续的管理，并促进和合作酌情维护和加强《蒙特利尔议定书》未予管制的所有温室气体的碳汇，包括生物质材料、森林和海洋以及其他陆地、沿海和海洋生态系统。

在连续的谈判中，碳储存的陆地生物圈有重新分配的能力，"碳汇活动"的责任可以被用来反对国家的排放目标，这成为公约当事人之间冲突的来源。尤其是森林丰富的国家，推动采取包括土地为基础的综合碳汇活动，森林问题最终离开了"纯粹的"科学领域，成为一个国家间谈判的问题。IPCC的结论是全球每年约有20%的二氧化碳排放源于热带森林的砍伐，使发展中国家的REDD计划进入各国的政治议程中。由于对森林的重视，碳储存潜力已经在林业科学领域得到了很好的研究。人们可以这样说，节约碳在这些过程中已经为此做好了准备，将森林定为碳汇，作为可再生能源的来源，其经济的重要性日益扩大，加剧了暴露其外

---

[1] Robert Watson, et al, *IPCC Special Report Land Use, Land–Use Change and Forestry: Summary for Policymakers, Intergovernmental Panel on Climate Change*, 2000, pp. 23–35.

部威胁,并反映了与"传统森林理念"相适应的措施需求。

(3) 私人准则制定——FSC 和 PEFC。在森林管理委员会(FSC)成立的一年里,里约会议未能通过森林公约。虽然最初的资金是由世界自然基金会提供的,创始人成员不仅源于环境领域,还包括来自林业、木材业的非政府组织和当地社区。该委员会是由于对广泛的森林采伐和森林退化问题的关注而产生的,我们可以理解为在联合国环发会议上进行的政府间森林谈判并不成功。FSC 明确地将自己与政府相隔离。国家和政府行为者被明确排除在会员之外,FSC 不会影响国际谈判,如通过参与或与国际组织合作。FSC 的组织结构由三个同等重要的大会组成,利益相关者来自环境、社会和经济等领域。而且这些机构来自发达国家和发展中国家的员工人数基本相同。由于成员是自愿的,FSC 不能依靠其他强制力量。理事会自愿获得合法性,代表其成员承认其标准。然而,根据本杰明·卡斯托雷,在 FSC 的环保组织被评为"合法组织",参与企业提供"实际的合法性",这建立在对自我利益的评估基础上。[1] 在组织上,FSC 声称源自其综合性的权威民主结构,FSC 被认为是一个国际组织,为森林利益相关者提供了一个系统,为实现负责任的森林管理而努力。通过 FSC 体系,森林所有者、管理者、森林产品制造商、当地社区、非政府组织和其他利益集团都被平等对待,该机制的指导思想是民主、包容和透明,这同时还包括在森林地区的授权团体中。

作为对 FSC 建立的回应,它们认为这是以生态和社会利益为主的集团,以国家森林为主的业主和木材行业协会建立了自己的

---

[1] Benjamin Cashore, et al, *Can Non-state Governance "Ratchet up" Global Environmental Standards? Lessons from the Forest Sector*, Review of European Community and International Environmental Law, 2007, p. 158.

认证方案。

　　Lars Gulbrandsen（古尔布兰德森）特别强调了这一点，环保非政府组织被描述为"自我任命的法官"，然而他们的经验有限，也没有合法的权利来管理。❶ 虽然 FSC 声称其目标是从中获得合法性，代表来自社会、经济和环境等领域的、广泛的利益相关者，但 PEFC 的会员资格实际上是有限的，最终树立自己规范的是林业部门的行为者。

5. 后果：不断变化的森林政策领域

　　有研究揭示了森林核心进程的无效性，可以用国家间的谈判来进行解释，实行统一的国家治理，根据他们在国内所感知的国家利益行事，明确界定政策领域。森林首先被认为是国家资源，森林管理的跨界影响被"系统地忽视"。❷ 因此，对政府没有以某种激励方式协调它们的行为，这牺牲了对其国家资源的享有的一定程度的主权。20 世纪 90 年代森林核心进程给全球森林治理留下了一个真空，最终导致了森林治理的"全球化"和"环境化"。

　　然而，以利益为主导的国家间谈判似乎足以解释森林核心进程的无效性，它忽略了问题定义的维度和议程设置，其实应该在更广泛的全球森林治理的理念下予以考虑。森林问题是国际环境问题的一部分，但全球性的森林政策是分散的。研究证明了"理性"政府作为单一实体是不适当的"经典"假设。而且，如 Graham Allison（格雷厄姆·艾利森）所指出的，政府必须被理解为一个大

---

❶ Lars Gulbrandsen, *Overlapping Public and Private governance: Can Forest Certification Fill the Gaps in the Global Forest Regime?*, *Global Environmental Politics*, 2004, pp. 75–76.

❷ Radoslave Dimitrov, *Hostage to Norms: States, Institutions and Global Forest Politics*, *Global Environmental Politics*, 2005, p. 1.

型组织，其中的主要责任与特定的任务是分开的。每个组织都会遇到一系列特殊的问题，并在这些问题上采取准独立的行为。但是很少有重要的问题属于这个单一的组织领域。[1] 国家行政部门承载"各种各样的部分相容的国家目标、组织目标和政治目标"。全球森林政策领域的具体内容帮助环境部门的参与者在政府内部发出更强的声音。例如，在德国，联邦食品、农业和消费者保护部是 UNFF 在德国的代表，在传统上非常接近传统的林业行为者，但失去了作为德国森林外交政策代表的独家地位。联邦环境部负责国际生物多样性和气候变化谈判，这对当地的森林经营产生了较大的影响，比 UNFF 还要好。正如 Lars Gulbrandsen（古尔布兰德森）指出的那样，科学界也倾向于保持自己的行政部门隶属关系和非国家行为者的地位。[2] 根据他们对机构内部和外部问题的初步概念，政府组织有选择地在互动的专业社区内应用科学知识。科学发现由于"客观性"和"真实性"，而且由于他们在追求利益与思想、规范信念的融合，科学影响力的关键基准不是一个给定问题的可靠信息，而是具体知识形式适合的社会建构。

根据新出现的森林概念"森林政治的国际化"，这里的"森林"是（1）全球化的，可以理解为是全球生态系统的组成部分；（2）作为一个环境问题，森林的目标和功能是固定的，传统林业科学的概念强调森林的全球环境影响，对森林和林业的"传统"理解是有争议的，通过一个全球的、环保的理念来补充，有益于

---

[1] Ali A. *A Conceptual Framework for Environmental Justice Based on Shared but Differentiated Responsibilities*, in Tony Shallcross, John Robinson. *Global Citizenship and Environmental Justice* [M]. New York: Amsterdam, 2006, pp. 41 – 50.

[2] Lars Gulbrandsen, *Overlapping Public and Private Governance: Can Forest Certification Fill the Gaps in the Global Forest Regime?*, *Global Environmental Politics*, 2004, pp. 75 – 76.

新知识的形成。

此处特别指出了森林在三个不同方面的治理。首先，"森林"日益成为非国有化的政治问题。它被放置在全球环境和发展的大背景下而受到特别的关注。森林被塑造成为地球系统的一部分，不再只是国家资源。同时，严格区分国内和国际政治领域变得并不合适。考虑到国家外交政策的影响，其影响了国内的目标和政策，如国内和国际政治议程日益紧密地相关联。

其次，新政府、非政府行为者和非政府组织在政策过程的不同阶段影响森林政策。科学知识不仅用来确定国家效用函数（如理性模式），而且在为国际问题谈判设计问题。这些新的行动者是来自不同科学部门的问题设计者和专家知识提供者。

6. 林业科学的作用

在国际政治进程中的"全球治理"并不完全依据国际上政府间谈判的条件，而是将国际政治作为理解全球问题的基础。它不仅侧重于国家间的谈判，而且还包括政治决定的执行。其实，科学对政治的影响更大。

为了实施有效的森林治理，林业科学在实施过程中的战略地位，需要更好地传达给非政府组织、造林的政府和非政府行为者。以前自成一体的传统造林参与者、森林所有者以及地区的林业行政管理部门与林业科学紧密联系，正在打破与林业有关的政治规范垄断。

为了维护其政策领域的权威性，林业科学应该寻求与非林业行为者的战略联盟。第一个方法可以在《生物多样性公约》的背景下找到。❶ 但是，作为内部进行的强制性项目，林业科学家似

---

❶ CB Schmitt, T Pistorius, G Winkel. *A Global Network of Forest Protected Areas under the CBD: Opportunities and Challenges*, 2008. www.forestrybooks.com. 最后访问时间：2023 年 12 月 20 日。

乎仍然认为"传统林业行为者"作为他们专业知识的主要接受者，在很大程度上忽视了"环境行为者"。对林业界来说，林业科学应该积极参与提升森林和林业的形象管理，而不仅仅是对受害者有害的、外部的和被动的影响。这个观点的一个关键是要采取在地方实施的观念，如通过发展木材生产来开展适当的赔偿计划，也即在 REDD 机制中讨论的一个关键点。森林政治衍生框架作为可再生能源的提供者，是能源和原材料的可持续来源，可以用《京都议定书》范围内的森林和 REDD 范围内的森林举例说明。值得注意的是，这个框架不是源于林业部门或林业科学，而是来自政治领域。因此，林业科学仅限于事后实施，因此被排除在国际上有关森林的政治议程之外。林业科学能够为政策领域的新主体提供什么？国际和国内的跨国森林治理的分散结构提供了目标和要求，不仅在全球和地方之间，而且在不同的国际惯例之间，如在与《生物多样性公约》目标相冲突的气候制度的某些目标之间，这些矛盾来源于全球环境政治的低效率。从这个角度来看，林业科学面临着调和分歧的任务，并为全球提供生活必需品。由于其他提到的科学从根本上属于不同层次的分析，科学之间的关系最好认为是互补的而不是相互对立的。在国际气候谈判的背景下，可以寻找到适应和发展的缓解策略，尽管林业科学知识在设定"全球森林治理"方面基本上没有得到充分的话语权，但国际化政策的最新动态将提供林业科学的专业知识，并将其融入改变的政治环境中。

（二）建立全球森林治理机构

全球森林治理需要权威机构进行战略谋划，并监督国际可持续森林管理计划的实施，协调和引导全球森林议程。如果有这样一个机构的话，就可以避免功能的重复与机构的重叠，获得双重效益。

联合国森林问题论坛（UNFF）迫切需要改革。这个机构有潜力成为国际森林管理的终极权威机构，因为它是一个关注所有森林价值的机构。这个机构的改革可以通过两种方式进行，一是专注于全球和政府间森林项目的协调。这是一个行政驱动的改革，它需要核对相关森林计划的信息，举办会议与有相似任务的机构商谈，并作出报告，说明每一种森林价值如何进行规制。这样的改革也需要战略规划，将会在一定程度上改善监测。

联合国环境规划署（UNFF）可能并不是最合适这样一个角色的机构，因为它可能无法产生所需的必要的政治支持和权力改革。世界银行提出建立全球森林伙伴关系，由于世界银行的政治平台和地位，有可能最终由它来成功地促进创建一个最高的国际森林机构，如世界森林组织或联合国森林大会。但无论在哪种情况下，UNFF 都应该积极参与全球森林机构的管理与发展。

二是改革论坛。通过改善标准和规则的权威性来提高其政治地位。应该采用目标导向的方法，以便进展可以被测量、被报告。这种方法也有可能不会达成共识，然而，这意味着对可持续森林管理和多元森林管理有着强烈兴趣的国家，可以聚集在一起，签署一项具有法律约束力的文件，希望其他国家未来也将能签署这一文件。

(三) 制定可持续森林管理的国际标准

进行森林管理改革也应该解决以下问题：采用共同的可持续森林管理的概念和定义，以及统一使用该概念体系。在缺乏统一的国际森林制度这一前提下，还需要解决以下三个主要问题：

一是必须对发展中国家提供金融支持，助其实现可持续森林管理。这需要增加国际森林融资，现在已经被论坛所认可。

二是必须加强发展中国家实施和执行可持续森林管理的实践

和能力。森林项目要想获得成功，必须有合理的制度结构，而且制度结构必须是透明的、负责任的。如果缺乏这样的结构，可持续森林管理的实施将继续疲软。

三是需要将森林政策融入更广泛的可持续发展战略中。

（四）将环境正义原则纳入全球森林治理中

发展中国家缺乏实施可持续森林管理的能力，而发达国家大量消费森林产品，消耗了宝贵的资源，给森林生态造成负面影响，这既不公平，也不正义。所以，应该考虑将环境正义原则纳入全球森林治理中，作为全球森林治理的基础。这不仅需要重新审视森林产品生产国和消费国之间的关系，还需要重新审视发达国家的能力（也可以说是其全球责任），以有助于发展中国家实施可持续森林管理和多元森林管理。

尽管对可持续森林管理的全球共识还未达成，但在发展中国家的林业领域，可持续森林管理逐渐被国家政策所接纳和认可。而且各国也应该实施可持续森林管理，现有的国际环境法原则，如国家主权原则，也认为主权国家应该在使用、管理自然资源时，充分考虑其对环境的影响。

中国作为森林资源大国，在全球森林治理中发挥着重要的作用。其不仅认真履行《国际森林文书》，将林业纳入国民经济各种重大改革与发展计划中，还制定并实施国家森林发展规划，积极推动跨部门合作，并实施主要生态保护和森林修复项目，推进集体林权制度改革，加强森林和生物多样性的保护，促进国际合作及可持续森林管理的技术研究，逐步削减贫困和促进食品安全。中国在生态文明的理念下积极进行林业建设，尤其是示范点（如辽宁省清原县）的建设，成果十分显著，其可持续森林管理的技术和经验为越来越多的发展中国家提供了有益参考。下一章将专门论述中国与全球森林治理。

在森林治理的语境下谈环境正义,应该将国际森林规制与分配正义联系起来进行考虑。国际社会需要有一种公平的分配方法。制定可持续森林管理的标准,应该反映发达国家和发展中国家实施这些标准的不同能力;在责任体系中,应该承认发达国家木材的消耗导致了发展中国家不可持续的木材实践;在全球社区中实施可持续森林管理的责任分担体系。

在国际林业领域思考承认正义,国家应该为森林产品的消费模式承担相关责任;国家需要有一个体系来帮助林区居民开展可持续森林管理;承认正义要求法律承认林区的土著或传统所有者的合法要求,确保土地所有者、经营者的权利。将有关环境正义的考虑纳入全球森林治理中,有助于弥合发达国家和发展中国家之间的裂痕,同时弥合木材生产国和消费国之间的分歧和对立。

上述问题只是初步提出来,在后续研究中,我们还需要进一步思考全球森林治理中与正义相关的一些有争议的核心问题。

从国家治理的角度来看,可以通过重新审视财产和土地所有权,提高对森林资源的法律规制水平。这包括分析公共和私人占有土地模式的影响,以及对可持续森林管理实施的影响。需要开展的进一步研究工作是要确定有关产权和林权方面的法律的区别。在这些问题上,各国规定都有差异,但在这些领域的问题一般可以分为发达国家的林权问题和发展中国家的林权问题。

发达国家通常有森林规制框架,为人们提供明确的、可执行的土地权利。但是,发达国家仍然需要进一步制定明确的法律,精确定义森林财产权利和利益。森林市场机制现已成为占主导地位的环境规制方式。森林财产中的土地所有权也需要进一步定义。森林财产中的权利,如碳权利;租赁土地上的森林产权,土地注册的能力等，以承认分配中的各项多元森林管理的权利。

发展中国家在土地使用权领域面临不同的问题与挑战，在多数情况下，这些国家的森林产权不明确、不稳定。稳定的土地所有权可以提供管理和使用土地的良好环境，对环境、社会和经济效益以积极激励。发展中国家需要增强项目的能力建设，创造和实施负责任的土地所有制的框架。

总之，无论在国际层面还是在国家层面，运用适当的法律规则和程序实施可持续森林管理和多元森林管理都是至关重要的。国际森林法应根据"法治"的标准制定。在全球森林治理中，国际森林法的制定和森林治理过程都必须努力满足全球森林治理善治的标准，并将环境正义纳入全球森林治理中。我们建议更多的发展中国家努力加强能力建设，实施可持续森林管理和多元森林管理。发达国家及森林产品的高端消费者，在可持续森林管理和多元森林管理中应该承担更多的责任，这将最终完善全球森林资源的保护和管理。

（五）二十一世纪的热带森林治理

热带森林是地球上生物多样性最丰富的生态系统，它们在调节全球气候方面发挥着关键的作用，而且为十多亿世界上最穷的居民提供生计。过去几十年来，热带森林退化和非法砍伐的速度空前高涨，改善热带森林管理对于扭转这种趋势至关重要。

尽管发达国家和发展中国家普遍认同需要采取协调一致的行动，但目前还没有具有法律约束力的全球森林协议。全球层面支持热带森林治理的努力包括一个复杂的"软法"协议框架和相关的具有法律约束力的公约。

虽然全球协议进展缓慢，但通过众多的多边和双边安排、国家举措、市场激励措施、"基层"社区管理以及国家、私营部门和民间社会之间的伙伴关系，已经取得了显著进展。下面将详细阐述热带森林有效治理的主要挑战，为当前的热带森林治理提供一个框架，并指明热带森林全球治理的未来方向。

热带森林覆盖了全世界大约15%的土地表面，以及52%的剩余森林面积。热带森林支持着包含在森林生态系统中的大约80%的地球生物多样性，大约占陆地碳的25%。估计6 000万土著居民完全依赖热带森林。大约有3.5亿人生活在热带森林里，还有10亿世界上最穷的人被认为直接依靠森林生活。

持续的森林流失和退化对气候变化、生物多样性、土壤质量、水文、以森林为生的居民的生计和文化完整性，以及可持续性的木材工业产生有害的影响。2000年至2005年，全球有数百万公顷的森林消失了，在南美洲，这个时期的年度森林损失大约是430万公顷，而在非洲是400万公顷的森林被砍伐。南亚和东南亚每年森林砍伐是280万公顷。

热带森林的损失和退化造成的二氧化碳排放量约占全球的17%。到2100年，从全球应对气候变化的减缓成本到热带森林的损失，可能会达到1万亿美元。每年的生态系统服务由于砍伐森林造成的损失成本估计占全球GDP的7%（2万亿至5万亿美元）。热带森林砍伐的驱动力也是多种多样的，十分复杂，而且在国家和地区之间还有所不同。以农业扩张为目的的森林砍伐是造成热带森林损失的主要原因，尽管木材的开采和基础设施的建设也起着重要的作用。拉丁美洲的森林砍伐往往与大规模的牛肉和大豆的生产扩张有关。在非洲，森林退化经常与燃料木材消费和小规模扩张转移农业相关。在东南亚，土地使用转换是混合的，这是热带森林破坏的潜在驱动因素。

森林砍伐包括经济因素、治理因素、技术因素、文化和人口因素，其中治理因素如森林转换的政策、土地所有权不清、环境法律执法不力等是高度互动的。经济驱动力对国际贸易政策的影响，还是"倒行逆施"的奖励，如奖励木材的补贴提取和农业超过森林保护。

1. 热带森林治理

热带森林治理被人们广泛地认为是在许多热带森林覆盖变化中起着核心的作用。可能的治理指标有助于不受控制的森林砍伐，包括不明确的产权、不透明的决定制造腐败、缺乏问责制、不恰当和矛盾的森林法律，而且执法能力软弱无力。无论是小农庄园还是建立的棕榈油种植园，都普遍发生着非法森林采伐的事情。

普遍发生非法采伐和将非法采伐土地转化为农业用途都是治理失败的表现，特别是偏远的边境地区。非法采伐是指林业违反国家和国际法律的活动，比如在收获、加工、运输和出口木制品时违法。非法活动包括：在保护区内伐木或擅自采伐；收获未允许的配额；处理无许可证逃避缴纳税款和关税的问题；违反国际贸易协定等。虽然不可能计算确切的数字，但据估计，非法采伐木材可能占全球初级木材产品贸易额的10%。东南亚地区有超过一半的采伐地，非洲和南美洲的也可能是非法的。

尽管在某些国家，这个比例可能要高得多，例如，印度尼西亚、加蓬、玻利维亚和秘鲁的采伐活动，有70%到80%可能是非法的。从1995年到2005年，非法伐木造成了发展中国家政府每年损失的收入大约为150亿美元。非法采伐还造成许多其他问题，包括环境破坏，未给子孙后代留下木材资源，为参与冲突的叛乱团体提供收入等。非法采伐和执法不力的普遍性使得投资改进伐木作业的动力也不大，而且成本更高。

人们认识到森林管理不善的问题已经多年了，并已通过国际、国家和地区的一系列举措加以解决。例如，自 2001 年以来，世界银行在林业部门的所有项目中，约有 60% 包括治理部分。人们认识到，各种各样的举措，解决系统性的不良治理对于增加长期可持续林业项目的投资并改善森林经营是十分必要的。

为森林部门提出的普遍治理改革措施包括：建立有效的机构，明确规定的作用和责任；明确和适当的立法；执行立法的能力；明确、可靠的土地使用权；建立国家核查和监测系统；所有利益相关方，包括民间社会和私营部门参与决策的进程；问责制的发展；政策改革，目的是消除"逆向"的经济激励措施来砍伐森林。

2. 现有的热带森林全球治理

（1）联合国的热带森林治理。在国际上，热带森林的治理是由一些"软法"协议主导的。虽然没有森林公约，但是热带森林治理的各个方面都包含在一些联合国公约中，如《生物多样性公约》《世界遗产公约》《国际濒危物种贸易公约》和《反腐败公约》等。1992 年在里约热内卢举行的地球高峰会议上，有关森林公约的潜在争议持续不断。发展中国家不愿意参加一项可能通过林业和农业限制国家发展机会的公约。于是各国签署了"森林原则"，这是一项关于森林管理和保护的非法律约束性声明。另外，《21 世纪议程》的第 11 章概述了森林管理的全球目标。

为了建立一个更全面的国际法律框架，政府间森林小组（IPF）于 1995 年成立，后来由联合国森林问题论坛于 1997 年取而代之。政府间森林小组共同制定了 270 多项关于森林的"行动建议"，但没有就森林公约达成共识。联合国森林问题论坛于 2000 年接替了政府间森林论坛。联合国森林问题论坛是持续对话和政策发展的国际论坛。森林合作伙伴关系（CPF）于 2001 年成立，由 14 个国际组织组成，支持联合国森林问题论坛的工作。2007

年，联合国森林问题论坛在软法协议方面达成了国际共识："关于各类森林的不具有法律约束力的文书（NLBI）。"直到 2015 年才又开始关于森林公约的讨论。

即使联合国森林问题论坛的进程没有得到森林公约的支持，但是森林小组、森林论坛、联合国森林问题论坛和有关组织的工作对于促进和推动可持续森林管理的规范十分重要。尽管一项公约将为热带森林的全球治理提供一个更加全面的、具有法律约束力的框架，但许多小组都表示怀疑，这样的公约对于减缓森林流失速度是有效的。一些评论者认为，由重叠的国际协议组成的现有国际森林"体制"，可持续森林管理（SFM）原则的广泛全球共识以及一系列非国家主导的倡议非常适合高度复杂的森林部门。[1]

自 1976 年以来，联合国贸易和发展第四次会议就具有法律约束力的第一个国际热带木材协定（ITTA）开始谈判，同时热带木材作为贸易商品的平行谈判进程一直在进行。国际热带木材组织（ITTO）是一个由 33 个生产国和 26 个消费国组成的政府间机构，它们共同占据了国际热带木材组织全球热带木材贸易 90% 的份额。

联合国粮食及农业组织（FAO）由于参与国家林业计划，与森林管理机构共同倡议改善森林部门的法律遵守情况，因此在森林治理方面发挥着关键性的作用。世界银行还通过"森林计划（PROFOR）"、森林执法和治理的重大区域倡议，大力参与森林治理的举措。

（2）热带森林治理的多边和双边倡议。因为国际社会还无法

---

[1] Glück P., Rayner J., Cashore B. *Changes in the Governance of Forest Resources*. In Mery, G., Alfaro, R., Kanninen, et al. *Forests in the Global Balance – Changing Paradigms*, International Union of Forest Research Organisations, World Series, IUFRO, Helsinki. 2005, pp. 51–74.

就森林管理达成具有法律约束力的国际协议，因此全球森林治理已经变得十分分散，所以现在重点放在热带森林治理的多边和双边倡议、国家和非国家主导的治理方案上。如欧盟的森林执法、施政和贸易（FLEGT）行动计划以及世界银行主导的区域森林执法和治理（FLEG）进程是最广泛的以国家为中心的多边倡议。

欧盟于 2003 年提出了"FLEGT 行动计划"，于 2005 年又通过了"欧盟 FLEGT 条例"。该计划的一个重要方面是制定个别国家与欧盟之间的自愿伙伴关系协议（VPAs），只有合法生产的木材将被允许从参与国进入欧盟。作为回报，欧盟国家承诺改善伙伴国家进入欧盟木材市场的机会，并支持各国改善治理、改革政策和增强建设能力，并让所有利益相关方都参与谈判的进程。

2008 年 9 月，加纳成为第一个与欧盟签署 VPAs 的国家，2009 年刚果共和国紧随其后。2009 年欧盟又与喀麦隆签署了 VPAs 协议。此外还与印度尼西亚、马来西亚、中非共和国和利比里亚和其他许多国家讨论签署了 VPAs 协议。加纳在与欧盟签署了协议后花了三年时间才使协议得到充分执行。

由于 FLEGT 项目正处于实施的初期阶段，评估其在改善热带森林治理方面的效果可能为时过早。民间社会和私营部门的代表积极参与了大多数 VPAs 的谈判。对 FLEGT 进程感兴趣的欧洲非政府组织（FERN）对加纳的 VPAs 协议表示"谨慎的乐观"，因为它是基于多方利益相关者的磋商过程，并明确地提到了当地社区的作用。有些人担心的是森林法改革进程和独立监测的细节还不是很清楚。

世界银行主导的 FLEGT 进程促使了东亚和太平洋（2001 年）、非洲（2003 年）、欧洲和北亚（2005 年）的部长级会议的召开。拉丁美洲与区域 FLEGT 有关的活动是通过中美洲和亚马孙地区的现有伙伴关系，主要是亚马孙条约合作组织（OCTA）和中美洲环境与发展委员会森林技术委员会（CCAD）。FLEGT项目的重点是促进各国之间的合作与交流，打击非法采伐和木材贸易，并传播有关这些主题的准确信息。

现在许多国家，在国家层面将FLEGT会议的"部长宣言"转化为行动方面存在着很多问题。执行上的困难可以归结为：经常缺乏强烈的政府的"所有权"意识；政治领导人对围绕非法采伐问题的认识不足；高水平的腐败和非法伐木者的强大影响；捐助者的不协调；过分强调执法而不考虑非法活动的驱动因素；非国家行为者参与不足导致缺乏共识等。此外，所需改革的高度复杂性和非法采伐的有争议性，意味着政治和法律框架的改变需要很长时间才能发生，并且难以长期维持。

多边会谈和非法采伐森林治理的高度国际外交特征有助于形成亚洲森林伙伴关系，如中非森林委员会（COMIFAC）和雨林联盟等多边组织。八国集团的活动也明确包括了热带森林，1998年至2002年实施了一个森林行动计划，尤其在英国和日本，森林砍伐问题已成为一个非常严峻的问题。

欧盟FLEGT赞助的VPAs在技术上是双边的，因为它们是在个别国家和欧洲共同体之间制定的。关于热带森林治理还有许多其他的双边协议。例如，德国联邦政府参与了与许多国家的治理相关的援助和发展计划。根据1998年的《热带森林保护法》，美国已经与11个国家达成协议，主要是在拉丁美洲。该法为地方热带森林保护举措（旨在加强民间社会）提供支持和资金，以换取债务减免。英国和印度尼西亚于2002年签署谅解备忘录（MoU），共同打击非法采伐活动。挪威与圭亚那也签署了谅解备忘录，为热带雨林保护提供资金支持，并且还承诺向巴西提供10亿美元的森林保护资金。

（3）国家改善森林治理的举措。有一些国家为改善森林治理采取了行之有效的举措。一些消费国在国家层面采取行动，表明了对改善热带森林治理的坚定承诺。英国特别积极推动以国际贸易为主的行动，以改善森林治理，其在国际发展部（DFID）内制定了大量的森林治理和贸易方案。方案主要支持根据欧盟FLEGT计划进入VPA的国家活动。英国政府还运营采购政策，要求使用来自合法和可持续来源的木材和纸制品，并排除无执照企业生产的木材或非法木材。丹麦和荷兰也有类似的政策。❶

2008年5月，美国对"雷斯法案"进行了修正，这是一项最初为保护野生动物而设计的法令，其将进口非法采购的木材和木制品定为刑事犯罪。"非法"的定义是指违反原籍国的森林法律。美国方法的严格性将成为伐木商和贸易商非法行为的强大经济动力。一些森林国家实施了旨在改善森林治理和减缓森林砍伐的方案，最引人注目的是巴西。巴西的自然森林面积比任何其他国家都要多，但从2000年到2005年，平均每年损失350万公顷。过去十年来，巴西已经修改了有关森林管理和土地所有权的法律和政策，边疆治理方面实行"实验"的方式，如土地利用分区、卫星监测以及作为土著保护区的地区扩大，这些变化似乎是造成2004年以来森林砍伐率下降的部分原因。

2008年12月，巴西政府启动了"国家气候变化计划"，其目标是：到2017年，森林砍伐率较1996年至2005年减少70%。这一倡议得到了"亚马孙基金"的支持，巴西希望通过捐助方的捐

---

❶ Lars Gulbrandsen, *Overlapping Public and Private Governance: Can Forest Certification Fill the Gaps in the Global Forest Regime?*, Global Environmental Politics, 2004, pp. 75–76.

助，到 2021 年达到 210 亿美元。尽管巴西取得了一些重大进展，但森林治理仍面临着两大障碍：一是土地所有权未得到解决，二是环境机构资源不足，特别是在边远地区。这些问题对许多热带森林国家来说都是相同的。

（4）非国家主导的改善热带森林治理的倡议。非国家行为者在森林管理和治理中变得越来越重要，部分原因是国家和国际层面的森林管理不力。推动非国家行为者积极参与的其他因素，包括目前森林管理权力下放的趋势，以及国家对民间社会和私营部门治理举措的参与。

非国家主导的治理举措包括森林认证计划、当地社区和土著居民的直接管理，以及非政府组织、当地社区、研究机构和国家之间形成的战略联盟。通过投资于森林碳，私营企业也参与治理。现在存在多种认证计划，其中包括一些国家的、行业主导的计划。森林管理委员会（FSC）有一批跨国非政府组织，最著名的是世界自然基金会，其于 1993 年成立。FSC 背后的理念是通过向符合性测试的木材经营者提供认证，以国家和地方层面达成的标准为基础创造市场优势。FSC 模式在温带森林中最为成功，发展中国家 FSC 认证的森林面积占森林总面积的 17% 左右。

由于缺乏资源、基础设施薄弱、腐败、认证成本高以及对环境不敏感的市场充斥着便宜的、非法采伐的产品，还由于只获得了全球 4% 的森林认证，无法提供足够的激励措施来改善治理，从而无法与更广泛的政策改革相联系。但是，森林认证在促进可持续森林管理和改善森林利益相关方之间的沟通方面发挥了重要的作用。

人们普遍认为，如果以森林资源为生的人是积极的参与者，那么森林治理举措就更有可能获得成功。例如，在巴西的亚马孙地区，合法承认的土著土地是森林砍伐的巨大障碍，土著部落通常对森林的使用实行法律限制。拉丁美洲边境一些地方也出现了集体行动小组，往往是为了响应国家实施的保护和发展举措，而没有使当地社区受益或包含当地社区。对危地马拉、尼加拉瓜和巴西的四个社会运动的分析表明，共同的成功因素是早期的外部援助，这有助于加强地方机构和建立网络，并迫使政府承认社区的权利。❶

根据《联合国气候变化框架公约京都议定书》，有一项新的碳交易机制，其中有几个"避免毁林"的项目，涉及私营部门、民间社会和政府。这些联盟形成了互惠互利的预期，即企业能够提供交易碳信用，政府获得财政和能力建设援助，国际非政府组织实现了其保护和本地参与的目标，社区获得资源和参与森林管理。这些项目的例子包括玻利维亚的行动项目，苏门答腊的项目和巴西亚马逊的可持续发展储备项目等。

除了其内在的社会、文化和生物价值，森林在经济上比碳和木材都更有价值。未来有可能建立新的金融机制来鼓励对森林生态系统服务的投资，如降雨的产生和天气的控制等。圭亚那的森林项目是投资森林以换取多种生态系统服务的一个例子。民间社会对森林管理方案的贡献，可以从地方到全球的非政府组织和研究机构积极参与制定和执行森林治理政策中体现出来。在国际层面，世界自然基金会和国际自然保护联盟（IUCN）积极协调旨在支持 FLEG 和 FLEGT 等相关举措的项目，如 IUCN 的"加强对更好选择的声音"计划。在其他重要的非政府组织和研究机构中，以美国为基地的森林趋势，耶鲁大学的森林对话，伦敦查塔姆大楼

---

❶ Peter Cronkleton, et al, *Environmental Governance and the Emergence of Forest – Based Social Movements*, Center for International Forestry Research Occasional Paper No 49, 2008, p. 1.

以及印度尼西亚国际林业研究中心（CIFOR）等，都是在国际层面积极参与关于森林治理问题的研究和信息共享。

3. 展望未来：热带森林治理中的持续倡议

（1）REDD 和森林治理。《联合国气候变化框架公约京都议定书》的第一个实施期是 2008 年至 2012 年。2012 年后气候框架的条款，在 2009 年 12 月在哥本哈根举行的《联合国气候变化框架公约》第 15 次缔约方会议之前进行谈判，《京都议定书》中并没有明确列入"森林砍伐"，原因是测量森林减少碳排放的难度，以及对"渗漏"的担忧，森林砍伐和退化只是被放到《京都议定书》中所支持的项目范围之外的地区。但是，人们已经认识到热带森林的丧失和退化，在 2012 年后的国际气候协议也即 2015 年通过的《巴黎气候变化协定》中得到解决，以达到大气中二氧化碳的目标水平。

根据 REDD 的这个新机制，发展中国家将获得某种形式的经济补偿，如碳信用，目的是降低森林损失率。最先提出 REDD 的想法是巴布亚新几内亚和哥斯达黎加，它们在雨林国家联盟的支持下，在蒙特利尔第十一届缔约方会议上提出来的，并根据"巴厘岛行动计划"的条款正式列入 2012 年后气候框架的一部分。这种机制可以为拥有重要热带森林的发展中国家带来数 10 亿美元的碳支付。虽然 REDD 机制代表了强大的离开森林的市场激励机制，但许多 REDD 受益国家的治理失败对成功实施该机制是一个严峻的挑战。

目前有大量的 REDD 提案，某种形式的治理改革似乎是参与未来 REDD 机制的要求。如何为这种改革提供资金尚不确定，这些改革将需要在各国开始从碳信用额获得资金之前开始。为了使治理改革有效，需要来自工业化国家的财政捐助和发展援助，同时配合强有力的政治承诺和项目领导。

鉴于 REDD 的相关计划面临的治理挑战，世界银行于 2007 年 12 月启动了森林碳伙伴基金（FCPF），作为帮助各国实现"REDD 准备"的试点计划。目前有 23 个国家正在接受能力建设方面的援助。FCPF 受到一些土著权利团体的批评，原因是与森林居民缺乏足够的协商，在巴布亚新几内亚等国家，在谈判期间国家即将民间组织排除在外。

（2）以市场为基础的激励措施来改善林业部门的合法性和治理。根据欧盟 FLEGT 计划的自愿合作伙伴协议，禁止从美国进口非法木材的禁令，加强认证计划的渗透和碳信用，以避免森林砍伐，这将导致改善森林治理的基于市场的激励措施。但是，目前尚不清楚需要多大程度的市场需求，来推动重大的治理改革和降低热带森林砍伐和退化的速度。财务收益只是热带森林退化的一系列复杂因素之一，因此经济激励措施必须伴随着森林治理改革的政策和行动。为了增加合法开采的热带木材贸易的经济激励措施，当前国际贸易和打击非法采伐的认证工作需要扩大到包括中国、韩国和日本等主要市场和加工国。目前，双边国际协议因为 VPAs 可以通过第三国出口或加工木材产品来规避。人们应该记住，热带木材的绝大部分被运往国内市场，因此国际木材贸易协议不太可能受到强烈的冲击和影响。

国家、企业和民间社会之间在避免森林砍伐和碳信用额支付方面的伙伴关系可能会增加，尤其是在 REDD 机制下。目前关于这种方案的争论很多，主要集中在谁拥有森林及其碳排放权，社区如何更好地受益于该项目，以及参与者的不同或者可能是相互冲突的议程。国际市场碳价格的高度变化和目前的全球信贷危机将对私营部门和政府投资的可获得性和范围产生重大的影响，对自愿伙伴关系和项目也会产生一定的影响。

(3) 参与性和包容性的森林治理方法。林业一直在逐步走向更具参与性的议程,逐渐放弃"自上而下"的举措,以"基层"行动为重点,民间社会和私营部门积极参与。尽管人们担心森林碳汇的大额支付可能会导致"森林掠夺"、腐败、排斥森林居民和无能的利益相关者,但这一趋势预计将持续下去。出于这个原因,实施适当的治理改革措施势在必行,其中包括有保障的土地使用权和明确谁应该得到森林碳补偿的协议。

包括欧盟 FLEGT 进程和世界银行森林碳伙伴基金在内的主要国际治理举措,要求各国政府与民间社会团体、森林居民进行协商和谈判,以获得援助,尽管各国的实际磋商程度各不相同。来自众多机构、非政府组织和研究机构协调项目的经验表明,地方社区的参与是改善森林治理成功举措的关键因素,公平可靠地澄清土地所有权和森林资源权利,长期的政治支持对于改善森林管理也是必不可少的。过去的举措往往因改变政治优先事项而受到阻碍。实时卫星图像的可用性提高了民间社会团体参与森林监测的可能性,"社区治安"和赋权人们使用信息将成为改善森林治理的有效方法。

迄今为止,非国家行为者包括土著居民、农民、伐木者和种植业主已开始围绕 REDD 机制进行谈判,因为各国代表在《联合国气候变化框架公约》的各种论坛上做出了重要的决定。过去的经验表明,排除非国家行为者,可能导致森林治理的结果将不尽如人意。❶

---

❶ Hoare A., Legge T., Nussbaum R., et al. *Estimating the Cost of Building Capacity in Rainforest Nations to Allow Them to Participat in a Global REDD Mechanism* [R]. Report Produced for the Eliasch Review. Chatham House, ProForest, Overseas Development Institute and EcoSecurities. 2008, p. 29.

总之，热带森林砍伐是一个在政治、社会和环境方面的复杂的问题，三十多年来一直在国际政策领域争论不休。热带森林非法转化为其他土地用途的驱动因素，在国家内部和国家之间是不同的。在某些特定的地区，森林砍伐将会继续下去，只要砍伐树木比保持森林的持续利益更有利，而且政治意愿或能力有限，则可以制止森林砍伐。

许多有关热带森林治理的国际协议以及私营部门和民间社会的参与，引发了全球森林政策网络的出现。在与当地利益相关者进行广泛磋商的基础上出现的森林执法和治理举措，是减缓热带森林砍伐的真正机会。森林碳和生态系统服务的经济补偿也可以提供大量资金，但需要强有力的政治承诺，在地方和国家层面实施所需的治理改革。这将必然包括土地使用权改革，以及碳支付所带来的公平和公正的利益分配。

CHAPTER 06 >> 第六章

中国与全球森林治理

第一节 中国的森林治理概况

森林问题是当今世界环境与发展的重点领域，与人类面临的各种挑战密切相关。随着全球化进程的深化，森林问题已经演变成一个全球性的重大问题，超越了国家和部门的界线，并影响着人类的可持续发展。实践证明，促进可持续森林管理、多元森林管理，推行全球森林治理，扩大森林面积，提高森林质量是破解人类可持续发展困境的战略措施和有效方法。当前，中国在生态文明建设理念下进行林业建设，取得了很大成就，并积极参与与森林相关问题的国际谈判，也与其他国家合作以应对全球森林问题的新挑战。展望未来，为适应全球可持续发展的时代趋势，中国将在国际森林安排和全球森林治理体系建设中发挥着更重要的作用。

目前，中国已建立了以《森林法》《森林法实施条例》为基础，以林地林权管理、森林利用管理、森林监测和森林资源监督等为核心的森林资源保护管理法律制度，为保障中国森林资源的持续增长发挥了重要的作用。自 2007 年中国国务院同意发展改革委会同有关部门制定的《中国应对气候变化国家方案》，到 2013 年原国家林业局发布《推进生态文明建设规划纲要》《2013 年林业应对气候变化政策与行动白皮书》，中国作为一个负责任的发展中大国，高度重视气候变化，采取了一系列的政策和措施，为减缓气候变化作出了积极的贡献。总之，中国正在修改《森林法》，加强林业法治建设，推进依法治林，用严格的法律制度保护生态环境。❶ 现在《森林法》修改已列入十三届全国人大常委会立法规划，全国人大农业与农村委员会于 2018 年 9 月 12 日发布了由国家林业和草原局起草的《森林法》修正草案，在全国范围内征求修改意见和建议。这是中国林业法治建设的重要一步，是中国参与全球森林治理体系建设的关键步骤。

1992 年以来，中国林业认真履行《联合国防治荒漠化公约》《湿地公约》《濒危野生动植物物种国际贸易公约》《联合国气候变化框架公约》和《联合国生物多样性公约》，推进《适用于所有类型森林不具有法律约束力的国际文书》（简称《国际森林文书》）的实施，与世界各国和相关国际组织建立了合作关系，对外签署了 74 个双边政府间和部门间协议，并与相关国家共同发起创建了 2 个政府间国际组织，即国际竹藤组织和亚太森林恢复与可持续管理组织，初步形成了多层次、宽领域、全方位的中国林业国际合作格局。

这是中国有目共睹的成绩，但同时我们也要看到，中国的森林治理实践也面临着巨大的挑战，亚洲森林可持续发展专家菲利

---

❶ 2015 年 3 月 21 日"世界森林日"植树活动在京举行，http://www.forestry.gov.cn/main/72/content-748834.html，访问日期：2023 年 8 月 13 日。

普·劳伦斯分析认为主要有三个方面：一是水土流失的治理，二是非法伐木问题，三是退耕还林问题。❶ 此外，中国在全球森林治理体系中的话语权也相对较弱，理解和运用现有规则的水平不高，参与新规则制定的意识也不强；与此同时，中国作为一个森林资源的大国，必须既遵守国际规则、维护国际林业贸易秩序和安定，又有理有据地维护好自身的森林资源权益，这对中国的相关能力建设提出了更高的要求。

第二节　中国实施《国际森林文书》的状况

2007年第62届联合国大会上通过的《国际森林文书》是政府间森林谈判的一个具有重要里程碑的成果文件，它充分体现了共享国家政府促进林业发展的政治意愿，并反映了国际社会加强全球森林治理的共识。

在中国，林业部门肩负着森林保护与发展、土地沙漠化控制、湿地保护和恢复及生物多样性保护的主要责任，在确保国家经济、社会和环境的可持续发展方面发挥了不可或缺的作用。《国际森林文书》的实施不仅是中国政府履行其国际责任所采取的具体行动，而且是实现中国可持续发展的战略要求。中国政府高度重视国际条约的实施，通过建立专家支持机制和实施各级培训，包括为来自发展中国家的官员培训《国际森林文书》的实施。

建立专门试点是中国政府实施《国际森林文书》所采取的一个战略步骤。根据森林类型、所有权结构和中国地区不同的发展

---

❶ 中国森林治理面临三大挑战，http://www.cu‑market.com.cn/hgjj/2010‑9‑15/142154.html，访问日期：2023年8月13日。

水平，原国家林业局（SFA）选定了12个试点，包括辽宁省清原县作为实施国际森林文书的试点。基于这些试点，我们将为中国建立可持续森林管理（SFM）的实验和示范基地，为中国建立一个成就展览，并建立一个国际经验平台交流。在中国实施《国际森林文书》期间，联合国和联合国粮食及农业组织进行大力的支持，我们也期待在未来为了促进这个世界的可持续森林管理作出更大贡献，从而加强与所有国家和相关国际组织的密切合作。

一、中国实施《国际森林文书》的政策和措施[1]

近年来，中国政府一直非常重视《国际森林文书》的实施。政府将林业发展纳入主要国民经济和社会发展策略中，制定了中长期的林业发展规划，促进平衡和协调发展生态林业和民生林业，不断稳步增加投资林业生态保护和修复，加强跨部门的合作，实现中国政府实施《国际森林文书》的政治承诺。

（一）将森林纳入国民经济的主要改革和发展计划中

作为一个国家经济可持续发展的重要组成部分，近年来林业已被纳入国民经济的各种重大改革与发展计划中：①2013年，中共中央委员会的决定被涵括进全面加强改革的几个主要问题，明确画出了生态保护的红线，稳定和扩大了农田森林项目（CCFP）的范围，并完善了集体林权制度的改革。②将林业纳入国民经济和社会发展计划的主要行动（2011—2015年），明确实施主要的生态修复项目，加强天然林保护和农田森林或草原的转换中所取得的成果，加快生态补偿机制的建设，加强重要生态功能区域的保

---

[1] *China's Report on the Implementation of the Forest Instrument*, http://www.un.org/esa/forests/pdf/national_reports/unff11/China.pdf，访问日期：2023年8月13日。

护和管理，增强保护水源、水和土壤的能力，预防风暴和固沙，保护生物多样性，以及促进集体和国有林权制度改革。③林业和生态建设被融入中国通过发展农村地区扶贫概要（2011—2020）。它提出，到 2015 年，贫困地区的森林覆盖率应该增加 1.5 倍，到 2020 年比 2010 年年底增加 3.5 倍。重大生态修复项目，如 CCFP、水土保持、天然森林保护和防护林带建设等应该不断在贫穷的区域实施。政府应该建立生态补偿机制，更加关注贫困地区，提高主要生态功能区域的生态补偿水平，并注意贫困地区的生物多样性保护。

（二）制定和实施国家的森林发展规划

根据林业的国民经济和社会发展的要求，中国已形成了一系列促进生态林业和为人们生计林业的国家林业计划。近年来，形成的主要林业计划如下：①2011 年，原国家林业局（SFA）制定了林业发展规划（2011—2015），规定了基本原则、主要目标和林业可持续发展的任务。②2013 年原国家林业局制定了促进生态文明框架（2013—2020），提出中长期林业发展战略和重大行动，比如画出生态保护的红线和建设生态保护的关键功能区域，计划 2020 年森林覆盖率达到 23% 以上，森林蓄积量 150 亿立方米以上，林业产业总产值达到 10 万亿元，义务植树尽责率 2020 年达到 70%。为了建立一个坚固的生态安全系统、一个有效的生态经济系统和一个繁荣的生态文化体系，为生态文明建设所赋予的林业承担历史任务。③2014 年，原国家林业局发布通过林业国家扶贫计划，计划通过林业在 11 个区域扶贫，进一步加大林业对扶贫的贡献。④原国家林业局制定国家木材战略存储和生产基地的建设计划（2013—2020 年），计划完成 1 400 万公顷（相当于 2.1 亿亩）的森林木材密集的建筑，其中包括 451.46 万公顷的种植园，现有种植 497.17 万公顷森林转换和培养，以及 451.37 万公顷年轻和中等树龄的森林在 8 年内的转换。中国强调培养和保护国内珍贵树种种质资源，努力创建和开发快速生长和高生长的森林和罕见的大口径木材森林，形成一个木材资源系统，备份基本上是相对优化结构的最初树种，这是为了减少国内木材供应和需求之间的不平衡。

（三）推动跨部门的合作

为了满足林业改革和发展的要求，近年来，中国在各领域进行跨部门的合作，包括法律法规、气候变化和林业扶贫，形成跨部门合作的不同渠道，并极大地促进了政策的实施。①原国家林业局协调农业和农村事务委员会的全国人民代表大会（NPC）保护环境和资源，全国人大常委会法制委员会、全国人大常委会和立法事务办公室森林委员会修改森林法和野生动物保护法等。②作为一个国家领导小组应对气候变化的成员，原国家林业局参与策略制定并通过林业与中国外交部、国家发展和改革委员会、财政部、原国土资源部，共同应对气候变化的谈判，管辖资源和原环境保护部整合目标，增加森林面积 4000 万公顷，从 2005 年到解决国家计划气候变化（2014—2020 年）森林的储存容量为 13 亿立方米。③原国家林业局与 36 个部门进行合作，包括国务院办公厅、国家发展和改革委员会、财政部、原农业部和中国人民银行，形成国务院扶贫开发领导小组，参与起草有关林业领域扶贫的指导方针、政策和经济发展计划，发挥林业的优势，加强对贫困地区的资金和项目支持。2014 年年初，原国家林业局发布国家扶贫计划，通过林业在 11 区实施林业和扶贫计划，与水利部合作在云南、广西和贵州荒漠化地区扶贫，与原农业部、国务院领导扶贫开发办公室协调，省商务部、国家发展和改革委员会、省科学技术和供应和中华全国总工会营销合作社在贫困地区开展特色行业创收，并公布特色产业收入实施计划，促进特色产业收入的增长和提高贫困区域的自主发展能力。

（四）实施主要生态保护和森林修复项目

中国政府一直非常重视《国际森林文书》的实施，在增加和保护森林资源方面取得了大量的成果。以下是近年来明显的突破：①2012年，第二阶段的自然森林保护程序开始启动，施工期间从2011年到2020年，总资本投资2400亿元，旨在增加森林面积7800万亩，110亿立方米森林蓄积量和森林碳汇4.16亿吨。②2014年，CCFP的一个新阶段开始启动，将陡峭坡的农田，在严重荒漠化地区以及重要的和生态脆弱的地区转换成林地。③根据林业生态文明建设框架的要求，画出了林地和森林的红线，即国家林地面积不低于46.8亿亩，森林面积37.4亿多亩，森林蓄积量200亿立方米以上，目的是维护国家的生态安全。④政府加强森林管理和森林抚育。从2007年开始到2013年，总共有4862.07万公顷的幼、中龄林森林抚育。自2009年以来，中央政府已经增加了森林抚育补贴。从2009年到2014年，中央政府安排249亿元和2.28亿亩森林的目标。⑤从2011年到2014年，中央政府投资2310亿元防治森林害虫，并控制3047.9万公顷的森林。

（五）推进集体林权制度改革

2008年6月28日，国务院发表了全面推进集体林权制度改革的意见。6月22日，国务院举行了中央政府的林业工作会议，全面部署集体林权制度的改革，提议基本完成产权澄清的任务和5年内家庭承包林地合同。在此基础上，通过深化改革，改善政策，完善服务和规范管理，政府一般形成了集体林业的健康发展机制，实现了资源增长的目标，增加了农民的收入，建立健全了生态和谐的森林区域。

到 2013 年年底，29 个省、自治区、直辖市，除了上海和西藏，共有森林面积 27.02 亿亩，其中将森林面积的 99.05% 进行集成改革。在合约期内已发布的区域证书在全国范围内达到了 26.41 亿亩，在合约期内按照面积的 97.65% 确定。9 076.94 万个家庭有了证书，占 60.53% 的家庭参与了改革。自全国林业合作组织成立以来到 2013 年年底，有超过 2 400 万个家庭参与，占 16% 的家庭参与了改革。林地管理的区域通过这些合作组织占有的森林面积 2.47 亿亩。在那些合作组织，有 47 400 个林业合作社和 756.46 万个家庭，林地的面积是 109 418 400 亩。

在集体林权制度改革的基础上，中国还将执行国有林区改革。国有企业将识别国有林区改革的功能和位置，理顺政府在管理林区和森林资源管理机制的社会职能，分离森林资源的管理和利用，提高政策支持系统，普遍停止关键的国有林区中自然森林的商业伐木，并且建立一个国有林区的管理体制，有利于保护和发展森林资源，改善生态环境和民生，促进林业发展的活力和统一的权利、责任和利益。

（六）加强森林和生物多样性保护

近年来，中国政府已经采取措施保护野生动物，建设储备以加强森林生物多样性的保护。①政府通过法律、法规促进生物多样性的保护。中国政府发布并修订了一系列法律保护生物多样性，包括野生动物保护法律，森林法、草原法、畜牧法、种子法和动植物出入境检验法，并制定了一系列行政法规，包括规定自然保护区、野生植物保护条例和濒危野生动物和植物管理条例。②中国政府制定了相关的发展计划。如"十二五"期间野生动物保护和自然保护区建设国家发展计划，计划保护 60 多种野生动物和

120年野生物种植物物种和优先级构造51个国家级自然保护区。③通过实施国家野生动物保护与自然储备建设项目，政府进行了原位节约和储蓄，繁殖珍稀濒危物种，建立国家监测和预防控制疫情来源、陆生野生动物疾病和释放系统，国家保护森林和树木遗传资源的行动计划，以及加强遗传资源可持续利用的保护。④中国加强了执法合作和履约合作，打击野生动物走私，改善用行动保护濒危的林业资源包括"眼镜蛇行动""公开销毁没收的象牙"。⑤我们也形成了林业害虫防治的国家建设计划（2011—2020年），建立了一个监测和预警系统，通过检疫控制灾难，还通过害虫防治减灾，目的是增强其对害虫的保护功能，同时保护森林资源和提高森林健康。

（七）促进国际合作

通过双边、多边和非政府渠道，林业部门通过在中国进行调查，科学和技术交流和项目合作，已经为加快林业做出了重要的贡献。①我们引进了资产、技术和国际先进的理念。自20世纪80年代以来，中国政府已实施近千个国际林业合作项目，引入无偿援助超过10亿美元，从世界银行等国际金融机构贷款、亚洲开发银行获得近15亿美元的优惠，有效减轻了发展林业资产的不足。与此同时，中国政府也积极引进先进技术并汲取了国际先进理念，全面推进林业治理能力。②林业的竞争力已经提高。21世纪初，经济全球化、中国加入WTO以及实施天然林保护工程，使中国的林业企业进入全球市场。国际上，中国林业的竞争力显著加强。工业发展空间也被有效地扩大，中国成为全球最大的木材进口国、人工板出口国和森林产品交易国。③中国积极参与全球林业治理的进程。原国家林业局领导其他机构在中国实施国际湿地公约，UNCCD和森林文书，参与《联合国气候变化框架公约》谈判，

UNCBD 和国际植物新品种的保护公约。近年来，中国国内的实现机制不断完善，召开的有关决议已经有效地开展，参与谈判的惯例和相关的功能程序，协调和推动建立公正、合理的国际林业管理体系已经逐渐被国际社会所认可。④中国在促进与境外非政府组织的合作方面也取得了很大的成果。目前，国家林业局与 18 个境外非政府组织建立了稳定的合作与交流关系，如世界自然基金会、过渡委员会和世界自然保护联盟。通过建立年度谈判机制加强合作，在保护中国的森林和野生动物方面发挥着积极的作用。⑤国际竹藤组织（INBAR）是于 1997 年成立的第一个总部在中国的非营利性政府间国际组织，倡议发起 APFNet，于 2009 年成立。

（八）促进可持续森林管理的技术研究

近年来，中国政府已经加强了支持 SFM 技术开发和研究推广。①2011 年 10 月国家林业局制定了五年计划，计划基本上建立了国家适合现代林业科技创新体系，实施计划期间，在获得新物种等研究领域取得重大突破，同时加强林业发展和森林管理创新，实现林业的全面科学发展，提高科技进步贡献率林业为 50%，重大科技成果总共达到2 000项，并且林业专利的数量翻了一倍。②建立林业科技的国家计划提升系统（2011—2020 年），进一步推动建立和完善林业科学技术的推广系统，促进各级机构的林业科技能力建设，提高基础设施建设、技术装备以及推广服务。2013 年，2 822个科学委员被分配，500 多项新技术得到提升，超过600 000人次的基层关键技术工作人员和森林农民得到培训，超过 30 000个家庭得到科学和技术示范辅助和引导。直到现在，大约有 10 388 名科学委员被分配，提前在 5 年内实现分配 10 000 名科学委员的目标。③政府增加科学和技术投资，促进了林业研究。2013 年，总投资林业科学技术达到了 10 亿元，2007 年大约高于 1.59 亿元的9倍。④为了提高森林质量和推进 SFM，中国政府在 2001 年启动了森林认证体系的建设，发布和实施了 2 个国家标准，即中国森林认证的管理、生产和营销和 14 个行业的监管链标准及技术规范。从那时起，中国的国际森林认证体系已经建立，2014 年 2 月实现了与 PEFC 相互承认。通过实验和比较研究，森林认证的效果已被证明其有效地调节了森林管理活动，提高了森林管理水平，有效地保护了生态环境。⑤根据中国森林资源的现状、主要森林资源的特点和问题，为了促进森林管理和森林抚育的健康发展，原国家林业局组织修改技术标准、法规和规章制度等森林抚育和技术法规以转换低效的森林，组织开展林地质量分类、评价和相关的基础研究，包括森林管理的关键技术，并根据技术准备全面的可持续森林管理。

（九）削减贫困

中国政府以为民生促进林业的发展作为林业发展的目的，此外，实施与林业重大项目和政策相关的扶贫政策，它还与相应的部门合作，通过林业制定扶贫政策和计划。①我们制订通过林业的国家扶贫计划，并为 11 个区制订了计划，计划安排林业重大项目，优先集中贫困地区，不断加强对项目和资产的支持。我们经常为林业管理人员、技术人员和在贫困地区的农民举行各种各样的培训课程，以扩大其摆脱贫困的渠道，并实现繁荣。我们领导区域发展，减少云南、广西和贵州石质荒漠化地区的贫困，充分发挥产业优势，并为 19 个县的相关项目、资产和人才交流提供支持。②中国政府一直在推进集体林权制度改革，普遍改善农民的森林财产。③中国政府一直推行重大项目，如自然森林保护、CCFP 和棚户区改造，在生态建设和扶贫方面努力实现一个双赢的结果。

（十）促进食品安全

林业在维护食品安全方面扮演着不可替代的角色。近年来，中国政府已经做出了巨大的努力来发展特色经济的林产品，并且为了维护食品安全，促进油茶行业。①为了改善生态环境和民生，维护国家粮食和石油安全以及优化膳食结构，中国政府很关注经济林产业的发展，充分发挥经济和生态经济林的作用。政府发布了《全国优势特色经济林发展布局规划》（2013—2020年），大力发展经济林种植和加工行业，如木本粮食和石油、木本粮食、特色水果、木本香料和木本草本植物。②国家油茶产业发展计划（2008—2020年）颁布，大力促进粮食安全。5年来，油茶行业的总投资达到了271亿元。目前，中国的油茶森林总面积达到了5 750万亩，产量从2008年超过200 000吨增加到2012年的450 000吨，产值从110亿元增长到390亿元。据统计，14个省和自治区有1 216家企业参与油茶产业发展，有134万名农民、134万个合作社和215 300个家庭。③通过CCFP和防风林建设，包括北部三防风林，中国政府一直在农田努力构建防风林，为了增加或稳定产量，确保国家粮食安全。

二、中国实施《国际森林文书》取得的成就

自2007年以来，中国一直认真实施《国际森林文书》。通过推广和实施一系列重大林业改革发展政策和计划，我们已经大幅增加了林业投资，为实现四个全球森林目标（GOF）和联合国千禧年发展目标做出了重要的贡献。

（一）目标1

通过可持续的森林管理扭转全球森林覆盖的损失这一趋势，包括保护、修复、植树造林，努力增加植树造林，并防止森林退化。

1. 实现森林面积和森林蓄积量的增加

自 2007 年以来，中国政府一直实施林业和生态建设的核心发展战略。通过实施一系列重大生态修复项目，如天然林保护和 CCFP，在全国范围内推出义务植树活动，加强森林资源管理和生物多样性的保护，中国认识到连续的森林面积和蓄积量增长非常重要，现在已成为世界上森林资源增长最快的国家之一，并发挥了扭转世界森林覆盖的损失这一趋势的重要作用，防止森林退化和保护生物多样性。2013 年，中国森林面积为 2.08 亿公顷，森林蓄积量 151.37 亿立方米，森林覆盖率达到 21.63%。从 2004 年到 2013 年，中国的森林面积净增加为 2054.3 万公顷；森林蓄积量增加了 12.65 亿立方米，种植园的面积迅速增长，净增长 803.85 万公顷，森林覆盖率提高 2.15%。

2. 森林权属趋于明确和稳定

自 2007 年以来，为了维护林业生产者的权益和调动农民的积极性，以及促进整个社会投资 SFM，中国政府开展了集体林权制度改革，赋予数亿农民产权，使森林产权明确且稳定。根据第七届国家森林资源详细目录（从 2004 年到 2008 年），该地区的国有、集体和个人的林地分别占 39.38%、28.54% 和 32.08%。相比之下，第六届国家森林资源详细目录（从 1999 年到 2003 年）的结果，国有林地面积比例减少 2.13%，集体林地减少 9.26%，个人的林地增加了 11.39%。国有、集体和个人林地的面积比从 41∶38∶21 到 39∶29∶32。集体森林管理的主题变得多样化，该地区个人的森林土地实质上增加了。日益明确和稳定的森林产权机制和受到支持的森林保险机制，在推进集体林区森林资源的持续增长中变得更加重要。

(二) 目标 2

加强与森林有关的经济、社会和环境利益，包括通过提高依赖森林为生的人的生计。在增加森林资源和改善生态的同时，中国政府高度重视为民生发展林业，为了使林业成为增加就业和创造收入的重要通道，因此为国民经济和社会发展作出了更大的贡献。

1. 林业产值明显增加

林业是 2011 年联合国环境规划署确认的十大绿色经济部门之一。中国政府大力发展林业，在促进可持续经济和社会发展方面发挥了重要的作用。随着植树造林和木材加工业的快速发展，自 2007 年以来林业总产值明显增加，从 2007 年的 1.25 万亿元到 2013 年的 4.73 万亿元，下降幅度为 277.51%。林业总产值的平均年增长率从 2007 年到 2013 年为 23.92%，并且工业规模迅速扩大。

2. 木材供应增长

自 1998 年以来，实施天然林保护工程（Natural Forest Protection Program，简称 NFPP），在中国的天然林的采伐已经大幅减少。然而，由于大规模的植树造林，高产速成林的建设和可持续森林管理（SFM）的加强，中国的木材产量不断增加，为国家建设、民生和下游加工行业提供了宝贵的资源。木材产量从 2007 年的 69.7665 百万立方米增加到 2013 年的 8438.5 万立方米，增长率为 20.95%。最近几年，由于在中国东北和内蒙古林带的主要国有林的木材产量连续减少，木材产量大省主要集中在集体森林地带，包括广西、广东、湖南、福建、云南、安徽等省自治区。

3. 非木材林产品生产的发展

近年来，中国集中在木本粮食、石油和特色经济林产业、森林经济产业，鲜花、植物、种苗产业、野生动物繁殖和利用行业进入十大绿色和丰富行业。在强大的各级政府的财政支持和社会投资的快速增长下,非木材林产品行业一直(非木材林产品)发展迅速,其总额呈现持续的增长趋势。2003 年,非木材林产品的总额(种植和收集的经济林产品,种植花卉等观赏植物,繁殖和土地利用野生动物、加工和制造非木制森林制品)是 1.4 797 万亿元,从 2007 年的 401.805 亿元增加了 268.26%。

4. 森林旅游业的迅速增长

随着中国国民经济收入的提高,从 2007 年到 2013 年,中国森林旅游业正在快速发展,森林旅游的游客数量和森林旅游业的产出大幅增加。2007 年,森林游客数量是 2.47 亿人次,输出 157.98 亿元。到 2013 年,森林游客数量增加 7.4 亿人次,输出增加 679 亿元,增长率分别为 199.60% 和 329.80%。

5. 集体林权制度改革有效地为农民生成收入

集体林权制度改革涉及 1.5 亿个家庭和 5.77 亿名农民。根据 29 个省份的可用统计(自治区和直辖市),在 2013 年,参与改革的县每年的人均收入为 8 724.88 元,其中,1 607.51 元来自林业,占总数的 18.42%,531.95 元来自林下经济,占林业收入的 33.09%。

6. 森林在促进就业方面的巨大潜力

在林业领域,就业特色是范围大、绿色,并具有巨大的潜力。林业就业涵盖了主要的、次要的产业和第三产业,产业链长,范围广泛。一方面,国家政府高度重视林业在生态系统方面的建设和维护、食物能源安全与气候变化中的角色,不断增加投资和加强政策支持。另一方面,林业在满足居民休闲和文化需求方面也有巨大的潜力。新兴产业初具规模,工业链不断扩展,并且私人投资不断增加。在市场的影响下,政府正在创造新的就业机会,林业就业有大幅增长的潜力。与此同时,林业工作的 80% 以上是由农民做的季节性工作，这有助于农村地区脱贫。造林、经济林产品的集合和森林旅游是绿色的。此外，木本草本植物和生物质能源在生态文明的建设中也有巨大的潜力。

2012年，中国林业为5 200.47万人提供了就业机会。其中，有162万名正式员工和5 085万个非正式工作职位，分别占3.09%和96.91%，这意味着，林业为农民提供了5 000多万个就业机会。根据行业分类，森林抚育行业有3 124万名员工，森林产品行业有2 016万名员工，森林旅游业有89万名员工，在林业就业中分别约占59.74%、38.55%和1.70%，在森林旅游就业中，当地农民直接占430 000名。

（三）目标3

全球森林保护和其他领域的可持续管理的森林显著增加，同时森林产品的可持续森林管理的比例也显著增加。近年来，中国政府进行了原位保护，强调自然保护区的建设。到2013年年底，通过项目建设，有2 163个不同类型和层次的林业自然储备，面积1.24亿公顷，占国土面积的13%，其中，有325个国家级自然保护区，形成合理布局的自然保护区网络，类型完整，基本功能充足。与2007年相比，林业自然保护区的数量增加了397个，面积增加了286.31万公顷。这些自然保护区有效保护了90%的陆地生态系统，85%的野生动物，65%的高等植物群落，并覆盖了20%的主要森林，50.3%的天然湿地和30%的典型的沙漠地区，在维护生态、生物多样性和促进可持续发展方面发挥着重要的作用。国家重点野生动植物资源的急剧下降趋势一直被有效地控制着。

（四）目标4

为了可持续森林管理，需要扭转官方发展援助的下降趋势，动员显著增加，为了实施可持续森林管理，需要新的和更多的金融资源的来源。自 2007 年以来，中国政府高度重视和推广林产品，同时对林产品的需求也在不断增加，在中国的森林投资也不断增加。林业总投资从 2007 年的 645.75 亿元增加到 2013 年的 645.75 亿元，增长了 485.72%。与此同时，先进的集体林权制度改革，森林所有者对森林管理的热情已经明显增强，投资植树造林迅速增加。随着林业经济的全球化，森林产品加工、木浆造纸和家具制造业等行业已经吸引了大量的国内和外国投资。新兴林业行业快速发展，如生物质能源和油茶产业，进一步增加了社会投资林业。在上述因素的影响下，中国林业投资结构变化明显，国家投资的比例下降，社会投资比例上升。国家投资和社会投资之间的比率从 2007 年的 69∶31 变为 2013 年的 37∶63。

三、中国实施《国际森林文书》的案例

为了有效实施《国际森林文书》、改善林业政策和在景观层面开展 SFM 实验和示范，2012 年 5 月，原国家林业局选定基于森林类型、所有权结构和经济、社会发展水平的 12 个机构，正式启动建设实施森林文书的示范点。辽宁省清原县就是实施森林文书的示范点之一。自 2012 年清原县成为示范点以来，在平衡森林资源的保护和利用等方面取得了很大的进步，并促进了生态和产业之间的双赢。

（一）基本信息

清原县坐落在中国北部的长白山，由辽宁省管理。总面积 3 921 公里，有 35 万人口，森林面积 280 600 公顷，森林覆盖率 71.4%。在辽宁省，它是一个重要的商业林和水保护林基地。

（二）主要行动

第一，清原县开展培训，提高参与者对 SFM 的意识。第二，

它实施了 5 个当地林业建设项目，即保护生态公益林、天然林、自然保护区和建设国家森林公园，关闭生态森林抚育脆弱的部分，进行全国造林，建立一个生态保护框架。第三，清原县启动森林资源的森林分区，在全国划分为四个管理类型，即严格保护、重点保护、保护管理和集体管理，共 30 个森林管理类型。实施分类经营管理、区域政策、森林管理活动的科学组织和严格的监管。第四，它科学地使县级森林管理计划和乡镇、森林农场和乡村不同的森林管理解决方案。在国家层面的计划和解决方案的框架下，清原县为 10 个国有林场、14 个乡镇和 58 个私人林场制定解决方案，并为 186 个县制定简单的管理解决方案。第五，集体林权制度改革后，积极探索混合管理模式，指导森林农民发展林地经济。第六，它改进与森林资源管理相关的政策，包括森林采伐管理。第七，它特别关注 SFM 森林管理的科学研究。

（三）主要结果

首先，森林资源的总量不断增加，林分质量明显提高，森林经济初步形成。蓄积量增长，从 2006 年的 2 521 万立方米增长到 2012 年的 2 752 万立方米，净增加了 231 万立方米，蓄积量每单位面积增长 5.4 立方米，森林覆盖率 0.6%，林地经济领域 32 000 公顷。其次，探讨了多个混合管理模式。到 2012 年，林下经济的发达地区达到了 81 000 公顷，其中 38 000 个家庭参与，占整体的50%，农民的林地经济收入占他们总收入的48%。

（四）挑战和前景

目前，清原县面临的与 SFM 相关的主要挑战包括：SFM 的理念尚未普及，SFM 的政策也不令人满意，SFM 的技术模型也不成熟，森林管理的主题严重分散，小镇和农村的森林管理技术人员也不充足。为了进一步改善 SFM，在将来，清原县需在几方面做出更多的努力：改革和完善各种政策和制度，更多地关注培训和能力建设，加强科技支持，增加投资和改善森林管理基层群众的能力，进一步改善和推广各种各样的混合管理模式。

四、中国实施《国际森林文书》的经验总结

自 2007 年以来，中国政府一直认真履行四个全球森林目标和《国际森林文书》中体现的 25 个林业政策。在促进中国林业发展的同时，中国还获得了符合中国的国情和森林情况的实施经验，主要反映在以下方面：

（1）《国际森林文书》的有效实施应该考虑国家林业发展规划，并要符合国情和森林的情况。各国不同的国情和森林的情况决定了不同的林业发展战略和计划。中国的实践证明只有当国家基于它们自己的条件基础上，才能制定符合实际的国家发展计划和相应的林业发展规划，实施 SFM 的理念和改善林区的生活以及通过《国际森林文书》中特定的林业政策确定管理的概念，它们才能有效地实施《国际森林文书》。

（2）独立和强大的林业管理机构在促进 SFM 方面是必要的保证。中国的实践表明，促进 SFM 需要相对独立和强大的林业行政机构进行跨部门协调，申请资产，完善立法，加强法律执行。从中央到地方政府，中国有相对独立的、系统的林业行政机构，在不同的层面上制定和实施相关林业政策方面发挥着重要的作用，在促进 SFM 方面是必要的保证。

（3）跨部门合作，全社会参与可以有效地促进 SFM。建立一个跨部门的协调机制，加强相关部门在森林保护和 SFM 的合作，能有效提高有关林业政策的效率和效果。通过跨部门合作，可以采取多种方法，加强推广和教育，提高政府和公众对森林保护和

SFM 的意识，制定一系列配套政策，鼓励社会参与林业发展。根据中国的成功经验，全社会的参与能有效地促进 SFM。

（4）政府在投资林业发展的最初阶段起着重要的作用，而社会投资是实现 SFM 的主要驱动力。因为森林有着长期生产时期，在最初阶段需要大量的投资，以及现在生态效益的公共特性，初始投资林业发展主要取决于政府。然而，SFM 必须依赖全社会的参与和社会投资，因为这不只能为 SFM 申请更多的资产，也为大量的失业社会资本提供了投资渠道。与此同时，社会参与也可以确保 SFM 长期进行。

（5）良好的森林管理系统需要一个完整的法律体系和明确的产权。中国完整的法律体系，严格的林业立法和强大的执法团队有助于为建立健全森林治理体系和 SFM 发挥着至关重要的保证角色。此外，通过集体林权改革和明晰产权的实践、家庭承包森林，中国政府调动了许多小型家庭参与森林管理的热情，为 SFM 建立了一个集体林带的保证体系，占国家森林面积的一半。

（6）国际合作在实施森林文书中发挥着重要作用。通过加强国际合作，中国可以从森林资源管理、SFM、社区林业、森林认证、生态管理和补偿中学习先进的思想和最好的实践，促进林业改革，完善中国林业治理体系、加强综合治理能力。积极地参与和实施国际公约对中国保护森林和野生动物产生了积极的影响，也可以在与荒漠化战斗中推动立法和执法，濒危动植物的进出口管理以及湿地保护方面取得实质性的进展。除此之外，为了实施森林文书和执行相关的国际培训，通过示范点的建设，中国的 SFM 技术和经验将能为越来越多的发展中国家提供参考。

第三节　中国参与全球森林治理

一、中国参与全球森林治理的必要性

无论从国际还是从区域和国内层面分析，中国都必须积极参与到全球森林治理中来。

首先，在国际层面，随着环境与发展问题交替升温，森林已成为应对气候变化、保护生物多样性、涵养水源、保障粮食安全、减轻贫困、促进山区发展等环境与发展问题的重要解决途径。在国际森林问题谈判长期无果的情况下，森林问题被纳入《联合国气候变化框架公约》《联合国生物多样性公约》《联合国防治荒漠化公约》和《湿地公约》的讨论范畴，并形成了相关的决议，使原本复杂的国际森林问题变得更加复杂和碎片化。此外，从不同角度提出的不同需求之间的冲突，使森林承受着巨大的压力，进一步增加了林业部门的协调难度。支持林业的国际资金主体多元化且缺乏有效的协同增效机制，正在加剧这种矛盾。国际形势的发展迫切需要有一个与时代要求相适应的全球森林治理体系，并且要求各国参与其中。中国作为森林资源大国，当然也毫不例外地要参与到全球森林治理中。

加强全球森林治理体系的重要意义在于，通过建立全球法律框架和森林规则，推动实现四个全球森林目标：一是通过森林的可持续经营，扭转全球森林面积减少的趋势，防止森林的进一步退化；二是增强森林的经济、社会和环境效益，改善林区居民的生计；三是增加全球森林保护区的面积、可持续经营的森林面积

和可持续林产品的比例；四是扭转森林可持续经营官方发展援助下降的趋势，大幅增加新的额外资金用于实现森林的可持续经营。❶

其次，在区域层面，全球森林治理体系的建立也需要健全和创新区域林业合作机制，为全球森林治理体系提供区域支撑。在全球森林治理体系的框架下考虑区域林业合作，以此维护未来全球森林治理安排的整体性。中国要解决面临的森林治理的挑战，也必须积极地与其他国家建立区域林业合作机制，根据实际情况商定合作的形式和内容，充分尊重区域自主选择，创新合作机制，深化务实合作。

最后，在国内层面，加强全球森林治理体系可以增强我国林业在全球林业中的地位，为我国林业的可持续发展创造良好的外部环境。我国森林资源位居世界第五，亚洲地区森林面积出现净增长主要归功于我国大规模的植树造林。随着我国经济的快速发展和国际社会对生态环境问题关注程度的提高，我国林业发展涉及越来越多的国际热点和敏感问题，特别是资源保护与利用、非法采伐和相关贸易等，使我国林业的对外开放面临日益增多的挑战，迫切需要参与制定一套中外共同认可的国际森林规则，减缓和消除对我国林业的压力，为我国林业和社会经济的可持续发展营造良好的国际环境。

总之，加强全球森林治理体系、积极参与全球森林治理将促进我国林业法律法规的完善，深化我国林业体制改革和机制创新，健全和完善林业治理体系，提升林业治理能力，应对并解决各种与森林密切相关的问题，尤其是气候变化、空气污染等民众关注的热点问题。

---

❶ 国家林业局：《国际森林文书》，http://www.forestry.gov.cn/portal/main/s/72/content-354082.html，访问日期：2023年8月13日。

二、全球森林治理的中国立场

中国和其他国家一样，共同面临着气候变化、空气污染、生物多样性退化、水资源和可再生能源短缺等全球性问题，所以我们必须推动公平高效的全球森林治理体系的建立。在此过程中，中国必须坚持以下三个立场：

一是坚持国家森林主权原则。这是国际法上的国家主权原则在森林保护领域中的体现，我们必须予以遵守。在实施森林机制、参加全球森林国际公约、进行林业融资等方面，我们都要首先坚持自己对国家森林资源的主权，这是我们参与全球森林治理不容动摇的大前提。

二是维护"共同但有区别的责任原则"。该原则是国际环境法上的一个基本原则。气候变化对国际森林政策的影响与日俱增，而应对气候变化，每个国家都负有共同的责任，但因历史上和目前全球温室气体排放的绝大部分源于发达国家，所以发达国家应承担主要责任，而发展中国家的人均碳排放量也远远低于发达国家，所以各国应坚持"共同但有区别的责任原则"这个基本前提。中国作为负责任的大国，已尽自己最大的努力承诺减排，践行着此原则，体现了一个负责任大国的绿色形象。

三是注重森林的多功能经营。中国作为森林大国，必须全面、客观地评价森林的价值，把森林的可持续经营管理作为林业发展的核心内容，大力植树造林，强化森林资源管理，充分发挥森林的经济、社会、生态、碳汇、文化等多重效益。这就要求加强涉林国际公约间的协调，形成合力，有效应对气候变化、保护生物多样性和防治土地退化和荒漠化。为了保障上述行动的开展，国际上有必要建立一个专门的林业资金机制进行林业融资来支持林业的发展。

总之，中国在全球森林治理中只有坚持以上立场，才能为全球的绿色经济和可持续发展做出更大的贡献。

三、中国在全球森林治理中的政策选择和解决路径

2015年5月，联合国森林问题论坛第十一届会议将对国际森林安排作出决议，构建未来的全球森林治理体系。全球森林面临历史性机遇，国际社会也正在为此作出不懈努力。在这个历史性机遇的关键时刻，建立有效的全球森林治理体系已进入最后冲刺的阶段，时不我待，中国必须审时度势，积极行动，并作出自己在全球森林治理中的政策选择，规划好自己参与全球森林治理的路径。

为了推动建立完善高效的全球森林治理体系，国际社会开展了长达22年的马拉松式的政府间谈判。鉴于森林在人类可持续发展中的重要作用，各国政府依然保持了极大的信心和耐心。早在2013年联合国森林问题论坛第十届会议上就决定，邀请专家就国际森林安排开展独立评估，就2015年后的全球森林治理体系战略方向联合国森林问题论坛第十一届会议提出建议。

2014年9月发布的《国际森林安排独立评估报告》全面深入地分析了现行国际森林安排的局限性和不足，对未来国际森林安排提出了许多有参考价值的构想，为各国决策和推动谈判进程奠定了基础。《评估报告》对未来国际森林机构和法律安排提出了四个选项，包括：一是补充和完善现有《国际森林文书》；二是成立"世界森林组织"；三是建立履行《国际森林文书》和谈判具有法律约束力的森林公约并行机制；四是谈判建立区域森林公约。其他机构和机制设置选项还包括：设立联合国森林大会替

代联合国森林问题论坛；设立区域森林大会讨论区域林业合作；建立联合国－森林机制，作为森林科学与政策支持机制；设立联合国秘书长森林问题特使；加强全球森林伙伴关系；在联合国经社部设立联合国森林大会秘书处；建立联合国森林大会信托基金。❶

为了进一步推动国际森林问题谈判，中国原国家林业局于 2014 年 10 月 29 日至 31 日在北京与奥地利、加拿大、芬兰、德国、瑞士和美国等 55 个国家的政府部门和 18 个国际组织联合举办名为"2015 年后国际森林安排研讨会"的联合国森林问题论坛国家倡议会议，讨论未来全球森林治理体系的构建及战略规划。会议旨在弥合分歧、凝聚共识，为联合国森林问题论坛第十一届会议对国际森林安排作出决议奠定基础。中国认为，有关各方应该珍惜多年的磋商成果，为实现建立公平高效的全球森林治理体系的目标共同做好以下三方面工作：一是全面客观评价森林的价值，把森林的可持续经营管理作为林业发展的核心内容。大力植树造林，强化森林资源管理，充分发挥森林的经济、社会、生态、碳汇、文化等多种效益。二是采取有效措施，努力实现扭转森林减少的趋势等全球森林目标。加强涉林国际公约间的协调，形成合力，有效地应对气候变化，保护生物多样性和防治土地荒漠化。三是加快解决国际森林问题的执行方式，也就是资金问题的步伐。目前各国尤其是广大发展中国家，在林业的融资方面面临着较大的资金缺口，国际上也缺乏一个专门的资金机制来支持林业的发展。有关各方应拿出政治诚意，加快解决森林资金问题的步伐，推动

---

❶ 国家林业局：《为 2015 年会国际森林安排出谋划策》，http://www.ljforest.com/hydt/sjjs/2014/11/19346.html，访问日期：2023 年 8 月 13 日。

全球森林治理体系的建立。❶

在此关键的历史时刻,中国参与全球森林治理时,应本着为人类的地球家园负责任的态度,推动构建新型的国家间森林合作关系,推动构建人类命运共同体,增强森林保护和可持续管理的政治意愿,实施国家行动,积极搭建国际合作的法律框架,扩大森林面积、提高森林质量,发挥森林的多重效益和多种功能。此外,中国还应积极推动全球森林谈判,构建有利于全人类可持续发展的全球森林治理体系。

在国际森林合作中,《国际森林文书》凝聚了世界各国对于森林可持续经营的共识,其被认为是未来林业国际法的基础,而且其内容与我国生态文明建设的理念相契合。履行《国际森林文书》是一项具有前瞻性、超前性的重要工作。前已述及,中国开展了大量卓有成效的履行《国际森林文书》的工作,积累了丰富的经验,得到了国际社会的普遍认可和高度评价。联合国秘书长的报告中特别提及并介绍了中国履行《国际森林文书》的相关工作。联合国森林问题论坛秘书长指出,中国履行《国际森林文书》的实践,彰显了其言必信、行必果的坚定意志。联合国粮食及农业组织将中国作为全球履行《国际森林文书》的典型国家,推广中国的经验和做法。美国《基督教科学箴言报》以文章《中国森林保护项目取得巨大成功》报道了中国森林治理取得的巨大成绩,认为中国森林的治理成功对世界很重要。❷

2015 年 5 月,联合国 197 个成员国在纽约联合国总部召开了

---

❶ 中国主张建立与时代要求相适应的全球森林治理体系,http://news.xinhuanet.com/tech/2012-06/04/c_123233468.htm,访问日期:2023 年 8 月 13 日。
❷ Eva Botkin-Kowacki. "*China's forest conservation program shows proof of success*". https://www.csmonitor.com/Science/2016/0319/China-s-forest-conservation-program-shows-proof-of-success,访问日期:2023 年 8 月 13 日。

联合国森林问题论坛第十一届会议，主题是"国际森林安排的进步、挑战以及未来之路"，会议通过了具有里程碑意义的部长宣言——《我们憧憬的 2015 后国际森林安排》（以下简称《宣言》）和《2015 后国际森林安排决议》（以下简称《决议》），强调了森林可持续管理和森林多重功能的重要作用和面临的挑战，要求通过构建更有效的全球森林治理体系，提高森林在全球可持续发展议程中的地位，并鼓励各国将森林纳入国家经济社会发展的目标中。《宣言》和《决议》对 2016 年至 2030 年的国际森林安排做出了顶层设计，为构建未来的全球森林治理体系指明了方向。

党的十八大提出的"五位一体"战略，以及将生态文明贯穿于经济、政治、文化和社会建设思想的落实，必须也必将是一个长期而艰巨的转变政府职能、多部门或跨部门合作、全民参与的发展过程。党的十九大报告明确指出，生态文明建设成效显著。大力度推进生态文明建设，全党全国贯彻绿色发展理念的自觉性和主动性显著增强，忽视生态环境保护的状况明显改变。生态文明制度体系加快形成，主体功能区制度逐步健全，国家公园体制改革试点积极推进。全面节约资源有效推进，能源资源消耗强度大幅下降。重大生态保护和修复工程进展顺利，森林覆盖率持续提高。生态环境治理明显加强，环境状况得到改善。中国积极引导应对气候变化的国际合作，成为全球生态文明建设的重要参与者、贡献者和引领者。

在中央政府已经把森林的地位抬得很高的情况下，如何进一步强化我们对森林的地位和作用的认识，在广大民众和社会各阶层中，真正把森林政策落到实处，在决策中让它根深蒂固，我们还有很长远的工作要做。这将是一个长期的、缓慢的和艰巨的过程，关键在于落实与坚持。比如，转变政府在集体林和天然林管理中的职能；充分发挥各级党、政、农林合作组织的引导、整合作用，增强林区的"主渠道"治理能力；建立政府或林业主管部门与公民之间的合作与互动关系，重视教育，提高全社会尤其是林区公民的素质，促进林区公民的社会成长；培育和完善独立性强的民间组织如农林合作组织，将相关利益群体纳入这些组织中进行管理和培训，提升其森林经营管理的水平等。

实现森林的可持续管理，是我国生态文明建设至关重要的道路选择。执行 UNFF1 决议，把承诺变成行动，中国应该切实行动起来。为应对全球森林治理的新形势，中国必须多措并举以促进全球森林治理体系的建立。

一是主动履行国际森林责任和义务。中国政府高度重视履行《国际森林文书》的工作，在生态林业和民生林业领域采取了一系列重大的政策和措施，有力地推动了中国林业的发展，但还须进一步推进和落实《国际森林文书》。尤其是中国政府通过将林业纳入国民经济的重要改革与发展规划，制定实施全国林业发展规划，实施林业的重点生态保护和修复工程，推动集体林权改革，鼓励全社会办林业，加强森林和生物多样性的保护，促进林业的国际合作，推动林业的技术研究和推广，并推动林业的扶贫工作，发展木本粮油和林下经济等，切实履行了国际承诺，促进了森林的可持续经营管理，提升了中国林业发展的质量。

此外，还要加大力度宣传《宣言》《决议》，让全球森林保护与可持续经营的最新进展、理念、行动深入人心；结合全球的可持续发展目标、国家生态文明建设、"一带一路"倡议和"十三五"规划，将森林和林业进一步纳入国家的宏观发展目标中，以及各项减贫战略、国家可持续发展战略、法规和部门政策；综合考虑中国森林资源的自然禀赋，分区施策，制定国家林业发展目标框架下的区域策略、途径，发展相关技术模式和工具，加快建立中国森林可持续管理的理论与技术体系。

二是透彻分析和研究国际森林政策，加强森林治理机构和机制保障。国家木材安全形势和国内木材需求，为中国的林业发展带来了诸多挑战。需要加强海外森林政策的分析与研究，为国家木材安全、技术发展需求等提出政策方略，从可持续经营角度，解读和落实海外不同区域森林发展与中国需求的关系以及惠及当地的可持续发展路径、理念和模式。中国原国家林业局成立了专门履行《国际森林文书》的机构，建立了由多学科专家组成的专家组，切实为履行《国际森林文书》相关工作的开展提供了机构和机制保障。

三是加强国内森林立法和执法。进一步探索国家森林法的修订和保护区的法规制定等，并将环境正义的理念纳入立法中。加强森林执法，根据林业改革形式和社会经济发展的需要，完善国家林政资源管理体系和林地权属，支持地方林业组织和市场化建设，鼓励和倡导多元群体的参与、跨部门协作，采取切实措施将涉林国际公约和进程工作纳入统一轨道中，构建逻辑良好、责任明确、边界清晰、效率高、效益好的林业治理体系。

四是搭建森林可持续经营管理经验的国际交流平台，积极参与涉林国际行动，加强国际合作，探讨多部门合作和协同增效等问题，成就中国特色的"山水林田湖"的协调管理模式，扩大其国际影响力。如上所述，中国正在全面、积极地履行《国际森林文书》，并取得了一定的阶段性成果。为进一步优化、整合林业政策，在景观尺度上更加精确、合理地规划林业发展，推广典型案例，2012年中国原国家林业局根据不同区域、不同所有制类型和不同社会经济发展水平等因素，选择了辽宁省清原县、江西省崇义县等 12 个县作为第一批履行《国际森林文书》的示范单位，旨在探索适合中国国情和林情的森林可持续管理模式，搭建中国林业可持续发展政策机制的试验平台，建立国际森林可持续经营的交流基地。这项举措受到了国际社会的高度赞扬，有效地展示了中国森林可持续经营管理的模式和最佳实践，履行《国际森林文书》示范单位正在成为国际森林可持续经营管理经验的交流平台，日后需逐步加强和扩大。

五是积极推动和参与全球森林治理体系的建设。要抓住构建未来全球森林治理体系这一历史性机遇，充分研究和利用 UNFF11 会议成果，参与全球森林治理的机构和机制建设，提升中国林业的国际影响力和话语权。中国应本着小步走、不停步、不走回头路的原则，将全球森林治理体系的构建，与"天然林保护""2020 年林业发展目标""2030 年气变能源目标"等结合起来，认真研究国内外的宏观经济发展及其与国家木材安全、应对气候变化、生物多样性保护等方面的关系，充分揭示中国林业发展面临的挑战，有步骤顺势而为，为我需要造势，以外促内，逐步促进国家林业的发展。

六是进一步搞好森林的监测评估和报告工作。加强绿色 GDP、森林认证、人工林和天然林可持续经营的标准与指标、生态监测与评估、生态效益补偿等的规划、监测、评估和报告工作，促进社会各阶层对森林的保护，跨部门开展合作，以可持续和协调的方式减少毁林和森林退化。

结　论

面对浩繁的文献、复杂的问题，经过解读、梳理、思考、探究，挥洒文字，行文至此，需要作出一些结论性的话语。

国际森林问题是国际社会近年来讨论的热点，森林问题因其全球性的影响引起了全世界的广泛关注。是否重启全球森林谈判，以及是否构建未来的全球森林治理体系和战略规划引起了各国的激烈争论。未来全球森林治理的机制如何改革创建，国际森林机构如何分工、整合，如何应对全球森林治理的新趋向，都是需要亟待探讨和解决的问题。

尽管全球森林治理还存在着种种缺陷、不足，诸如国际森林文件不具有法律约束力、缺乏法律机制、森林规制机构庞杂重复等。但是，取得的成就也是可圈可点的，我们可以总结如下：

第一，在对森林的价值估量与重要性评价上，基本上达成了全球共识。森林不仅有经济价值，更重要的是森林的生态、环境价值，以及它的社会、文化价值。森林已成为应对气候变化、保护生物多样性、涵养水源、减轻贫困等环境与发展问题的交汇点与重要解决途径。这是人们以及国际社会认识上的一个了不起的变革。没有这种价值观的、理念上的转变，今天的全球森林治理就没有根基，也没有出发点，就不会达到今天的规模与程度。

第二，全球森林治理的机制和机构已然成型。森林市场机制、森林认证机制和国际气候变化制度下的森林机制是其三个主要机制，联合国森林问题论坛和世界银行是全球森林治理中最重要的机构。治理机构之间需要进一步合作与整合，机制要更好地发挥作用，还需要各方面的许多努力。

目前，全球森林治理中还出现了许多新的现象与问题。国际气候变化制度在影响国际森林政策方面越来越发挥着主导性的作用；国际社会正逐步形成一系列的全球网络，努力解决非法木材贸易等严峻的社会问题；非国家治理在全球森林治理中发挥越来越重要的作用，越来越成为主流方法。全球森林治理体系面临着严峻的挑战，如建立全球森林治理机构、制定可持续森林管理的国际标准，将环境正义原则纳入全球森林治理中等。

第三，全球森林治理的新原则、新理念正在酝酿、发展。联合国粮食及农业组织提出了可持续森林管理和多元森林管理的理念，建议将这些理念纳入全球森林治理的国际森林政策中，以此开辟全球森林治理的新路径。这些理念虽然比较抽象，不够明晰，缺乏机制保障，与"可持续发展"这样的国际话语有差距，但是反映了人们对森林问题的共识，是不可小觑的进步，也是全球森林治理进一步发展的平台。

第四，当前的全球森林治理，适用的国际标准、规则或国际森林规制的目标纷纷出台，出现了重复、零散、碎片化，甚至混乱等情况。由于国际森林问题的复杂性，国际森林谈判迟滞、长期无果，一直未达成具有法律约束力的国际森林公约。各国对森林的各种需求之间的冲突，使森林承受着巨大的压力，国际性管理部门的协调难度加大。林业规制中至关重要的法律机制的缺乏，森林规制机构的庞杂重复，都加剧了这种冲突与难度。

第五，中国在实施《国际森林文书》方面取得了举世瞩目的成绩，令世界各国不容小觑，其可持续的森林治理方式为世界其他国家和地区提供了有益的经验，但是我们不能骄傲自满，中国在参与全球森林治理时，应本着为人类地球家园负责任的态度，逐步推动构建人类命运共同体，从而推动构建新型的国家间森林合作关系，增强森林保护和可持续管理的政治意愿，实施国家行动，积极搭建国际合作的法律框架，扩大森林面积、提高森林质量，发挥森林的多重效益和多种功能。此外，中国还应积极推动全球森林谈判，构建有利于全人类可持续发展的全球森林治理体系。

因此，我们应该展望全球森林治理的形势与前景，明确全球森林治理的目标与挑战，推动重启全球森林谈判，补充和完善现有的国际森林文件，努力推行全球森林治理的善治，采取切实可行的全球森林治理改革举措，进行与时代要求相适应的全球森林治理体系改革。

参考文献

1. 英文文献

[1] ANTHONY S. The Evolution of Resource Property Rights [M]. Oxford: Oxford University Press, 2008.

[2] ALLISON, GRAHAM, ZEHLIKOW, PHILIP. Essence of decision: explaining the Cuban missile crisis [M]. New York: Longman, 1999.

[3] ALI A. A Conceptual Framework for Environmental Justice based on Shared but Differentiated Responsibilities [M]//Tony Shallcross, John Robinson. Global Citizenship and Environmental Justice. New York: Amsterdam, 2006.

[4] ALAN M. Tools of Environmental Policy: Market Instruments Versus Command – and – Control. in Robyn Eckersley. Markets, the State and the Environment: Towards Integration [M]. South Melbourne: Macamillan Education Australia PTY LTD, 1995.

[5] BRUNNÉE J., HUGHES E. L., MOORE K., et al. Canadian Council on International Law. Globle For-

estry and International Environment Law [M]. Boston: Kluwer Law International, 1996.

[6] BENJAMIN J R., et al. Climate Law and Developing Countries: Legal and Policy Challenges for the World Economy [M]. Camberley: Edward Elgar Publishing, 2009.

[7] DAVID H. Forest Politics: The Evolution of International Cooperation [M]. London: Routledge, 1996.

[8] David H. Logjam: Deforestation and the Crisis of Global Governance [M]. London: Routledge, 2006.

[9] DAVID S. Defining Environmental Justice: Theories, Movements, and Nature [M]. Oxford: Oxford University Press, 2007.

[10] DOUGLAS F. The Law and Governance of Water Resources: The Challenge of Sustainability [M]. London: IWA Publishing, 2009.

[11] DOUGLAS F. Australian Environmental Law: Norms, Principles and Rules (2nd. ed.) [M]. Sydney: Lawbook Company, 2010.

[12] KLAUS B. The Principle of Sustainability: Transforming Law and Governance [M]. London: Routledge, 2008.

[13] LIFTIN K. The Greening of Sovereignty: An Introduction [M]//Liftin K. (ed.). The Greening of Sovereignty in World Politics. Cambridge: The MIT Press, 1998.

[14] MICHAEL J. TREBILCOCK, ROBERT H. The Regulation of International Trade (2nd. ed.) [M]. London: Routledge, 1999.

[15] NEWELL, PETER J. Business and International Environmental Governance: The State of The Art [M]//Levi, David L., Newell, Peter J. (Eds.). The Business of Global Environmental Governance. Cambridge: The MIT Press. 2005.

[16] RICHARD T. Assessing the International Forest Regime. ICUN – The World Conservation Union [M]. Sieburg: Daemisch Mohr, 1999.

[17] ROBERT W. , et al. Land Use, Land – Use Change and Forestry: Summary for Policymakers. Intergovernmental Panel on Climate Change [M]. Cambridge: Cambridge University Press, 2000: 1 – 19.

[18] YOUNG, ORAN R. , LEVY, MARC A. The Effectiveness of International Environmental Regimes. Causal Connections and Behavioral Mechanisms [M]. Cambridge: The MIT Press, 1999.

[19] AGRAWAL A. , CHHATRE A. , HARDIN R. Changing Governance of the World's Forests [J]. Science, 2008, 320 (13): 1460 – 1471.

[20] ARTHUR G. Is Governance Reform a Catalyst for Development? [J]. Governance: An international Journal of Policy, Administration and Institutions, 2007, 20 (2): 25.

[21] BENJAMIN C. , GRAEME A. DEANNA N. Forest Certification(Eco – labeling) Programs and Their Policy – making Authority: Explaining Divergence among North American and European Case Studies [J]. Forest Policy and Economics, 2003(7): 225 – 247.

[22] BENJAMIN C. , et al. Can Non – state Governance "Ratchet up" Global Environmental Standards? Lessons from the Forest Sector [J]. Review of European, Comparative & International Environmental Law, 2007, 16 (2): 158.

[23] BERNHARD S. , et al. A Synopsis of Land use, Land – use Change and Forestry (LULUCF) under the Kyoto Protocol and Marrakech Accords [J]. Environmental Science & Policy, 2007(10): 271 – 280.

[24] BOYD E., et al. UNFCCC negotiations (pre – Kyoto to COP9): What The Process Says about The Politics of CDM – sinks [J]. International Environmental Agreements: Politics, Law and Economics, 2008(8): 25.

[25] BRUNNÉE J. A Conceptual Framework for an International Forests Convention: Customary Law and Emerging Principles[M]//Canadian Council on International Law (ed.). Global forests and international environmental law (The Hague). Berlin: Springer, 1996: 41 – 77.

[26] BOSSELMANN K., BENJAMIN J R. Introduction: New Challenges for Environmental Law and Policy[M]//Klaus Bosselmann, Benjamin J Richardson (eds). Environmental Justice and Market Mechanisms: Key Challenges for Environmental Law and Policy. Oxford: Oxford University Press, 1999: 8.

[27] ROSE C. The Comedy of the Commons: Custom, Commerce and Inherently Public Property [J]. The University of Chicago Law Review, 1986, 53(3): 711 – 781.

[28] CRAIG R N., John L I. Integrating Climate Change into Forest Management in South – Central British Columbia: An Assessment of Landscape Vulnerability and Development of a Climate – smart Framework [J]. Forest Ecology and Management, 2008, 256(3): 313 – 327.

[29] CASHORE, BENJAMIN. Legitimacy and The privatization of Environmental Governance: How Non – state Market – driven (NSMD) Governance Systems Gain Rule – making Authority [J]. Governance: An International Journal of Policy, Administration and Institutions, 2002, 15(4): 503 – 529.

[30] DEBORAH D., PETER W. Finding the Way Forward for The

International Arrangement on Forests: UNFF - 5 - 6 AND - 7 [J]. Review of European, Comparative & International Environmental Law, 2006, 15(3): 316 - 319.

[31] FISHER D E. Rights of Property in Water: Confusion or Clarity [J]. Environmental and Planning Law Journal, 2004, 21 (3): 200 - 226.

[32] FRY IAN. Twists and Turns. In the Jungle: Exploring the Evolution of Land - use, Land - use Change and Forestry Decisionwithin the Kyoto Protocol [J]. Review of European, Comparative & International Environmental Law, 2002, 2(11): 341.

[33] KLOOSTER D. Environmental certification of forests: The Evolution of Environmental Governance in a Commodity Network [J]. Journal of Rural Studies, 2005, 21(4): 403 - 417.

[34] HUMPHREYS D. The United Nations Forum on Forests: Anatomy of a Stalled International Process [J]. Global Environmental Change, 2003, 13(4): 319 - 323.

[35] DANIEL W B. Deforestation - institutional Causes and Solutions [M]//Matti Palo & Jussi Uusivuori (eds.). World forests, Society and environment, Tokyo: United Nations University Press, 1999: 95 - 101.

[36] BARBIER, EDWARD B. The role of trade interventions in the sustainable management of key resources: the cases of African elephant ivory and tropical timber[M]//Cameron et al., eds. Trade and the environment: the search for balance, 1993(1): 436 - 458.

[37] EPSTEIN, CHARLOTTE. The Making of Global Environmental norms: Endangered Species Protection [J]. Global Environmental Politics, 2006, 6(2): 32 - 54.

[38] ESHBACH R. A. Global Approach to the Protection of the Environment: Balancing State Sovereignty and Global Interests [J]. Temple International and Comparative Law Journal, 1990, 4(2): 271 – 282.

[39] FORSYTH, T. Climate Justice Is not Just Ice [J]. Geoforum, 2014, 54(7): 230 – 232.

[40] Forest Stewardship Council. Strengthening Forest Conservation, Communities and Markets: The Global Strategy of the Forest Stewardship Council[S]. FSC Board of Directors and Staff, 2007: 1.

[41] Forest Stewardship Council. Forest Stewardship Council A. C. By – Laws[S]. Ratified September 1994, at clause, 1994: 31.

[42] Forest Stewardship Council. FSC International Standard: FSC Principles and Criteria for Forest Stewardship[S]. 1996, 8: 2.

[43] Forest Stewardship Council. FSC Standard: SLIMF Eligibility Criteria[S]. 2004, 2: 2.

[44] GUILLERMO M., Ravi P. Development of a Methodology for Criteria and Indicators of Sustainable Forest Management: A Case Study on Participatory Assessment [J]. Environmental Management, 2000, 26(6): 659.

[45] GORDON M H., et al. Monitoring and Information Reporting for Sustainable Forest Management: An Inter – jurisdictional Comparison of Soft Law Standards [J]. Forest Policy and Economics, 2006, 9(4): 297 – 315.

[46] GULBRANDSEN, LARS H. Overlapping Public and Private Governance: Can Forest Certification Fill The Gaps in The Global Forest Regime [J]. Global Environmental Politics, 2004, 4(2): 75 – 99.

[47] GULBRANDSEN, LARS H. Forests and Biodiversity. Environ-

mental Policy Goals Meet Sectoral Interests[M]//Lafferty, William M., Nordskag, Morten, Aakre, et al. Realizing Rio in Norway. Evaluative Studies of Sustainable Development. Oslo: ProSus: 2002, 125 - 141.

[48] GLÜCK P., RAYNER J., CASHORE B. Changes in The Governance of Forest Resources[M]//Mery, G., Alfaro, R., Kanninen, et al. Forests in the Global Balance - Changing Paradigms, International Union of Forest Research Organisations, World Series, IUFRO, Helsinki. 2005(17): 51 -74.

[49] GULBRANDSEN L H., HUMPHREYS D. International Initiatives to Address Tropical Timber Logging and Trade. Report to the Norwegian Ministry of the Environment[R]. The Fridtjof Nansen Institute. 2006: 51 -59.

[50] GUILLERMO M., RAVI P. Development of a Methodology for Criteria and Indicators of Sustainable Forest Management: A Case Study on Participatory Assessment[J]. Environmental Management, 2000, 26 (6): 659.

[51] HUNT G., Is There a Conflict Between Environmental Protection and The Development of The Third World? [M]//Robin Attfield, Barry Wilkins (eds), International Justice and the Third World. London: Routledge, 1992:117.

[52] HARDIN G. The Tragedy of The Commons, Science, 1968, 162: 1243 -1248.

[53] HARVEY C A., DICKSON B. Opportunities for Achieving Biodiversity Conservation Through REDD [J]. Conservation Letters, 2013(3): 53 -61.

[54] HEFFRON R J., MCCAULEY D. The Concept of Energy Jus-

tice Across The Disciplines[J]. Energy Policy, 2017, 105: 658-667.

[55]HOARE A., LEGGE T., NUSSBAUM R., et al. Estimating The Cost of Building Capacity in Rainforest Nations to Allow Them to Participat in a Global REDD Mechanism[R]. Report produced for the Eliasch Review. Chatham House, ProForest, Overseas Development Institute and EcoSecurities. 2008, 29.

[56]IAN F. Twists and Turns in the Jungle: Exploring the Evolution of Land-use, Land-Use Change and Forestry Decisions within the Kyoto Protocol[J]. Review of European, Comparative & International Environmental Law, 2002, 11(2): 341.

[57] JACK S., et al. Sustainable forest management: Global Trends and Opportunities[J]. Forest Policy and Economics, 2005, 7(4): 551-561.

[58]JOAN L M. Property Rights and Environmental Protection: Is this Land Made for You and Me? [J]. Arizona State Law Journal, 1998 (31): 391.

[59]JANE S. An Appraisal of The NSW Biobanking Scheme to Promote the Goal of Sustainable Development in NSW[J]. Macquarie Journal of International Comparative and Environmental Law, 2007(4): 126.

[60]JOHANNES E., MAI Y. The Effectiveness of Market-based Conservation in The Tropics: Forest Certification in Ecuador and Bolivia [J]. Journal of Environmental Management, 2009(90): 1149.

[61]JOHN H J. Greening the GATT: Trade Rules and Environmental Policy[M]//James Cameron, Paul Demaret& Damien Geradin (eds.). Trade & the environment: the search for balance, 1994(1):

39 – 51.

[62] KENNETH R. , DIETER S. , Ali M. Climate Change and The Forest Sector: Possible National and Subnational Legislation[R]. FAO Working Paper No 144, Food and Agriculture Organization of the United Nations, 2004: 25.

[63] LYSTER R. The New Frontier of Climate Law: Reducing Emissions from Deforestation and Degradation[J]. Environmental and Planning Law Journal, 2009, 26(6): 417 – 456.

[64] LAWRENCE S. FINKELSTEIN. What is Global Governance? [J]. Global Governance, 1995, 1(3): 369.

[65] TEISL M. What We May Have is a Failure to Communicate: Labelling Environmentally Certified Forest Products[J]. Forest Science, 2003, 49(5): 668 – 676.

[66] SKUTSCH M. et al. Clearing The Way for Reducing Emissions from Tropical Deforestation [J]. Environmental Science and Policy, 2007, 10(4): 322 – 334.

[67] STERN N. The Economics of Climate Change[J]. American Economic Review: Papers & Proceedings, 2008, 98: 2, 1 – 37.

[68] STERN D. Progress on The Environmental Kuznets Curve[J]. Environmental and Development Economics, 1998, 3(2): 173 – 196.

[69] STERN D. The Rise and Fall of the Environmental Kuznets Curve[J]. World Development, 2004, 32 (8): 1419 – 1439.

[70] MICKELSON K. Seeing the Forest, the Trees and the People: Coming to Terms with Developing Perspectives on The Proposed Global Forest Regime[M]//S Johnson (ed). Globle Forests and International Environmental Law, Canadian Council on International Law, eds. , Klu-

wer Law International, 1996:239 -264.

[71] NORMAN M. Consumption in Relation to Population, Environment and Development[J]. The environmentalist, 1997, 17(1): 33 -44.

[72] PETER L., ALASTAIR C. Forestry in the New Zealand Emissions Trading Scheme: Design and Prospects for Success[J]. Carbon & Climate Law Review, 2008, 2(3): 281 -291.

[73] PETER L T. In The Market but not of It: Fair Trade Coffee and Forest Stewardship Council Certification as Market - Based Social Change[J]. World Development, 2005, 33(1): 129 -147.

[74] ROBERT S., DAVID L., ATSE Y. Sustainable Forest Management in the Developing World: Science Challenges and Contributions [J]. Landscape and Urban Planning, 2000, 47(3): 135 -142.

[75] R. H. COASE. The Problem of Social Cost[J]. The Journal of Law and Economics, 1960(3): 44.

[76] STEPHEN D. Are Forests Different As a Policy Challenge [M]//David Lindenmayer and Jerry Franklin (eds). Towards Forest Sustainability. Canberra: CSIRO Publishing, 2002: 15.

[77] SANDRA E., RICHARD M. Securing Rights to Carbon Sequestration: The Western Australian Experience[J]. Sustainable Development Law & Policy, 2008, 8(2): 30.

[78] SUCHMAN, MARK C. Managing Legitimacy: Strategic and Institutional Approaches [J]. The Academy of Management Review, 1995, 20(3): 571 -610.

[79] USDA. Implementation of Revised Lacey Act Provisions. US Department of Agriculture, Animal and Plant Health Inspection Service.

Federal Register[R]. The daily journal of the united states government, 2008(73): 58925-58927.

[80] VANDERZWAGG D., MACKINLAY D. Towards a Global Forest Convention: Getting out of the Woods and Barking up The Right Tree[M]//S Johnson (ed). Global Forests and International Environmental Law. Berlin: Springer, 1996: 1-4.

[81] WEISS E B. Environmental Equity: The Imperative for The Twenty-First Century[M]//Winfried Lang (ed). Sustainable Development and International Law, 1995(17): 19-24.

2. 中文文献

[1][美]埃里克·波斯纳,戴维·韦斯巴赫. 气候变化的正义[M]. 李智,张键译. 北京:社会科学文献出版社,2011:39-67.

[2][美]罗尔斯. 正义论(修订版)[M]. 何怀宏,何包钢,廖申白译,北京:中国社会科学出版社,2009:3-41.

[3]黄文艺. 全球化时代的国际法治——以形式法治概念为基准的考察[J]. 吉林大学社会科学学报,2009(4):21-27.

[4]王诗宗. 治理理论的内在矛盾及其出路[J]. 哲学研究,2008(2):83-89.

3. 电子资源

[1]王雅楠. 联合国环境署呼吁全球加大森林保护投资[EB/OL]. [2023-08-13]. http://www.chinanews.com/gj/2011/06-06/3091463.shtml.

[2]谢宁波. 2015年"世界森林日"植树活动在京行[EB/

OL].[2023-08-13].http://www.forestry.gov.cn/main/4114/content-748836.html.

[3]张绍欣.全球治理：从"法律地理学"开始[EB/OL].[2023-08-13].http://m.aisixiang.com/data/105596.html.

[4]《第一财经日报》记者.中国森林治理面临三大挑战[EB/OL].[2023-08-13].http://www.cu-market.com.cn/hgjj/2010-9-15/142154.html.

[5]联合国森林问题论坛.国际森林文书[EB/OL].[2023-08-13].http://www.forestry.gov.cn/portal/main/s/72/content-354082.html.

[6]李娜等.为2015年会国际森林安排出谋划策[EB/OL].[2023-08-13].http://www.greentimes.com/greentimepaper/html/2014-10/31/content_3258882.htm.

[7]中国主张建立与时代要求相适应的全球森林治理体系[EB/OL].[2023-08-13].http://news.163.com/12/0604/17/8361VJ6R00014JB5.html.

[8]利马气候大会各国政府达成新的气候协议[EB/OL].[2023-08-13].http://www.tanjiaoyi.com/article-5677-1.html.

[9]BASS, STEPHEN. Global Forest Governance: Emerging Impacts of the Forest Stewardship Council[EB/OL].[2023-08-13]. Paper presented at the International SUSTRA Workshop Architecture of the Global System of Governance of Trade and Sustainable. Berlin. https://www.researchgate.net/profile/Stephen_Bass/publication/266339435_Global_Forest_Governance_Emerging_impacts_of_the_Forest_Stewardship_Council/links/55d2ec3508aec1b0429f01c0.pdf.

［10］CLEMENT A O. 2012. Global Perspectives on Sustainable Forest Management［EB/OL］.［2023 - 08 - 13］. https：//www. researchgate. net/profile/Gopal_Shukla2/publication/224830694_Deforestation_Causes_Effects_and_Control_Strategies/links/0deec53a13ffa7 65fc000000/Deforestation - Causes - Effects - and - Control - Strategies. pdf.

［11］CBD. 2006. Summary of the Second Global Biodiversity Outlook UNEP/CBD/COP/8/12（2006）［3］［EB/OL］.［2023 - 08 - 13］. http：//www. doc88. com/p - 4681548624489. html.

［12］DARRAGH C. et al. The GLOBE Forest Legislation Study：A Review of Forest Legislation in Four Countries［EB/OL］.［2023 - 08 - 13］. The Global Legislators' Organisation. http：//www. climatefocus. com/sites/default/files/GFLI - Study - 1st - edition - Executive_Summary. pdf.

［13］Department of Economic Secretariat of the United Nations Forum on Forestry. Review of the Effectiveness of the International Arrangement on Forests CN. 18［R/OL］.［2023 - 08 - 13］. http：//www. un. org/esa/forests/wp - content/uploads/2015/06/Review_Effectiveness_IAF. pdf.

［14］European Union. FLEGT Regulation - FLEGT Voluntary Parternership Agreements［R/OL］.［2023 - 08 - 13］. http：//ec. europa. eu/environment/forests/flegt. htm.

［15］EVA BOTKIN - KOWACKI. China's forest conservation program shows proof of success［EB/OL］.［2023 - 08 - 13］. https：//www. csmonitor. com/Science/2016/0319/China - s - forest - conservation - program - shows - proof - of - success.

[16] European Communities. The economics of ecosystems and biodiversity: An interim report. Presented to the Ninth Conference of the Parties to the Convention on Biological Diversity, Bonn, 34[R/OL]. [2023 - 08 - 13]. http://www. teebweb. org/media/2008/05/TEEB - Interim - Report_English. pdf.

[17] Forest Stewardship Council. Global FSC certificates: type and distribution[R/OL]. [2023 - 08 - 13]. http://www. fsc. org/fileadmin/web - data/public/document_center/powerpoints_graphs/facts_figures/09 - 06 - 15_Global_FSC_certificates - type_and_distribution - FINAL. pdf.

[18] FRANCESCA F R. Legal analysis of cross - cutting issues for REDD + implementation: lessons learned from Mexico [EB/OL]. [2023 - 08 - 13]. Viet Nam and Zambia' UN - REDD Programme. https://theredddesk. org/sites/default/files/resources/pdf/2013/legal - analysis - final - web_1. pdf.

[19] FAO. State of the world's forests 2003[R/OL]. [2023 - 08 - 13]. http://www. cof. orst. edu/cof/teach/fe456/Class_Materials/State%20of%20Worlds%20Forests/SOTWF_2003. pdf.

[20] FAO. Global Forest Resource Assessment 2005: Progress toward sustainable forest management. FAO Forestry Paper. Food and Agriculture Organisation of the United Nations, Rome. 21[R/OL]. [2023 - 08 - 13]. http://www. fao. org/docrep/008/a0400e/a0400e00. html.

[21] FAO. State of the World's forest 2012[R/OL]. [2023 - 08 - 13]. http://www. fao. org/3/a - i3010e. pdf.

[22] FAO. State of the World's forest 2014[R/OL]. [2023 - 08 - 13]. http://www. fao. org/3/a - i3710e. pdf.

［23］FAO. State of the World's forest 2016［R/OL］.［2023 - 08 - 13］. http://www.fao.org/3/a - i5588e.pdf.

［24］GCP. Key decisions relevant for reducing emissions from deforestation and forest degradation in developing countries (REDD +) Decision booklet REDD +［R/OL］.［2023 - 08 - 13］. https://unfccc.int/files/land_use_and_climate_change/redd/application/pdf/compilation_redd_decision_booklet_v1.2.pdf.

［25］HOOGEVEEN H. , VERKOOIJEN. Transforming Sustainable Development Diplomacy: Lessons Learned from Global Forest Governance［M/OL］.［2023 - 08 - 13］. Wageningen: Wageningen University, NL, 129. http://edepot.wur.nl/16407.

［26］JOHN C. , ed. Legal Frameworks for REDD: Design and Implementation at the National Level［EB/OL］.［2023 - 08 - 13］. http://cmsdata.iucn.org/downloads/eplp_77.pdf.

［27］JEFFREY S. , et al. Local Rights and Tenure for Forests: Opportunity or Threat for Conservation? Rights and Resource Initiative. Washington DC. 45［EB/OL］.［2023 - 08 - 13］. https://researchonline.jcu.edu.au/18375/1/IUCN_Rights_and_Tenure.pdf.

［28］MARKKU S. Financing Flows and Needs to Implement the Non - Legally Binding Instrument on All Types of Forests, Advisory Group on Finance of the Collaborative Partnership on Forests and Program on Forests of the World Bank［EB/OL］.［2023 - 08 - 13］. http://www.un.org/esa/forests/pdf/aheg/finance/AGF_Financing_Study.pdf.

［29］Ministerial Conference, Fourth Session. Doha. Document WT/MIN(01)/DEC/1 of 20 November 2001, and the Preambleto the Marrakesh Agreement［EB/OL］.［2023 - 08 - 13］. https://docs.wto.org/

dol2fe/Pages/FE_Search/FE_S_S009 - DP. aspx? language = E&CatalogueIdList =37246&CurrentCatalogueIdIndex =0&FullTextSearch.

[30] NANCY FRASER, INGRID ROBEYNS. Is Nancy Fraser's Critique of theories of Distributive Justice justified[EB/OL]. [2023 - 08 - 13]. Justice Interruptus 10(4):1. http://xueshu. baidu. com/s? wd = paperuri:(167ece0f5dd2936569db76f0535a0a5b)&filter = sc_long_sign&sc_ks_para = q%3DIs + Nancy + Fraser%27s + Critique + of + Theories + of + Distributive + Justice + Justified%3F&tn = SE_baiduxueshu_c1gjeupa&ie = utf - 8&sc_us = 11416446849160121301.

[31] PIRARD R., TREYER S. Agriculture and deforestation: What role should REDD + and public support policies play? [EB/OL]. [2023 - 08 - 13]. https://www. iddri. org/sites/default/files/import/publications/id_1010_pirard - treyer_fr. pdf.

[32] PANAYOTOU T. Economic Instruments for Environmental Management and Sustainable Development[EB/OL]. [2023 - 08 - 13]. https://www. cbd. int/doc/nbsap/finance/Panayotou1994EconInst EnvMgSusDev_199EcInsEnvMgSusDev. pdf.

[33] PRIOR S., STRECK C. Submission to the COP UNFCCC in response to the call for views on the issue of avoided Deforestation. Centre for International Sustainable Development Law, 1 - 7 [EB/OL]. [2023 - 08 - 13]. https://unfccc. int/resource/docs/2006/smsn/ngo/005. pdf.

[34] RICHARD T. Assessing the International Forest Regime. ICUN - The World Conservation Union[EB/OL]. [2023 - 08 - 13]. https://portals. iucn. org/library/sites/library/files/documents/EPLP - 037. pdf.

[35] STEVE N. Multiple – use Management [EB/OL]. [2023 – 08 – 13]. http://forestry.about.com/cs/glossary/g/multi_use.htm.

[36] Simon Counsell, Kim Terje Lorras, (eds). Trading in creditability: the myth and the reality of the Forest Stewardship Council [EB/OL]. [2023 – 08 – 13]. http://wrm.org.uy/oldsite/actors/FSC/Trading_Credibility.pdf.

[37] TOM B., Acacia C. Evaluation of the work of the Forest Governance Learning Group 2005 – 2009 [EB/OL]. [2023 – 08 – 13]. International Institute for Environment and Development (IIED), 45 – 57. http://pubs.iied.org/pdfs/G02534.pdf.

[38] UNFF. China's Report on the Implementation of the Forest Instrument [EB/OL]. [2023 – 08 – 13]. http://www.un.org/esa/forests/wp – content/uploads/bsk – pdf – manager/157_CHINA.PDF.

[39] UN REDD Programme. Supporting countries to get ready for REDD [R/OL]. [2023 – 08 – 13]. http://www.undp.org/content/dam/aplaws/publication/en/publications/environment – energy/www – ee – library/climate – change/supporting – countries – to – get – ready – for – redd/REDD% 20Leaflet% 20Supporting_countries_to_get_ready_for_REDD + % 20ENG.pdf.

[40] UNFCCC. Decision 11/CP. 7 Land use, land – use change and forestry (10 November 2001) [R/OL]. [2023 – 08 – 13]. contained in document FCCC/CP/2001/13/ADD. 1. http://www.doc88.com/p – 9929562171003.html.

[41] United Nations Forum on Forestry. Ad hoc expert group on Consideration with a View to Recommending the Parameters of a Mandate for Developing a Legal Framework on All Types of Forests, United

Nations Forum on Forestry[R/OL]. [2023-08-13]. http://sdg. iisd. org/news/ad-hoc-expert-group-on-consideration-with-a-view-to-recommending-the-parameters-of-a-mandate-for-developing-a-legal-framework-on-all-types-of-forests-aheg-param/.

[42]United Nations Conference on Environment and Development. Non-legally Binding Authoritative Statement of Principles for a Global Consensus on the Management, Conservation and Sustainable Development of all types of Forests[R/OL]. [2023-08-13]. UN Doc a/conf 151/26, principle 1 (a), 1992. https://www. cambridge. org/core/books/documents-in-international-environmental-law/nonlegally-binding-authoritative-statement-of-principles-for-a-global-consensus-on-the-management-conservation-and-sustainable-development-of-all-types-of-forests-13-june-1992/90067DC7C096878A70BE329D21CF8ADE.

[43]WATSON, ROBERT T. IPCC Special Report on Land Use, Land-Use Change and Forestry. A Special Report of the Intergovernmental Panel on Climate Change[EB/OL]. [2023-08-13]. https://www. ipcc. ch/pdf/special-reports/spm/srl-en. pdf.

[44]World Commission on Environmental and Development. Report of the World Commission on Environment and Development: Our Common Future [R/OL]. [2023-08-13]. http://www. un-documents. net/our-common-future. pdf.

[45] World Bank. Sustaining Forests: A development Strategy [R/OL]. [2023-08-13]. http://siteresources. worldbank. org/INTFORESTS/Resources/SustainingForests. pdf.

[46] World Bank. Strengthening forest law enforcement and governance: Addressing a systemic constraint to sustainable development[R/OL]. [2023 - 08 - 13]. Environment and Agriculture and Rural Development Departments, The World Bank, Washington DC, 25. http://documents.worldbank.org/curated/en/330441468161667685/pdf/366380REVISED010Forest0Law01PUBLIC1.pdf.

[47] WHITE, ANDY, ALEJANDRA M. Who owns the World's Forests? Forest Tenure and Public Forests in Transition[M/OL]. [2023 - 08 - 13]. Washington: Forest Trends: 7, 245. http://www.cifor.org/publications/pdf_files/reports/tenurereport_whoowns.pdf.

[48] WUNDER, SVEN. Payments for environmental services: Some nuts and bolts[EB/OL]. [2023 - 08 - 13]. CIFOR Occasional Paper, 42. https://www.cifor.org/publications/pdf_files/OccPapers/OP - 42.pdf.

后　记

在英国伦敦玛丽女王大学商法研究中心的访学以及回国工作期间,我将已完成并一直持续思考和修改的博士学位论文再次进行了认真的修改,不仅补充了新的材料,而且多方征求意见,加强了论证,在知识产权出版社编辑老师的多次催促下,现在终于可以付梓了。回想走过的路,我心里五味杂陈,尤其感叹学术道路之艰辛,但在求知的路上,我无怨无悔。

我从小就对教师怀有无限崇敬之情,大学期间开始梦想自己能成为一名受人尊敬的大学老师。在实践部门锻炼了三年之后,我又重回母校山西财经大学法学院攻读了硕士研究生,对学术有了些许的认知,但囿于眼光短浅,没有继续求学。而幸运的是,我硕士毕业后成为一名大学老师,工作数年后感觉自己学术视野狭隘,我又义无反顾地踏上了漫漫考博之路,三年之后我终于考入吉林大学法学院攻读国际法学博士学位,欣喜之余感觉应珍惜这次难得的求学历程。

在求学的过程中我得到了许多人的帮助、支持和鼓励，在此逐一表示感谢。

首先，感谢我的恩师那力教授，我在攻读硕士研究生的时候就在全国环境法年会上聆听过老师的报告，未想到工作多年后竟能成为老师的学生，真是很有师生缘分。那老师治学严谨、勤奋、刻苦，经常督促我要认真读书、写作、参加学术交流，不要虚度光阴。当我在学习过程中感到困惑、迷惘，有所懈怠之时，老师总是语重心长地给予我及时的鼓励和教导，并多次强调在关注前沿理论的同时也要重视基础知识的积累，其言传身教让我受益匪浅。在博士论文写作过程中，无论是确定选题、搜集资料还是写作、修改，老师都给了我很多的指导和帮助，我才得以顺利完成毕业论文。在此对老师表示衷心的感谢和敬意！

其次，感谢吉林大学法学院国际法专业的其他老师们对我的关心和爱护，他们是吕岩峰老师、韦经建老师、刘亚军老师、何志鹏老师、周晓红老师、王彦志老师、姚莹老师、田洪鋆老师等，以及我听过课的法学院张文显老师、姚建宗老师、蔡立东老师、于莹老师、孙良国老师、赵惊涛老师、王小钢老师等，他们认真治学的态度、扎实的专业知识以及娴熟的授课技巧让我受益匪浅、终生难忘。尤其是何志鹏老师，他务实治学、勤奋写作，更是我学习的楷模。此外，我还要感谢给予我诸多帮助的法学院研究生办公室的孟庆红老师和张磊老师。

在博士学习阶段，我的另一巨大收获是同学纯洁无邪的友谊，同窗好友叶莉娜、刘海江、魏德才、马浩、胡宏雁、王玉、杜娟、赵希洋等，同师门的陈朝晖、杨楠、景明浩、杨万柳、王淼等同学，还有师弟张超汉、师妹顾晨晴、徐晓妮、崔悦、李若曦等，都给予我许多支持、帮助和鼓励，在此一并表示真诚的谢意！

感谢我的家人对我求学的大力支持。尤其要感谢我亲爱的女儿贾思齐，她积极乐观的心态是我这个做妈妈的应该学习的，当我为琐事烦躁不安时，她总是俏皮地抬起头对我说："天空飘来五个字：那都不是事！有事也就烦一会，一会就没事！"有这样的女儿相伴成长，是我一生莫大的荣幸！

最后，我还要感谢我的工作单位东北林业大学文法学院的各位领导和同事们对我学习、工作的大力支持和帮助！感谢英国伦敦玛丽女王大学商法研究中心的 Rafael Leal – Arcas（拉斐尔·莱尔－阿尔卡斯）教授对我出国访学的盛情邀请，以及对我学术上的慷慨指导！此外还要感谢该中心提供的良好的科研环境和条件，这里不仅资源、资料非常丰富，而且每天在同一个楼工作、学习的，勤奋好学的师生是我学习的好榜样。我将永远难忘这充实的、收获巨大的访学经历！感谢知识产权出版社的彭小华老师，他认真、细致的工作态度值得我好好学习！

荆 珍
于东北林业大学文法学院
2023 年 11 月 10 日